Marina Gambaroff

Utopie der Treue

Rowohlt

Umschlagentwurf Werner Rebhuhn
(Foto: Inge Weerth)

1. Auflage September 1984
Copyright © 1984 by Rowohlt Verlag GmbH,
Reinbek bei Hamburg
Gesetzt aus der Sabon (Linotron 202)
Gesamtherstellung Clausen & Bosse, Leck
Printed in Germany
ISBN 3 498 04285 8

Inhalt

Für
Nena und Nikolas

Vorwort

Im Sommer 1976 begleitete ich einen Freund, der in Frankfurt an den Römerberg-Gesprächen teilnahm. Nach der Veranstaltung saßen wir in einer größeren Runde in einem Restaurant. Mein Nachbar war zufällig Karl Markus Michel. Wir kamen ins Gespräch. Er erkundigte sich, wer ich sei, was ich täte. Und dann stellte er mir plötzlich die Frage, ob ich Interesse hätte, für ein zum Thema «Frauen» geplantes *Kursbuch* einen Artikel zu schreiben.

Mir blieb das Herz stehen. Wie kam er dazu, einer ihm vollkommen unbekannten Person dieses Angebot zu machen? Ich hatte bis dahin bei meinen wenigen wissenschaftlichen Bemühungen nur wenig Freude und Elan verspürt, hatte den Wissenschaftsbetrieb auch eher als Zwangsmühle empfunden, der mich von mir selber fortbrachte. Und nun war mit einemmal die Gelegenheit da, über etwas zu schreiben, was meine Erfahrungen als Psychoanalytikerin erforderte, aber gleichzeitig vom Thema her unmittelbar auch mich selbst anging.

Es war sonnenklar: Ich mußte das Angebot annehmen – trotz Aufregung, trotz Angst. Das war die Chance, etwas so zu tun, wie ich es gewünscht, aber bis dahin nicht gewagt hatte. So entstand der erste *Kursbuch*-Aufsatz, mit dem auch dieses Buch eröffnet wird: «Emanzipation macht Angst».

Karl Markus Michel ist somit für mich, was mein Schreiben anlangt, ein wenig zum Geburtshelfer geworden. Ihm und den Frauen und Männern, mit denen ich als Psychotherapeutin zusammengearbeitet habe, gilt mein besonderer Dank.

Frankfurt, im Juni 1984
Marina Gambaroff

Emanzipation macht Angst

Frauen, denen es im Gegensatz zu den meisten anderen gelungen ist, in einem befriedigenden Beruf zu arbeiten, finanziell unabhängig und von häuslichen Pflichten weitgehend entlastet zu sein, bilden noch immer eine privilegierte Minderheit. Zu dieser Gruppe rechne ich viele meiner Freundinnen, einige der Frauen, mit denen ich psychotherapeutisch arbeite, und auch mich selbst. Beim Beobachten eigener und fremder Emanzipationsversuche hat es mich immer wieder verblüfft, wie unsicher und ängstlich Frauen sein können, die, objektiv betrachtet, ein großes Stück Selbständigkeit verwirklicht haben. In der Position einer autonomen Person zu sein mobilisiert bei Frauen offenbar besondere Konflikte, die nach meinen Erfahrungen fast immer dieselbe Quelle haben und deren Bearbeitung unter anderem durch die Ideologie eines Teils der Frauenbewegung erschwert, wenn nicht sogar unmöglich gemacht wird.

Die meisten Frauen, an die ich hier denke, stehen der Frauenbewegung mit Sympathie gegenüber, wenn sie sich bisher auch nicht entschließen konnten, aktiv in die Bewegung einzutreten. Alle sind sie jedoch durch feministische Literatur emotional stark angesprochen und beeinflußt worden. Was hat sie bisher gehindert, aktiv zu werden? Ist es die Angst, gegenwärtige oder zukünftige Partnerbeziehungen aufs Spiel zu setzen, tief eingewurzelte Gefühle über das Verhältnis von Mann und Frau aufgeben zu müssen und damit orientierungslos zu werden? Ist es die Angst vor allzu großer homosexueller Nähe und damit zu großer homosexueller Verführung? Ist es also eine Flucht vor der eigenen latenten Homosexualität, weil diese einen dazu bringen könnte, Beziehungen zu Männern überhaupt in Frage zu stellen? Ich glaube, dies alles – und mehr – spielt eine Rolle.

Für mich gibt es jedoch noch einen anderen, sehr entscheidenden Gesichtspunkt: Ich halte weite Teile der Frauenbewegung für prinzipiell männerfeindlich, obwohl nicht immer manifest. Damit verbunden ist der Mangel an konkreten Entwürfen – und seien sie zunächst auch utopisch – für eine emanzipierte Sexualität zwischen den Geschlechtern.

Über die existentielle Dringlichkeit der Forderungen nach Befreiung der Frau von patriarchalischen Strukturen besteht kein Zweifel. Es muß aber differenziert werden zwischen den herrschenden patriarchalischen Normen und Praktiken und der Tatsache, daß Männer – wenn auch kaschierter und qualitativ anders – ebenfalls auf spezifische Weise in unserer Gesellschaft ausgebeutet werden. Wir begegnen dem Patriarchat im Hier und Heute in seiner untrennbaren Verflechtung mit dem kapitalistischen System und seiner bereits automatisierten Eigendynamik, die längst nicht mehr den Bedürfnissen der Männer entsprechen kann. Bei genauerer Betrachtung zeigt sich, daß Männer durch das Patriarchat, das in weiten Bereichen mit der zerschleißenden Leistungsgesellschaft identisch ist, ebenfalls geschädigt werden. «Frauen und Männer (sind) Opfer ihrer Rollen – aber Frauen sind noch die Opfer der Opfer» (A. Schwarzer 1975). Im patriarchalischen System werden Frauen und Männer notwendigerweise zu feindlichen Gruppen. Mehr noch: Es ist im Interesse dieses Systems, das sich durch einen Gegensatz der Geschlechter nur stabilisiert.

Solange das Feindbild Mann unreflektiert tradiert wird, arbeitet die Frauenbewegung selbst – wenn auch unbewußt – dem Patriarchat zu. Von daher ist es eminent wichtig, daß sie ihre Einstellung zum Mann immer wieder überdenkt. Bliebe sie nämlich primär männerfeindlich, dann würde sich einerseits die Kluft zwischen den Geschlechtern nur vertiefen, und jeder Ansatz von Solidarisierung gegen das patriarchalische System würde noch weniger realisierbar sein, andererseits vermiede sie durch die permanente Orientierung an einem Außenfeind die Konfrontation mit spezifischen inneren Konflikten. Im Kampf gegen patriarchalische Prinzipien bietet der Mann natürlicher- und berechtigterweise ein klares Angriffsziel und schweißt zudem die eigene Gruppe enger zusammen. Sollte jedoch an diesem Feindbild noch ein anderer Mechanismus beteiligt sein, etwa eine Projektion oder eine Verschiebung, um einen latenten inneren Konflikt unsichtbar zu machen, dann würde ein ausschließlich nach außen gerichteter Kampf langfristig gesehen zum Bumerang werden, weil die volle Problembewältigung umgangen würde. Eine solche Abwehr hat natürlich auch eine nützliche Funktion. Sie kann für eine gewisse Zeit leistungssteigernd sein, weil sie Angst eindämmt. So ist die eindimensionale Sicht des Mannes sicher eine wichtige Antriebskraft der Frauenbewegung gewesen. Sie sollte jedoch überwunden werden, um eine entsprechend eindimensionale und damit repressive Sicht der Frau, zu der es notwendigerweise kommen müßte, zu verhindern.

Ein psychoanalytischer Grundsatz sagt, ein Konflikt lasse sich erst ganz lösen, wenn auch seine abgespaltenen, unbewußten Anteile bearbeitet werden. Offenbar schützen solche Abspaltungen, Projektionen, Externalisierungen und Verschiebungen davor, etwas Bedrohliches in sich selbst wahrzunehmen. Die Emanzipationsbewegung hat es bisher vermieden, sich mit einigen spezifischen weiblichen Ängsten bei der Identitätsfindung auseinanderzusetzen. Meine These ist, daß die allzu rigide Etablierung eines männlichen Feindbildes der Abwehr dieser Ängste dient und damit eine Identitätsfindung verhindert.

Mir geht es keinesfalls darum, die von der Frauenbewegung aufgeworfenen, ganz realen Probleme wegzupsychologisieren und den gesellschaftlichen Zusammenhang zu verneinen. Aber erst eine Analyse der abgespaltenen Anteile kann die volle Auflösung des zugrundeliegenden Konflikts erleichtern und damit der Emanzipationsbewegung nützlich sein. Es geht ja darum, patriarchalische Strukturen abzubauen und gleichzeitig ein neues weibliches Selbstbewußtsein, eine neue Identität zu entwickeln. Die neu zu gewinnende Identität bliebe eine lückenhafte, oberflächliche, solange eine Integration der abgewehrten Anteile nicht stattfände.

Der immer wieder beschworene feindliche Gegensatz zwischen Männern und Frauen ist einerseits eine Realität, andererseits in der heutigen spätkapitalistisch-patriarchalischen Gesellschaft auch ein unbewußter Widerstand gegen die Emanzipation selbst. Das Problem ist also besonders unzugänglich. Was als unbewußter Widerstand deutlich werden soll, hat eine sehr wesentliche reale Seite: Frauen werden ja in der Tat von Männern unterdrückt und ausgebeutet, so daß meine Argumentation zunächst nicht richtig erscheinen mag. Aber weil es sich beim Feindbild Mann um eine hochkomplexe Verflechtung von Realität und Phantasie handelt, die unentwirrbar zu sein scheint, findet der unbewußte Widerstand gerade hier einen besonders sicheren Schlupfwinkel. Versuche, diesen spezifischen eigenen (unbewußten) Widerstand der Frauen gegen ihre Emanzipation aufzuhellen, lassen sich zunächst durch reale Fakten über die Ausbeutung der Frau in einer männlichen Welt scheinbar widerlegen. Man muß sich an diesem Punkt der Unbequemlichkeit unterziehen, eine objektive Realität gleichzeitig auch als eine Phantasie anzusehen, ohne daß diese durch jene oder jene durch diese aufgehoben würde.

Die Männerfeindlichkeit soll hier einmal unter dem Aspekt ihres Symptomcharakters betrachtet werden. Ein Symptom ist psychoanalytisch gesehen eine Kompromißbildung aus Verdrängtem und Abwehr. Durch Abwehrarbeit (etwa Verschiebung oder Verdichtung) unkenntlich gemacht, kehrt das Verdrängte wieder im Symptom, das quasi ein symbolischer Ersatz für den konflikthaften unbewußten Vorgang, das heißt also auch für die Befriedigung unbewußter Wünsche ist. Es ist in dieser Form jedoch nicht mehr angstbesetzt.

Das wirft nun die Frage danach auf, welche Ängste das Symptom Männerfeindlichkeit mildert und wofür es symbolischer Ersatz ist. Meiner Meinung nach handelt es sich hier um auf den Mann verschobene Ängste aus der frühen Mutter-Kind-Beziehung. Um diesen mit der Mutter zusammenhängenden, sehr bedrohlichen Ängsten zu entgehen, hat eine Verschiebung eines großen Gefühlskomplexes von der Mutter auf den Mann stattgefunden. Die im Verhältnis zum

Mann erlebte Feindseligkeit und Unterdrückung ist offenbar wesentlich leichter zu ertragen als die direkte Konfrontation mit der frühen (symbiotischen, omnipotenten) Mutter. Der unbewußte Kompromiß besteht also darin, daß Feindseligkeit (bereits eine sekundäre Bildung) und Angst erhalten bleiben, aber eine andere Figur (Mann) bekämpft wird, während das wahre Zielobjekt (Mutter) unerkannt bleibt.

Es läßt sich vermuten, daß es die Frauenbewegung aus unbewußten, mit der Mutter-Kind-Beziehung verbundenen Ängsten heraus bisher vermieden hat, sich dieser Auseinandersetzung mit der Mutter zu stellen. Die Bearbeitung der Mutterproblematik ist aber für jede Frau eine wichtige Bedingung, wenn nicht sogar die conditio sine qua non, um sich zu emanzipieren und damit erst für den Kampf gegen das Patriarchat gerüstet zu sein. Pointiert formuliert hieße das: Die individuelle Bewältigung des Matriarchats geht der kollektiven Bewältigung des Patriarchats voraus.

Mir geht es darum zu zeigen, wie essentiell die Auseinandersetzung mit der Mutter und die Emanzipation von dieser für die weibliche Entwicklung ist und wie sehr eine unbewältigte Bindung an die Mutter zu gravierenden Schwierigkeiten in der Autonomiebildung und damit verbundenen Identitätslücken führen kann. Um diese These nicht nur abstrakt zu behandeln, will ich zunächst vier Frauen vorstellen und ihre Situation näher betrachten. Karin, Nina, Greta und Ulla, wie ich sie nennen werde, sind keine realen Personen, sondern personae mixtae, die ich auf Grund meiner Erfahrungen mit anderen Frauen und mit mir selbst als fiktive Typen zu Wort kommen lasse. Ihre Ähnlichkeit besteht darin, daß bei allen eine Mutterproblematik vorliegt, ihre Unterschiedlichkeit darin, daß sich diese Problematik auf einer jeweils anderen psychosexuellen Entwicklungsstufe und in jeweils anderen Verarbeitungsformen manifestiert. Ich lasse sie sprechen, um Modelle für mögliche Lebenssituationen von Frauen anzubieten. Die Bewußtseinslage und die kurz skizzierten sozialen Verhältnisse dieser Frauen spiegeln die Zugehörigkeit zu einer privilegierten Gruppe wider. Aber da ich die Feministinnen ebenso wie die *Kursbuch*-Leserinnen und mich als Angehörige dieser Gruppe ansehe, will ich auch über sie schreiben.

KARIN

ist 29. Sie ist Journalistin. Sie lebt seit einem Jahr mit einem Maler zusammen. Sie ist schwanger.

«Vor kurzem sagte mir eine Freundin, die mich schon lange kennt, ich hätte mich so schnell an Karls Lebensstil angeglichen. Und daß sie beobachtet hätte, wie ich durch alle meine Partner immer sehr beeinflußt worden sei. Die Konsequenz daraus, daß sie nämlich gar nicht genau weiß, wer ich überhaupt bin, hat uns beide ganz schön erschreckt. So insgeheim war mir das schon immer klar gewesen, neu war für mich, mit jemand anders so deutlich und ohne Ausflüchte darüber zu sprechen. Sozusagen öffentlich dazu zu stehen, daß meine eigene Persönlichkeit irgendwann im Laufe meiner Geschichte auf der Strecke geblieben ist. Ich bin ein Anpassungsgenie. Das geht bei mir nicht übers Bewußtsein. Mehr osmotisch. So von Haut zu Haut. Seit ich mit Karl zusammen bin, weiß ich auf einmal gut über Malerei Bescheid. Ich kann nicht sagen woher, aber ich habe plötzlich einen guten Blick für Bilder – ich fürchte, es ist sein Blick. Mir ist es manchmal unheimlich, wie schnell und intensiv das so bei mir geht. Das passiert mir ständig, daß ich in der Welt der Männer, mit denen ich zusammen bin, aufgehe. Ich will das nicht nur negativ sehen, wenn ich da so eine Sensibilität entwickele. Das ist ja auch eine Begabung. Die kommt übrigens auch meinem Beruf zugute. Ich habe zum Beispiel gerade eine Reportage über Kunstgalerien gemacht, die sehr gut ankam. Aber gleichzeitig fühle ich mich dabei unwohl. So wie eine Puppe, und der jeweilige Partner haucht ihr immer Leben ein, sein Leben. Puppe hat ja einen Doppelsinn. Ob ich mich mal entpuppen werde? Dazu fällt mir meine Schwangerschaft ein. Ich glaube, ich wollte das Kind, um endlich etwas Eigenes zu haben. Da kriecht dann endlich was raus aus der Puppe. Jetzt kriege ich aber ganz schön Angst. Das ist doch kein ausreichender Grund, um ein

Kind zu machen. Komisch, im Beruf bin ich ganz gut. Ob ich Journalistin geworden bin, weil man da so ein Gespür für die Sachen entwickeln muß, die in der Luft hängen? Beruflich habe ich aus meiner Anpassungsnot jedenfalls eine Tugend gemacht. Da liege ich immer richtig.»

NINA

ist 27. Sie ist Lehrerin. Sie lebt seit 5 Jahren mit einem Germanisten zusammen. Sie hat keine Kinder.

«Seit ich mit Peter zusammen bin, hat sich in meinem Leben viel geändert. Ohne ihn hätte ich damals mein Studium sicher nicht abgeschlossen. Er hat mich immer dazu gedrängt. Er hat gefunden, ich sollte unbedingt einen eigenen Beruf haben. Das finde ich inzwischen natürlich auch, ganz klar. Aber manchmal habe ich das Gefühl, daß ich es eigentlich nur seinetwegen gemacht habe. Für ihn hatte ich plötzlich einen Beruf. Ich habe lange gebraucht, bis ich gemerkt habe, daß ich auch für mich mit dem Lehrerberuf was anfangen konnte. Das ärgert mich noch heute. Ich denke manchmal, ich müßte noch mal was anderes machen, ein neues Studium oder so, um von Anfang an das Gefühl zu haben, das ist mein Beruf, das habe ich meinetwegen gemacht und nicht Peter zu Gefallen. Wenn ich ganz ehrlich bin, ich erlebe meinen Beruf immer noch nicht als etwas total Eigenes, obwohl ich da ja, auch über die Gewerkschaftsarbeit, wirklich voll drinstecke. Aber ich weiß auch, daß Peter das imponiert, wenn ich so aktiv durch die Gegend sause. Und so linse ich immer mal zu ihm rüber, wie er das wohl findet, was ich so mache. So als könnte ich meine Aktivitäten einfach nicht voll für mich in Anspruch nehmen. Das macht mich manchmal unheimlich wütend auf Peter. Der ist dann immer ganz erstaunt und kapiert überhaupt nichts mehr. Der versteht das einfach nicht. Der denkt in seinem Männerkopf: Was will die denn, die macht doch ihre eigene Sache. Er sieht es eben aus einer männlichen Welt heraus: Was man tut, tut man aus eigener Motivation heraus, da gibt's doch keine Frage! Ich fühle mich einfach nicht so richtig selbständig, obwohl ich weiß, daß ich es objektiv bin.

Das ist so ein innerer Widerspruch, der mich unheimlich verwirrt. Und wenn ich dann mal einen eigenen Einfall habe, sofort habe ich den Impuls, damit zu Peter zu laufen. Manchmal habe ich mich im Verdacht, daß ich, wo ich geh und steh, seinen Segen brauche. Und dieses Gefühl der Abhängigkeit, das doch gar keine objektive Grundlage hat, macht mich oft so böse auf ihn. Und dann habe ich auch wieder ein schlechtes Gewissen, weil er doch für meine Angst vor der Selbständigkeit nichts kann. Zum Beispiel auf Gewerkschaftssitzungen, wenn ich mich gut finde, dann denke ich zwar: Mensch, jetzt warst du Klasse! Aber fühlen tue ich: Das würde Peter begeistern. So als könnte ich mich selbst nur durch ihn definieren. Mich macht das nicht nur wütend. Mich macht meine Musterschülerinnen-Mentalität richtig depressiv. Und schämen tue ich mich auch. Wenn die Leute sagen, ich sei so aktiv und erfolgreich im Beruf, weiß ich manchmal nicht, ob ich überhaupt gemeint bin. Dabei haben sie doch recht. Aber mir fehlt einfach der richtige Dreh, um das gefühlsmäßig voll und ganz als etwas Eigenes zu erleben, und nicht als etwas, was ich nur für jemand anderen tue, um anerkannt zu werden.»

GRETA

ist 30. Sie ist Redakteurin beim Funk. Sie ist seit drei Jahren mit einem Filmemacher verheiratet. Sie hat keine Kinder.

«Eigentlich ist das noch gar nicht so lange her, daß ich endlich aufgehört habe, mit jedem Mann, egal, ob er mir gefiel oder nicht, sofort auf Teufel komm raus zu flirten. Ich fühlte mich plötzlich viel freier, weil dieser Zwang weg war, aber ich bekam auch fürchterliche Angst, plötzlich ganz allein dazustehn, irgendwie fallengelassen zu werden. Ich muß wohl das Gefühl gehabt haben, um akzeptiert zu werden, mußt du dich über den Flirt andienen. Ich traute mich einfach nicht, Männer, die ich nicht besonders mochte, einfach links liegen zu lassen. So als dürfte ich überhaupt keine eigene Wahl treffen. Irgendwie war ich nur dazu da, zu gefallen. Ich glaube, mein großes Pech ist, daß ich ein hübsches Kind war. Also konnte meine Mutter auch für sich die meiste Anerkennung finden, wenn sie mich herausputzte. ‹Jetzt hübsch ich dich›, hat sie immer gesagt. Heute würde ich sagen, sie hat meinen inneren Wert veräußerlicht. Übrigens bin ich bis heute im Beruf ein Problem einfach nicht losgeworden: Ich habe es ungeheuer schwer, wenn ich mit Kollegen ein Exposé oder ein Manuskript von mir besprechen soll. Da steckt was in mir drin, was mich richtig dazu zwingt, mich dafür zu entschuldigen, daß ich was zu Papier gebracht habe. Ich merke, wie ich oft kurz davor bin, in alte Verhaltensweisen zurückzufallen, schöne Augen zu machen, den leidigen Charme zu entwickeln, alle Register zu ziehen, damit es bloß nicht mehr um die Sache selbst geht. Als ob ich vertuschen müßte, daß ich etwas geleistet habe, was mit Schönheit, Charme, Sex nichts zu tun hat. Bloß runterspielen, daß es um eine Arbeit von mir geht. Ich werde innerlich manchmal fast panisch. Ich habe dann so das Gefühl, es wäre doch viel einfacher, mit einem von denen ins Bett zu steigen und darüber das blödsinnige Manuskript zu vergessen. Ich weiß genau, daß meine Kollegen so was gar nicht von mir erwarten. Mein Kopf hämmert mir dann ein: Sei nicht blöd, sie schätzen deine Arbeit wirklich. Ein Glück, daß ich in solchen Situationen noch meinen Kopf habe. Ich weiß nicht, in wie viele Betten ich sonst schon gefallen wäre. Ich habe ja nichts gegen das Bett, aber was ist das für ein Fick, bei dem es nur ums Verheimlichen eines wichtigen Anteils meiner Person geht. Also, in solchen Situationen könnte ich mich vor Wut zerreißen. Dann wird mir so richtig verdammt klar, wie sehr ich noch in diesen anachronistischen Gefühlsstereotypien drinhänge. Am meisten regt mich auf, daß ich selbst es bin, die sich immer wieder diese Gefühle aufzwingt. Ich kann das den meisten Männern, mit denen ich vorwiegend zu tun habe, einfach nicht anhängen. Ich gehe, wenn man so will, patriarchalisch mit mir selber um. Manchmal kommt es mir so vor, als führte ich in mir drin gegen mich selber Krieg.»

ULLA

ist 32. Sie ist Soziologin an einem Forschungsinstitut. Sie lebt mit ihrer vierjährigen Tochter ohne Partner in einer Wohngemeinschaft.

«Hans und ich haben uns vor einem Jahr getrennt. Ich bin mit dem Kind in der alten Wohngemeinschaft geblieben. Der Haken in unserer Beziehung war wohl die Sexualität. Jedenfalls für Hans. Er hatte damals eine andere Frau kennengelernt, mit der er jetzt auch zusammen lebt. Ich war unheimlich fertig, als er mir von dieser Frau erzählte. Sie muß für ihn so eine Art sexueller Offenbarung gewesen sein. Mir hat er dann vorgeworfen, ich sei im Bett immer so auf ihn programmiert gewesen. Also, ich hätte immer alles mitgemacht und hätte ja auch meinen Spaß am Vögeln, aber trotzdem sei ich nie so richtig zu greifen gewesen. Er habe nie so richtig gewußt, was denn nun meine Bedürfnisse waren. Ob ich auch wirklich immer gewollt hätte, was wir taten, oder ob ich es nur ihm zuliebe getan hätte. Und das sei bei der anderen eben völlig anders. Da wüßte er immer, was mit ihr los sei. Und beim Vögeln eben erst recht. Das hat mich wahnsinnig geschockt. Ich bin monatelang vollkommen erledigt gewesen. Vor allem auch deshalb, weil mir die Sexualität mit Hans so befriedigend erschienen war. Ich wollte gar nichts anderes haben. Ich hab dann natürlich angefangen, über uns nachzudenken. Heute glaube ich nicht, daß es ausschließlich am Sexuellen lag, weswegen wir uns getrennt haben. Aber unser Problem hat sich am Sexuellen festgemacht und ist da besonders deutlich geworden. Ich war damals in einer Frauengruppe, in der ich mich sehr wohl gefühlt hatte. Aber als ich mit diesem sexuellen Problem ankam, hab ich irgendwie keine Hilfe gefunden. Ich wollte meine Sexualität mit meinem Partner entwickeln, ich wollte offener werden, krasser und aggressiver sinnlich sein. Aber ich konnte in der Frauengruppe einfach nicht mit meinem Problem landen. Mein Fehler war damals, daß ich die Veränderung nur wegen Hans wollte. Um ihn zu halten. Ich bin dann raus aus der Frauengruppe. Erst hinterher ist bei mir ein Bewußtseinsprozeß in Gang gekommen, in

18

sprächen mit einer Freundin. Da habe ich so allmählich begriffen, wie wenig ich in der ganzen Zeit mit Hans an mich gedacht habe. Also, ich glaube, ich muß wohl klarstellen, daß ich im landläufigen Sinne keine sexuellen Probleme habe. Ich kann auch aktiv sein und die Initiative ergreifen und so. Darum habe ich zuerst überhaupt nicht kapiert, was Hans meinte. Ich dachte zuerst, ich muß irgendwie schärfer werden, noch öfter mit ihm schlafen. Das habe ich dann ja auch versucht. Bis ich gemerkt habe, ich bin so was wie die ideale Geliebte, die immer gerade dann auch Lust hat, wenn der Mann will, die auch aktiv sein kann, wenn sie spürt, daß dafür der richtige Moment da ist, die alle Positionen und Praktiken gut findet und mitmacht und die immer schön zum Orgasmus kommt. No problem. Ich war nichts anderes als eine linke Haremsdame mit Hochschulabschluß, die ihrem Herrn und Gebieter alles von den Augen ablas. Ich hab da auch nie einen Widerspruch zu mir selbst erlebt. Ich definierte meine Sexualität in totaler Abhängigkeit von Hans. Ich habe einfach nicht gemerkt, daß es seine Wünsche waren, die ich als meine eigenen erlebt habe. Ich habe einfach nicht gemerkt, daß ich keine eigenen Wünsche hatte. Ich habe alles mitgemacht in dem treuen Glauben, daß das genau auch meine Bedürfnisse seien. Wenn Hans irgendwas mit mir machen wollte, hatte ich das Gefühl, ja, genau das will ich auch. Ich war höchstens verwundert, wie gut er meine Wünsche erriet. Ich konnte einfach zwischen seinen und meinen Wünschen nicht unterscheiden, schon deswegen nicht, weil ich meine eigenen gar nicht kannte. Ich war nicht in der Lage, meine eigenen sexuellen Bedürfnisse zu fühlen, geschweige denn, sie auszudrücken. Ich finde, die herkömmliche ideale Geliebte ist ein ganz schön langweiliges Wesen, das ist mir inzwischen klargeworden. Ich bin seit einiger Zeit mit einem anderen Mann liiert. Da habe ich sozusagen ganz klein angefangen. Du kannst dir nicht vorstellen, was ich für Ängste und Unsicherheiten ausgestanden habe, wenn ich plötzlich merkte, daß ich im Bett andere Wünsche hatte als er. Zuerst habe ich mich wieder angepaßt. Dann habe ich mir gesagt: Wenn du gleich wieder so anfängst, dann ist bald dieselbe Scheiße da. Also habe ich mich überwunden, mal in mich reinzuhören und mich dann auch zu artikulieren. Ich hab gezittert und gebebt, manchmal wußte ich nicht mehr, wo oben und unten ist. Es war so, als ob ich noch nicht laufen könnte. Meine sexuelle Identität war ja auch noch ganz klein und mickrig. Ich hatte einige Zeit überhaupt keinen Boden mehr unter den Füßen. Meine sexuellen Vorlieben und Wünsche zu entdekken, hat mich unheimlich ins Rotieren gebracht. Da hatte ich auf einmal ganz eigene Wünsche, die zunächst mit meinem Partner nichts zu tun hatten, weil sie zu mir gehörten. Und wie verdattert ich war, als ich ihm diese Wünsche zeigen konnte, ohne daß die Welt aus den Fugen ging. Ich lebte plötzlich meine Sexualität, und die tat dem Vögeln überhaupt keinen Abbruch. Im Gegenteil. Ich habe jetzt nicht nur Spaß, weil er Spaß hat, sondern auch, weil ich meinen eigenen Spaß habe. Und er hat mehr Spaß, weil er meinen Spaß auch spürt. Ich habe mir oft Gedanken gemacht, warum ich in der Sexualität so eine Unperson gewesen bin.»

Karin, Nina, Greta und Ulla führen nach objektiven Kriterien ein selbständiges, aktives Leben. Auf der subjektiven Ebene jedoch tun sich die vier mit der Autonomie schwer. Wenn auch in unterschiedlichem Ausmaß, haben sie doch das Gefühl, sich nur bruchstückhaft als Person mit spezifischen Eigenarten, Wünschen, Fähigkeiten definieren zu können. Sie gehen sich selbst immer wieder verloren und empfinden sich ohne wirklich greifbare Konturen. Von ihren Partnern fühlen sie sich abhängig und sind teilweise unfähig, sich in ihre Beziehungen als autonome, vom anderen abgegrenzte Personen einzubringen.

Am deutlichsten wird dies bei Karin, die das Gefühl hat, keine eigene Persönlichkeit zu haben, und dies mit überaus sensibler Anpassung an ihren Partner kompensiert. Sie stellt sich auf «osmotischem Wege», «von Haut zu Haut», vollkommen auf ihn ein. Im Grunde beschreibt Karin exakt die Austauschprozesse, die in der Dualunion von Mutter und Kind in der präverbalen Zeit stattfinden. Sie strukturiert also ihre Partnerbeziehung genau nach dem Modell der symbiotischen Mutter-Kind-Dyade, in der das Kind vollkommen abhängig von der Mutter ist, von dieser quasi «Leben eingehaucht» bekommt. Im Grunde übernehmen Karins Partner das Erbe der Mutter. Auf einem unbewußten Niveau ist Karl für Karin nicht so sehr er selbst als vielmehr eine frühe symbiotische Mutter. In einer solchen Beziehung verhindert die osmotische Durchdringung eine klare Abgrenzung und Individuation. Letztlich weiß Karin gar nicht genau, wo sie aufhört und der andere (besser: die andere) beginnt.

Obwohl Karins große Durchlässigkeit im Kontakt und im Erfassen fremder Schwingungen sicher auch eine große Begabung ist, leidet sie unter dem ständigen Bedürfnis nach Identitäts-Transfusion. Da sie keine eigene Struktur hat, findet sie keine Balance zwischen passivem Aufnehmen und aktivem Einbringen. Sie zerrinnt sich selbst zwischen den Fingern. Ihr Einfall zu ihrer Schwangerschaft, mit dem Kind endlich etwas Eigenes zu haben, zeigt, daß sie danach sucht, auch im subjektiven Erleben eine eigene Person zu werden. Ihr plötzlicher Schreck nach diesem Einfall zeigt darüber hinaus, daß ihre Schwangerschaft für sie unbewußt ein Protest gegen die omnipotente Mutter und das Kind ein Instrument der Ablösung von dieser ist. Auf der bewußten Ebene wird ihr klar, daß sie ihr Kind überfordernd zum Handlanger ihrer eigenen Individuation machen will.

Nina hat ein etwas anders gelagertes Problem. Ihre Schwierigkeit besteht darin, daß sie ihren Beruf und ihre sonstigen Aktivitäten nicht als etwas Eigenes erlebt. Sie hat das Gefühl, sämtliche diesbezüglichen Entscheidungen nicht selbst getroffen, sondern Peter überlassen zu haben. Nur seinetwegen habe sie das Lehrerstudium abgeschlossen, nur seinetwegen sei sie in der Gewerkschaftsarbeit aktiv. Dies alles nur, um von ihm anerkannt und geliebt zu werden.

Sie ist dauernd bestrebt, ein Ideal zu erfüllen, von dem sie glaubt, daß Peter es von ihr habe. Daß es sich möglicherweise auch um ihr eigenes Ideal handeln könnte, nimmt sie nicht wahr. Sie entzieht sich jeder Eigenverantwortung für ihre selbständigen Aktivitäten, indem sie alle Entscheidungen darüber (Studienfach, Abschluß etc.) an Peter delegiert. Offenbar steht Nina unter sehr starken Schuldgefühlen, was ihre eigenen Wünsche betrifft, so daß sie diese vor sich selbst und anderen verleugnen muß. Diese Problematik macht sich vorwiegend fest am Berufsfeld, das sich natürlich wegen seiner hohen Autonomievalenz besonders gut anbietet. Ihre Schuldgefühle machen es Nina unmöglich, autonome Interessen und Wünsche bei sich zu erkennen und, in einem weiteren Schritt, auch zu deklarieren, sozusagen öffentlich dazu zu stehen. Sie entlastet sich unbewußt, indem sie Peter als den Verantwortlichen erlebt, nimmt aber gleichzeitig auf der bewußten Ebene dafür in Kauf, unter ihrer «Musterschülerinnen-Mentalität» zu leiden.

Welche Wurzeln haben nun diese Schuldgefühle, die Nina als solche weitgehend unbewußt sind, die sich aber bei ihr in dem bewußten Gefühl großer Abhängigkeit und damit verbundener Trauer und Wut sowie starker Angst vor Selbständigkeit äußern? Auffällig ist bei Nina, daß sie auf Schritt und Tritt Peters «Segen» braucht und sich ständig seines Lobes versichern muß. So als wollte sie immer wieder beweisen, was für ein braves Kind sie ist. Dahinter dürfte jedoch die unbewußte Phantasie stehen, etwas sehr Böses angerichtet zu haben. Dieses «Böse» scheint bei Nina die bereits vollzogene Ablösung aus der frühen Mutter-Kind-Beziehung zu sein. Diese Abgrenzung wird von Nina in einer sehr tiefen Schicht als eine aggressive Zerstörung der Mutter erlebt, was in sehr heftigen Schuldgefühlen resultiert und dringend vor ihr selbst und anderen verleugnet werden muß. Ihr überbraves Verhalten Peter gegenüber, der hier stellvertretend für die Mutter steht, ist ein Aspekt dieser Verleugnungsstrategie zur Abwehr von Schuld- und Strafängsten.

Nina hat also als Reaktion auf ihr Heraustreten aus der Mutter-Kind-Dyade eine sekundäre Pseudosymbiose mit Peter aufgebaut, von dessen Lob und Tadel sie sich fortan lenken läßt und dessen Wünsche ihr zum Befehl werden. Auf dieser Ebene spielt Peter für Nina die Rolle der Mutter, vor der sie ihre bereits mindestens in Ansätzen vorhandene Autonomie verheimlichen muß.

Bei Greta liegen die Dinge insofern anders, als sie durchaus in der Lage ist, ihre objektiven Leistungen auch subjektiv als etwas Eigenes, zu ihr Gehöriges zu erleben. Aber sie fühlt den Zwang, sich für jede autonome Leistung entschuldigen oder diese sogar «vertuschen» zu müssen. Sie spürt in sich den Druck, dort, wo es um die Verheimlichung ihrer Selbständigkeit geht, auf sexuelle Verführungskünste zurückzugreifen. So würde zumindest bei solchen Gelegenheiten der sexuelle Kontakt einer Vermeidung partnerschaftlicher Begegnung dienen. Der Sinn der sexuellen Verschmelzung wäre es vorzugaukeln, daß Greta in Wirklichkeit keine Eigenständigkeit besitze. Bei Greta handelt es sich offenbar um den Versuch, mittels Sexualität wieder eine symbiotische Einheit herzustellen, in der autonome Leistungen keinen Platz haben.

Gretas frühere, überstarke Angewiesenheit auf Anerkennung von außen macht deutlich, daß sie ein autonomes Selbstwertgefühl nur unzureichend entwickeln konnte. Auch bei Greta haben die Männer zum Teil das Erbe der Mutter angetreten. Denn ihr Gefühl, «fallengelassen zu werden», «plötzlich ganz allein dazustehen», nachdem sie sich von ihren ständigen Flirtereien und Verführungstechniken befreit hatte, zeigt die Angst, von einer mütterlichen Figur verlassen zu werden. Von der Mutter glaubte sie nur dann akzeptiert zu werden, wenn sie hübsch brav wie eine Puppe war – ohne eigenes Innenleben. Sowie sie in sich etwas Eigenes spürte, was mit Äußerlichkeiten nichts zu tun hatte, handelte sie der Rollenvorschrift ihrer Mutter zuwider, die möglicherweise die hübsche Tochter zur eigenen narzißtischen Regulation brauchte.

Bei Greta zeigt sich, wie genitale Sexualität eingesetzt werden kann, um ein Stück Mutter-Kind-Symbiose wieder herzustellen und damit Autonomieängsten aus dem Wege zu gehen.

Daß es sich bei Greta psychodynamisch gesehen eventuell auch um eine ödipale Problematik mit starken Sexualisierungstendenzen handeln könnte, möchte ich nicht weiter beachten. Es geht hier vor allem um eine Betonung der prä-ödipalen Wurzeln der Mutter-Tochter-Beziehung, die ja auch die ödipale Situation entscheidend mitbestimmen.

Wenn ich die vier Frauen vergleiche, hat es Ulla – nach meinen Wertvorstellungen – am weitesten gebracht. Durch die Trennung von Hans war sie sehr heftig mit einem inneren Problem konfrontiert worden: ihre Unfähigkeit, autonome sexuelle Bedürfnisse bei sich wahrzunehmen, geschweige denn, sie in die erotische Beziehung aktiv einzubringen. Bemerkenswert ist, daß Ulla vor diesem Problem nicht den Rückzug angetreten, sondern sich den Ängsten gestellt hat, die sie bis dahin zu einer «Unperson» im Sexuellen gemacht hatten und die bei einer Erforschung der eigenen sexuellen Wünsche erneut anfluteten. So kam sie zunächst ihrem Gefühl nach «unheimlich ins Rotieren», verlor «den Boden unter den Füßen». Sie beschreibt das Ausmaß ihrer Selbstherausforderung sehr genau, wenn sie ihren emotionalen Zustand mit der Unsicherheit eines Kleinkindes, das laufen lernt, gleichsetzt. Bis zur Krise mit Hans hat Ulla offenbar unter dem strengen Gebot gestanden, eine autonome Sexualität mit den aktiven und passiven prägenitalen und genitalen Bedürfnissen, die diese beinhaltet, zu unterdrücken. Ulla ist es gelungen, sich diesem Gebot zu entziehen, indem sie es gewagt hat, ihre sexuelle Identität trotz der damit verbundenen Ängste zu entwickeln und zu definieren.

Bei Ulla dürfte es sich um eine geglückte Auflösung der ödipalen Konstellation handeln, was ja auch die Bewältigung der frühen Mutter-Kind-Beziehung ganz wesentlich mitumfaßt. Sie ist auf dem besten Wege, sich von einer angepaßten, wohlfunktionierenden, nur durch die Wünsche des Partners sich konturierenden sexuellen «Unperson» zu einer Frau mit einer klaren erotischen Identität zu entwickeln. Die eigenständige Artikulation ihrer Sexualität bedeutet das Wagnis, die Rolle der Tochter ganz zu verlassen und selbst eine weibliche Position einzunehmen, das heißt, vor einer im übertragenen Sinne präsenten Mutter die eigene sexuelle Autonomie nicht verbergen zu müssen, sondern leben zu können.

Karin, Nina, Greta und Ulla sind für mich modellhaft für viele Frauen. Obwohl ihre Lage jeweils besonders pointiert dargestellt ist, dürfte sie dennoch nicht außergewöhnlich und somit einfühlbar sein. Es sind Frauen, die den Schritt in die Selbständigkeit gemacht haben, diese aber nicht voll leben können oder konnten. Sie haben diese Schwierigkeiten nicht mehr aus äußeren, objektiven Behinderungen heraus, sondern primär auf Grund einer inneren Barriere, die mit der jeweiligen Beziehung zu ihren Müttern zusammenhängt. Bei allen vieren handelt es sich also um die mehr oder weniger gelungene beziehungsweise mißlungene Bewältigung einer Mutterproblematik, die es ihnen schwer macht, ihre objektive Situation auch subjektiv als eine eigenständige, eigenverantwortliche zu erleben. Ich will diese vier Frauenbilder nicht durch weitere Analysen über Gebühr strapazieren. Sie sollten mir ja nur dazu dienen, vier mögliche Varianten von Frauenleben darzustellen und hierbei wiederum besonders auf die unaufgelöste oder komplizierte Beziehung zur Mutter einzugehen.

Auch innerhalb der Psychoanalyse hat sich die Beachtung der Mutter-Kind-Beziehung sehr verstärkt. Wenn in den ersten Jahrzehnten der Psychoanalyse der sogenannte Ödipus-Komplex als «Kern der Neurosen» zum Prüfstein für eine erfolgreiche Lebensbewältigung angesehen wurde, so hat sich heute eine deutliche Verschiebung der Betrachtung zugunsten früher, präödipaler Konstellationen in der Mutter-Kind-Dyade ergeben. Dieser Wandel verbindet sich mit den Namen etwa von BALINT, WINNICOTT, MAHLER, SPITZ, BOWLBY und vielen anderen mehr und klingt hinsichtlich der weiblichen Entwicklung sogar schon in einer der späteren Arbeiten FREUDS zu diesem Thema an (FREUD 1931). Auf dem Hintergrund der neueren Erkenntnisse über die große Relevanz der frühen dyadischen Beziehung von Mutter und Kind erscheint die klassische Lesart der psychosexuellen Entwicklung beider Geschlechter, für die der Primat des Phallus charakteristisch ist, als eine Abwehr eben dieser frühen Mutter-Kind-Interaktion (vgl. CHASSEGUET-SMIRGEL 1976).

FREUD und in seinem Gefolge auch Frauen wie JEANNE LAMPL DE GROOT, HELENE DEUTSCH, MARIE BONAPARTE u. a. setzen, verkürzt dargestellt, die frühe Triebentwicklung des kleinen Mädchens gleich mit der des kleinen Jungen. Es habe die gleichen erogenen Zonen, die Klitoris sei nichts anderes als ein unzureichender Penis, eine libidinöse Besetzung der Vagina gebe es nicht, weil diese bis zur Pubertät nicht existent sei. In der sogenannten phallischen Phase sei das Mädchen gezwungen, seine Kastration und die damit verbundene Minderwertigkeit zu akzeptieren. Es entwickle einen Kastrationskomplex und den daran gekoppelten Penisneid. Es gebe sehr häufig die Masturbation auf, da seine klitoridale Minderwertigkeit eine zu große narzißtische Kränkung sei. Für seine Penislosigkeit mache es die Mutter verantwortlich und wende sich auch aus diesem Grunde von der Mutter ab und dem Vater zu. Seine bis dahin aktive klitoridale Phallizität wandele sich in rezeptive Passivität, die in dem Wunsch gipfele, vom Vater einen symbolischen Penis in Form eines Kindes zu erhalten. Es gebe keinen originären Wunsch nach einem Kind, hinter diesem verberge sich der Wunsch nach einem Penis.

JANINE CHASSEGUET-SMIRGEL (1976) versucht eine kritische Hinterfragung des «phallischen Monismus» in der FREUDschen Theorie auf dem Boden der Psychoanalyse. Ihre Hypothese ist es, daß dieser phallische Monismus eine narzißtische Wunde auslöschen soll, die die gesamte Menschheit kennt und die aus der Hilflosigkeit der frühen Kindheit stammt, einer Hilflosigkeit, die das Kind total abhängig von der Mutter macht. Diese totale Abhängigkeit bewirkt auch die Ausbildung einer omnipotenten Mutter-Imago, das heißt einer psychischen Repräsentanz eines allmächtigen Mutterbildes. Eine weitere narzißtisch schmerzende Realität ist die Wahrnehmung des Generationsunterschiedes innerhalb der inzestuös-libidinösen Konstellation, also der eigenen Kleinheit und Unzulänglichkeit im Vergleich mit dem inzestuös geliebten Elternteil. CHASSEGUET-SMIRGEL betont dabei, daß die Frau, so wie sie von FREUD beschrieben wird, nämlich als eine passiv-abhängige, genau das Gegenteil von dem ist, was die frühe omnipotente Mutter-Imago darstellt. Sie deutet also den phallischen Monismus als eine Abwehrform gegen eine allzu bedrohliche, weil allzu mächtige Mutterfigur.

Eine mehr soziologisch orientierte Interpretation versuchte KAREN HORNEY schon 1926, als sie darauf hinwies, daß das FREUDsche Konzept der Weiblichkeit nicht unbeeinflußt ist durch eine männliche Gesellschaft. Wie stark die Theorie FREUDs durch die Viktorianische Ära, deren Bürger er war, geprägt wird, zeigen die Arbeiten von SCHÜLEIN (1975) und GLASER (1976).

«Indem FREUD die zeitspezifischen Ausprägungen der Viktorianischen Epoche – die Tatsache weitverbreiteter weiblicher Frigidität, der Hysterie, der männlichen Impotenz (‹Preis› für die heuchlerische doppelte Moral der Geschlechter, vor allem der herrschenden Klasse) – vorwiegend als kulturelles und nicht als gesellschaftliches Phänomen begriff, erwies er selbst seine zeit- wie klassenspezifische Befangenheit ... Da das Tabu, mit dem man die weibliche Sexualität belegte, besonders stark und die aus solcher Verdrängung entstehende aggressive Trieb-Neugierde entsprechend intensiv war, ist die Frau ein besonderer Mittelpunkt der sexuellen Obsession [der Zeit] gewesen. Man wird von solchen, tief in dem sexuellen Sündenbock-Denken der christlich-abendländischen Kultur verwurzelten Vorurteilen auch FREUD nicht gänzlich freisprechen können» (GLASER, S. 70).

FREUDs Konservatismus zeigt sich ganz klar in seinen Ansichten über die Frau. Er wiederholt Vorurteile, die einer autoritären Kultur und Persönlichkeit entsprechen (GLASER). FREUD hielt Frauen letztlich für infantil, narzißtisch, zu keiner echten Sublimierung und auf Grund ihrer Über-Ich-Schwäche zu keinen wertvollen Kulturleistungen fähig und sprach ihnen ab 30 Jahren im Vergleich zu einem gleichaltrigen Mann jede weitere Entwicklungsmöglichkeit ab. JULIET MITCHELL (1976) kann jedoch zeigen, daß FREUD in bezug auf Frauen viel sehen und deuten konnte, was seiner Zeit adäquat war, und daß er damit in gewisser Weise eine genaue Beschreibung der Frau in einer patriarchalischen Kultur gab (vgl. auch WINDHOFF-HÉRITIER 1976). Problematisch daran ist, daß FREUD überzeugt war, den Ausdruck kollektiver Seelenstruktur schlechthin zu beschreiben, was sicher auch zu einer Behinderung der Diskussion über die weibliche Sexualität innerhalb der Psychoanalytischen Vereinigung in den zwanziger und dreißiger Jahren geführt hat. JOSINE MÜLLER, KAREN HORNEY, MELANIE KLEIN und ERNEST JONES haben in dieser Zeit bereits darauf hingewiesen, daß die Betonung der klitoridalen Sexualität eine Verleugnung der Existenz der Vagina sei, weil durch diese sowohl beim Mann wie bei der Frau spezifische Ängste hervorgerufen würden. Diese Psychoanalytiker haben sich darum verdient gemacht, innerhalb der psychoanalytischen Theorie die primäre Weiblichkeit der Frau verteidigt zu haben.

Interessant ist in unserem Zusammenhang, daß KAREN HORNEY in ihrer Arbeit «Die Angst vor der Frau» (1932) verschiedene Mythen und Legenden über Sirenen und Hexen erwähnt, die Angst und Abscheu vor der Frau ausdrücken. Viele Tabus sind also zum Schutz vor der Frau als bedrohlicher Mutter-Imago aufgerichtet worden. Das hieße darüber hinaus, daß die psychologische Wurzel für die Errichtung patriarchalischer Strukturen in der Angst vor Überwältigung durch die archaische Mutter zu suchen sein dürfte. Ich wage eine solche psychologisierende Hypothese, weil es bis heute keine ausreichende Theorie über die historischen Gründe der Errichtung von Männerherrschaft gibt. Die sozialistische Theorie, die diese mit der Entstehung des Privateigentums koppelt (ENGELS; BORNEMAN 1974; u. a.), ist zunächst sehr plausibel und trifft vielleicht auch auf den von BORNEMAN beschriebenen geographischen Raum zu, läßt sich letztlich aber nicht generell halten, wie MARIELOUISE JANSSEN-JURREIT (1976) zeigen konnte, die anthropologisches Material über Primitivkulturen zitiert, in denen das Privateigentum noch nicht, aber die Unterdrückung der Frau durch den Mann sehr wohl bekannt ist.

Zumindest im Psychischen besteht ein Matriarchat vor dem Patriarchat. Die Abwehr dieses Matriarchats geht durch Unterdrückung und Entwertung der Frau und Usurpierung ihrer Potenzen vor sich, wie es auch in der klassischen psychoanalytischen Theorie über die weibliche Entwicklung geschieht. Die Mutter-Kind-Dyade ist natürlich für beide Geschlechter lebensgeschichtlich höchst bedeutsam. Hier will ich jedoch primär auf die frühe Beziehung von Mutter und Tochter eingehen. Wenn im folgenden vom Kind die Rede ist, sei zunächst an das kleine Mädchen gedacht. Denn es soll ja vor allem gezeigt werden, welche spezifischen weiblichen Ängste bei der Auflösung der Mutter-Tochter-Symbiose und der damit verbundenen Autonomiefindung entstehen und auf welche Weise sie unter anderem abgewehrt werden können.

Nach einem Zustand der Vollkommenheit im Uterus und auch noch für kurze Zeit nach der Geburt (GRUNBERGER 1976) beginnt das Kind, sich als äußerst hilflos und völlig auf die Mutter angewiesen zu erleben, die dadurch zu einer omnipotenten Figur wird. Das Kind erfährt in der symbiotischen Verschmelzung mit der Mutter, die in einem präverbalen Einverständnis mit ihm für seine volle Bedürfnisbefriedigung sorgt, Geborgenheit und Zufriedenheit. Diese frühe Beziehung zur Mutter kann aber auch Angst und Schrecken induzieren, vor allem dann, wenn die Mutter selbst diese Symbiose nicht angemessen leben kann. Hier haben die psychosozialen Bedingungen, denen die Mutter ausgesetzt ist, ganz zentralen Einfluß: die ökonomische Lage; die Interaktion mit dem Vater; die eigene Kindheit und hier wiederum ganz besonders die Beziehung zur eigenen Mutter; das daraus entstehende Mutterrollenstereotyp. Diese und andere Faktoren, die ja alle auch eine Wechselwirkung haben, steuern das Verhalten der Mutter in der Dyade mindestens ebenso, wie es die Bedürfnisse des Kindes tun. Solange sie ihre «Omnipotenz» in den Dienst des Kindes stellt, wird diese zuträglich sein. Bedrohlich wird die Allmacht der Mutter erst dann, wenn sie an der Hilflosigkeit und Verfügbarkeit des Kindes interessiert ist. Eine durch ihre Lebensbedingungen beeinträchtigte oder sogar unterdrückte Mutter wird ihre omnipotente Rolle in der Dyade eher ausnutzen, um das Herrschaftsgefälle auf Kosten des Kindes zu erhalten. In einer so gearteten Symbiose entstehen wahrscheinlich besonders häufig feindselige Impulse gegen die Mutter, die aber nicht gelebt werden dürfen, da sie ja gerade diese Symbiose und damit das Kind selbst bedrohen würden. Die unbewußte Erinnerung an diesen Zustand hilflosen Ausgeliefertseins an die omnipotente Mutter bleibt erhalten. Sie kann, zumal wenn eine Auflösung der Dual-Union nicht recht gelungen ist, immer wieder mobilisiert werden, was entsprechende Abwehrstrategien zur Folge hat.

Ebenso wie die Hilflosigkeit der oralen Zeit trägt auch die sogenannte anale Phase, wenn auch qualitativ anders, zum Erleben der mütterlichen Macht bei. Hier gerät durch das Sauberkeitstraining das Körperinnere unter die Kontrolle der Mutter. Die Mutter der analen Zeit hat einen deutlich eindringenden Charakter. Das Kind empfindet, daß sie sich sogar seines Körperinneren, all der Kostbarkeiten, die es in sich trägt, bemächtigen kann. Ein symbolischer Ausdruck dafür ist die Phantasie vieler Kinder, die Mutter könne Gedanken lesen, es könnten ihr also selbst geheimste innere Regungen zugänglich sein. Ein weiteres Beispiel für die unzureichende Abgrenzung von der Mutter ist der Geständniszwang, unter dem selbst Erwachsene häufig noch stehen. Die Bemächtigung durch die «anale» Mutter weckt im Kind unausgesprochene Aggressionen gegen sie. MARIA TOROK (1974) schreibt:

«Das Kind muß die von der Mutter ausgeübte Herrschaft als Manifestation ihres Interesses an dem Besitz der Exkremente interpretieren, und zwar bereits während sich diese noch im Körperinneren befinden. Konsequenz: Das Körperinnere gerät seinerseits unter die mütterliche Kontrolle. Wie soll man sich von einer solchen Herrschaft freimachen, wenn nicht durch eine Umkehrung der Beziehung? So entstehen die mörderischen Phantasien vom Bauchaufschlitzen, das Körperinnere der Mutter herauszureißen, Ort und Funktion ihrer Herrschaft zu zerstören» (S. 200/201).

Zum einen bedeutet die Kontrolle der Mutter über das Körperinnere für das Kind das implizite Verbot, sich seines Körpers selbst zu bemächtigen, seinen Körper als etwas Eigenes, von der Mutter Losgelöstes zu erfahren, also sich selbst zu besitzen. Zum anderen entstehen Aggressionen gegen die einschränkende, possessive Mutter. Daß sich diese gegen das Körperinnere der Mutter richten, entspricht den primitiven Mechanismen des Talions-Prinzips und der Projektion dieser frühen Entwicklungsstufe.

Über die anale Stufe hinaus kann sich die Kontrolle durch die Mutter auch auf das Genitale des Kindes erstrecken. Da das Kind die autonome Inbesitznahme des eigenen Körpers als verboten, ja sogar als agressiven Akt gegen die Mutter erleben kann, wird die Masturbation zu einem Akt der Auflehnung gegen die Mutter und somit auch für das Kind potentiell bedrohlich. Die Masturbation ist für das Kind ein Weg, sich aus der Abhängigkeitsbeziehung zur Mutter zu lösen: «Da ich es mir selbst machen kann, habe ich diejenigen überwunden, die mir die Lust bisher nach ihrem Gutdünken gewährt oder verboten haben» (TOROK, S. 205). In diesem Zusammenhang sollte nicht vergessen werden, daß die Mutter, etwa durch Körperpflege, tatsächlich stimuliert. Sie kann also in der frühen Kindheit über Gewährung oder Vorenthaltung von Lust bestimmen.

Das freie kindliche Sexualspiel bestimmt das Selbstgefühl des kleinen Mädchens.

«Was entdeckt man auf dem Wege zum Orgasmus? Die Fähigkeit, sich eine Identität mit den Eltern vorzustellen, seine eigene Person in allen Positionen der Urszene zu sehen, und zwar auf sämtlichen Organisationsstufen der Urszene ... Es ist verständlich, daß jede Hemmung einer solchen Begegnung mit sich selbst statt einer Identifizierung eine Lücke hinterläßt» (TOROK, S. 204).

Die notwendige Autonomisierung des Mädchens mit Hilfe der Masturbation kann natürlich empfindlich gestört und eingeschränkt werden, wenn die Mutter real nur schwer oder gar nicht in der Lage ist, sich mit der Verselbständigung ihres Kindes abzufinden.

«Wie sollte sie sich mit sich selbst begnügen, wenn ihr allein die Herrschaft über das Kind Befriedigung verschafft? Muß sie nicht eifersüchtig und argwöhnisch reagieren, wenn sie merkt, daß das Kind sich mit zunehmender Reifung von ihr löst? Die Wirkung des Masturbationsverbotes liegt genau darin, das Kind an den Körper der Mutter zu ketten und seinen eigenen vitalen Plänen Fesseln anzulegen» (TOROK, S. 205).

Hier geht es also um Mütter, die durch ihre Kinder die eigene subjektiv erlebte Unvollkommenheit ausgleichen müssen und von daher natürlich an einer autonomen Selbstentfaltung ihres Kindes nicht interessiert sind, sondern, im Gegenteil, sogar in Panik versetzt werden.

Da Mütter in unserer patriarchalischen Gesellschaft im allgemeinen eben solche unselbständigen, sich unvollkommen und abhängig fühlenden Personen sind, dürfte es ein generelles, gesellschaftlich vermitteltes, mütterliches Charakteristikum sein, daß sie – ihre Unterdrückung weitergebend – die Autonomisierungstendenzen ihrer Kinder zu knebeln versuchen. In gewisser Weise schafft also das Patriarchat ein besonders starres Matriarchat innerhalb der Mutter-Kind-Beziehung. MELITTA MITSCHERLICH (1975) weist darauf hin, daß die Frau die Unterdrückung ihrer Kinder erst dann aufgeben kann, wenn sie sich ihre eigene Unterdrückung bewußt macht, also diese nicht mehr unreflektiert agierend weiterzugeben braucht. Das heißt aber auch, daß die Frau sich mit ihrem Leiden konfrontiert. «Denn das Leiden zugeben heißt die Schöpfung von Freiheit beginnen» (ROBIN MORGAN, zitiert nach JANSSEN-JURREIT). Damit erhält die Frau eine zentrale gesellschaftliche Bedeutung. «Sie erscheint als die-

jenige, die in der Lage ist, einen ausweglosen Zirkel durchbre-
chen zu können, weil sie ihm direkt ausgesetzt ist und seine
zerstörerische Kraft am eigenen Leib erfährt» (MELITTA
MITSCHERLICH, S. 24).

Ohne Zweifel läßt sich, vor allem auch nach den Ausführungen von M. TOROK, formulieren, die Masturbation sei
ein emanzipatorischer Akt, und zwar vor allem für das Mädchen. Es erfährt ja dadurch sein Genitale als etwas Eigenes,
Lustspendendes, das es der Kontrolle der Mutter entziehen
und selbst in Besitz nehmen kann. Das Mädchen dürfte es
schwerer als der Junge haben, die Symbiose mit der Mutter
aufzulösen. Denn der Junge ist, zumindest durch seinen Körper, bereits von Anfang an als ein anderer definiert. Sein Geschlecht gibt ihm gewissermaßen mehr Möglichkeit, sich von
der Mutter abzugrenzen. Das Mädchen dagegen ist der Mutter ähnlich und muß trotz dieser Ähnlichkeit sein Anderssein
manifestieren. Es muß auf andere Weise einen Weg finden,
sich in seinem Erleben als von der Mutter unterschieden zu
empfinden. Aus diesem Grunde interpretiert J. CHASSE-
GUET-SMIRGEL (1974; 1976) den sogenannten Penisneid als
Ausdruck des Wunsches, der omnipotenten Mutter zu ent-
kommen und mit etwas, das diese nicht besitzt, über sie zu
triumphieren, wie es der kleine Junge scheinbar kann. M. TO-
ROK (1974) meint, die Idealisierung des Penis und der damit
verbundene Penisneid seien eine Abwehrinteraktion zwischen Mutter und Tochter, die sozusagen die Garantie für die
Mutter enthält, daß das Mädchen sich nicht mit etwas kost-
bar Eigenem, nämlich dem eigenen Körper, beschäftigt und
damit seinen Wunsch nach Abgrenzung von der Mutter und
nach Selbstverwirklichung verkündet, sondern daß es höchst
intensiv nach einer «Sache» (Penis) verlangt, die mit dem
Mädchen selbst und seinem Körper eindeutig nichts zu tun
hat.

Dies alles besagt im wesentlichen nur, wie entscheidend für
die weibliche Entwicklung die Distanzierung von der frühen
Mutter ist und wieviel Angstbewältigung dies beinhaltet. Je
kontrollierender eine Mutter ist, je mehr sie sich durch die

Autonomisierung ihrer Tochter bedroht fühlt, desto schärfer wird ihr explizites oder implizites Masturbationsverbot sein. Dies wiederum kann dazu führen, daß es der Tochter besonders schwer oder sogar unmöglich wird, die Masturbation als einen wesentlichen emanzipativen Schritt bei der Ablösung von der Mutter einzusetzen, da sie die Rache der omnipotenten Mutter-Imago befürchtet. Ich glaube, hierin ist der Grund zu sehen, weshalb auch heute noch die Masturbation bei Mädchen weniger häufig auftritt als bei Jungen, nämlich 68 Prozent zu 97 Prozent (CARNAP 1976). Interessant ist in diesem Zusammenhang auch, daß die Prognose bei frigiden Frauen ungünstiger ist, wenn sie als Kinder oder Jugendliche nicht onaniert, also nicht den Versuch unternommen haben, durch die Besetzung ihres Genitales sich selbst als weiblich zu definieren und gleichzeitig als von der Mutter unterschieden.

Ich glaube, daß die körperlichen Selbstuntersuchungen in Frauengruppen sehr viel zu tun haben mit dieser spezifischen Auseinandersetzung zwischen Mutter und Tochter. In der Geborgenheit der Schwesternhorde ist die verbotene Beschäftigung mit dem eigenen Genitale nicht so gefährlich. Die Frauen beschützen sich gegenseitig bei den Selbstuntersuchungen vor der «bösen» und «verbietenden» Mutter. Dadurch wird ein quasi masturbatorischer und damit auch emanzipatorischer Akt möglich. Die Selbstuntersuchung bedeutet den Versuch, Kontrolle über den eigenen Körper zu gewinnen und der Mutter die Kontrolle darüber zu entziehen. Gleichzeitig ist es eine, latent auch feindselige, Annäherung an die Mutter, an deren Körperinneres, wenn man den Uterus psychosomatisch als den «Sitz der introjizierten Mutter» (FRANK, mündliche Mitteilung) ansieht. Es ist aber auch eine Annäherung an die eigene Mütterlichkeit. In einem Bericht über Selbstuntersuchung heißt es im *Frauenjahrbuch 1976* (S. 145): «Nach der Untersuchung fühlten wir uns stark und entspannt.» Ich bin sicher, daß das gehäufte Auftreten von Selbstuntersuchung in Frauengruppen der kollektive Versuch ist, das Tabu der Masturbation zu brechen, das eben mehr als nur Selbstbefriedigung bedeutet, das nämlich die Aneignung des eigenen Körpers durch sich selbst, die beginnende Definition der körperlichen wie psychischen Autonomie und damit die Auseinandersetzung mit der omnipotenten Mutter-Imago umfaßt. Darüber hinaus besagt dies auch – und das ist eminent wichtig –, daß durch die Auseinandersetzung mit dem omnipotenten Mutterbild und der zunehmenden Autonomiegewinnung ein qualitativer Umschlag stattfindet hinsichtlich der Mutter-Imago selbst: Diese wird ebenfalls autonom. «Durch die eigene Unabhängigkeit ist auch die mütterliche Imago autonom geworden, d.h., auch sie könnte ihre Lust bei jemand anderem suchen» (TOROK, S. 205). Es handelt sich bei der Entwicklung zur Selbständigkeit um einen dialektischen Prozeß, in dem das Mädchen sich einerseits von der Übermacht der Mutter befreien muß, andererseits auch seine eigenen Ansprüche auf die Mutter aufgeben, dieser also ebenfalls Freiheit einräumen muß. Das Mädchen gibt damit den Wunsch auf, die Mutter ganz für sich haben zu wollen, was impliziert, daß die Tochter die Hinwendung der Mutter zum Vater zu akzeptieren beginnt. Dies wird wiederum durch das reale Ausmaß der mütterlichen Autonomie erleichtert oder erschwert. Das Ziel einer geglückten Emanzipation von der Mutter ist die angstfreie Besetzung der eigenen Sexualität, die verbunden ist mit der Bereitschaft, auch der Mutter eine autonome Sexualität zuzubilligen. Dies sind die unmittelbaren Voraussetzungen für die Entfaltung eines autonomen Selbstes bei der Frau. Denn was beim Kind noch ein psycho-physiologischer Vorgang ist, verwandelt sich im Laufe der Entwicklung durch seinen Symbolcharakter in eine allgemeine psychische Einstellung zu sich selbst und Empfindung von sich selbst.

Ich hoffe, daß ich deutlich machen konnte, wie beschwerlich die Auflösung der Mutter-Tochter-Beziehung ist und welche archaischen Ängste dadurch mobilisiert werden. Eine der möglichen Abwehrmaßnahmen gegen diese Ängste ist die Ausbildung einer feindseligen Haltung gegen den Mann. Die

Feindseligkeit gegen die Mutter, die aus der eigenen Hilflosigkeit entsteht, wird zunächst auf sie projiziert: Dadurch erscheint sie bedrohlich. Dann wird dieser gesamte Gefühlskomplex auf den Mann verschoben. Die psychische Entlastung besteht darin, daß die Frau sich nicht mehr von der Mutter verfolgt fühlen muß. Im Gegenteil, sie hat einen bösen Außenfeind, den sie aufs heftigste bekämpfen kann, womit sogar zum Teil auch ihre aggressiven Impulse (gegen die Mutter) befriedigt werden können. Die manifeste Männerfeindlichkeit unterdrückt also die latente, äußerst bedrohliche Mutter-Imago. Das Ausmaß des Männerhasses ist somit proportional der eigenen Hilflosigkeit und dem daraus entstehenden Haß auf die Mutter und der Angst vor dieser. Solange dieser Aspekt der Männerfeindlichkeit unbearbeitet bleibt, erhält sich latent eine tiefe Abhängigkeit von der Mutter, durch die eine Emanzipation in Richtung auf ein autonomes Selbst und, damit verbunden, eine gesellschaftliche Neudefinierung der weiblichen Rolle blockiert werden.

Die Psychoanalyse hat lange Zeit, von falschen biologischen Voraussetzungen und gesellschaftlichen Vorurteilen ausgehend, die Vorstellung einer autonomen weiblichen Sexualität und damit eines wesentlichen Bereiches der Emanzipation eher verhindert. Wie repressiv die psychoanalytische Theorie sein konnte, sei durch einige Textstellen (alle zitiert nach CHASSEGUET 1974) belegt.

JEANNE LAMPL DE GROOT: «Zuerst halten wir uns noch einmal vor Augen, daß in der rein weiblichen Liebeseinstellung der Frau zum Mann für die Aktivität kein Platz ist. Die weibliche Frau liebt nicht, sondern sie läßt sich lieben. Frauen, die Männer aktiv lieben, sind männlich. Die Liebe, die sie in der Mutterrolle entfalten, ist aktiv und somit mit Männlichkeit verknüpft.»
HELENE DEUTSCH: «Der Orgasmus ist männlich. Die ‹weibliche› Frau kennt keinen orgastischen Höhepunkt.»
MARIE BONAPARTE: «Die Frau verfügt über quantitativ weniger Libido als der Mann. Der Mann muß gegen die passive und masochistische Haltung im allgemeinen protestieren, da sie ihm biologisch nicht vorgeschrieben ist; die Frau dagegen muß sie akzeptieren.»

Daß Frauen über die weibliche Sexualität zu solchen Aussagen kommen können, läßt die Frage auftauchen, ob nicht ein destruktives Mutterbild es ihnen verbietet, weibliche Sexualität als etwas originär Weibliches und damit als etwas, das zu ihnen gehört, zu erleben. Aber nicht nur die zitierten Psychoanalytikerinnen propagieren eine repressive sexuelle Norm für die Frau, die ja mit Entfremdung vom eigenen Körper einhergeht. Dies geschieht auch innerhalb der Frauenbewegung. Man kann bei einflußreichen (Mutter-)Figuren wie etwa SIMONE DE BEAUVOIR und ganz besonders SHULAMITH FIRESTONE deutliche Hinweise finden auf eine mehr oder weniger latente feindselige Haltung dem eigenen weiblichen Körper gegenüber. Gefährlich dabei ist, daß diese Entfremdung weniger reflektiert als ideologisiert wird.

Auch bei VERENA STEFAN und ALICE SCHWARZER sehe ich die Schwierigkeit, sich mit der eigenen Sexualität radikal auseinanderzusetzen. Dabei bleibt VERENA STEFANs Ideologie in *Häutungen* eher implizit, während ALICE SCHWARZER ihre Thesen im *Kleinen Unterschied* explizit formuliert.

«Der eine küßte leidenschaftlich und wild, so daß ich zähne spürte, nichts als zähne – Und ich küßte leidenschaftlich und wild. Der andere küßte sanft und fand alles andere unreif und unerwachsen – Und ich küßte sanft und erwachsen. Der eine mochte die beine geschlossen, der andere offen und flach, der nächste offen und um seinen rücken – Und ich hielt die beine geschlossen oder offen und flach oder offen und um seinen rücken. Der eine wollte die ganze nacht durchmachen, der andere konnte nur einmal – Und ich machte die ganze nacht durch oder konnte nur einmal. Der eine wollte sich immer genital vereinigen, der andere fand es nicht so wichtig – Und ich vereinigte mich immer genital oder fand es nicht so wichtig. Der eine konnte nur in seinem bett einschlafen, der andere mußte sich wegdrehen, der nächste wollte dicht beisammen liegen – Und ich schlief nur in meinem bett ein oder drehte mich weg oder blieb dicht beisammen liegen» (VERENA STEFAN, S. 42).

VERENA STEFAN war, ähnlich wie Ulla, im Sexuellen «anpassungsfähig bis zur Vernichtung» (S. 20). Ihre Konsequenz ist – anders als bei Ulla – der Rückzug aus der angepaßten Heterosexualität ins Alleinsein und später in eine ohne Zweifel sehr befriedigende homosexuelle Beziehung gewesen. Sie wagt es nicht, ihre eigenen Wünsche in der Sexualität mit Männern kennenzulernen und aktiv auszudrücken. Im Zusammenhang mit ihrer Überangepaßtheit, also der Unfähigkeit, sich als autonome Sexualpartnerin einzubringen, erscheint VERENA STEFANS Lösung weniger progressiv als Ullas Versuch, ihre Überanpassung aufzugeben, ihre sexuellen Wünsche klar zu definieren und damit in Gefahr zu geraten, die «Rache» der Mutter zu provozieren. VERENA STEFAN vermeidet diese Ängste durch die harmonisierende Verschmelzung mit einer anderen Frau. Damit soll nicht gesagt sein, daß die homosexuelle Beziehung zweier Frauen letztlich immer nur der Abwehr einer Mutterproblematik dient. Ich glaube jedoch, daß eine solche Beziehung um so freier ist, je weniger sie ihre Entstehung unbewußter Abwehr verdankt.

ALICE SCHWARZERS Thesen sind allerdings wesentlich rückschrittlicher. Wenn sie im *Kleinen Unterschied* (S. 203) schreibt: «Der die Frau zur Passivität verdammende Koitus ist für Männer die unkomplizierteste und bequemste Sexualpraktik: Sie müssen sich nicht mit der Frau auseinandersetzen, müssen sie weder seelisch noch körperlich stimulieren – passives Hingeben genügt», dann kann man beide Beteiligten dieses armseligen Unternehmens wirklich nur zutiefst bedauern! Weiter heißt es bei ALICE SCHWARZER (S. 204): «Wenn Frauen Sexualität ihren natürlichen Bedürfnissen entsprechend leben könnten: Die Penetration der Heterosexualität wäre dann keine Liebespraktik mehr, sondern der Zeugung vorbehalten.» Das Bild der Heterosexualität, das ALICE SCHWARZER zeichnet und das sie auch überzeugend durch ihre Frauenprotokolle belegen kann, ist von einer trostlosen Öde und Brutalität. Ihre Konsequenz ist jedoch regressiv und letztlich repressiv, da sie den Frauen nicht dazu verhilft, eine autonome Sexualität, die auch ein lustvoll erlebtes Eindringen des Phallus umfaßt, zu entwickeln. Im Gegenteil, ich fühle mich durch ALICE SCHWARZER in Zeiten der Psychoanalyse versetzt, als die Existenz der Vagina geleugnet wurde. Bei einer solchen Ideologie entsteht der Verdacht, daß hier eine Identifikation mit der Aggressorin (frühe Mutter) stattgefunden hat. Die verbietende Mutter hätte damit ihr Ziel erreicht: Die Frau entfernt sich vom eigenen Körper.

Seit MASTERS und JOHNSON ist auch wissenschaftlich erwiesen, daß die Klitoris das Leitorgan sexueller Lust ist und daß sich die Hypothese vom Übergang von der klitoridalen zur «reiferen» vaginalen Sexualität nicht aufrechterhalten läßt. Aber wir wissen auch von MASTERS und JOHNSON, daß jeder Orgasmus von vaginalen Kontraktionen begleitet wird, die unmittelbare Körperempfindungen beinhalten. Das subjektive Orgasmus-Erleben einer Frau ist in jedem Fall mehr ein psychischer als ein physiologischer Vorgang. Wo sie das Zentrum des Orgasmus lokalisiert, hängt also eher vom jeweiligen seelischen Befinden der Frau ab. BARBARA SEAMAN beschreibt in ihrem Buch *Free and Female* sehr eindrucksvoll, wie unterschiedlich Frauen Orgasmen erfahren, obwohl physiologisch gesehen dasselbe abläuft. Je weniger autonom eine Frau ihr ganzes Genitale (Klitoris, Labien, Vagina, Cervix, Uterus) besetzen kann, desto mehr muß sie sich durch die Penetration bedroht fühlen, die sie dann nur als eine passive Auslieferung erleben kann. CHASSEGUET-SMIRGEL (1974) und STAEWEN-HAAS (1970) machen deutlich, daß es beim Vollzug der Penetration im Erlebnis der Frau auch um ein aktiv aufnehmendes und festhaltendes Geschehen geht.

Gerade im Bereich der Sexualität, in dem bei den meisten von uns sehr leicht Ängste und Unsicherheiten entstehen, kann Repression besonders wirkungsvoll ansetzen. Was am feministischen Konzept von ALICE SCHWARZER und anderen so verärgert, ist die programmatische Einengung der Sexualität. Mir geht es hier nicht darum, die Penetration als die einzig angemessene «reife» Form des Geschlechtsverkehrs anzupreisen, sondern darum, die ideologische Behauptung ALICE SCHWARZERS zu entkräften, *keine* Penetration sei das natürliche Bedürfnis der Frau. Das lustvolle Erleben der Penetration sollte genauso zum vollen sexuellen Repertoire zwischen Mann und Frau gehören wie andere sexuelle Praktiken. Ob sie vollzogen wird oder nicht, ist dann immer noch eine Frage der jeweiligen aktuellen Bedürfnisse.

Was ich den genannten Feministinnen vorwerfe, ist, daß sie es bisher versäumt haben, Vorstellungen über eine nicht-repressive Sexualität zwischen Frau und Mann zu formulieren. Eine autonome Sexualität definiert sich meiner Ansicht nach durch die Fähigkeit beider Partner, im Vollzug wie im Erleben aktive und passive Positionen einzunehmen. Vielleicht ließe sich die Dialektik der Geschlechter besser definieren als eine Dialektik von (Sexual-)Subjekt und (Sexual-)Objekt, wobei die Rollen von Subjekt und Objekt nicht fixiert, sondern immer wieder austauschbar und jeweils in sich lustvoll sind. Im Grunde heißt dies ein Spezialistentum aufgeben, das durch die rigide Rollentrennung zementiert worden ist. PETER SCHNEIDER dürfte auf einer anderen Ebene etwas Ähnliches meinen, wenn er schreibt (*Kursbuch 35*, S. 126):

«Kann es nicht sein, daß dasselbe Rollenverhalten, das die Männer dazu bringt, sich auf die aggressive, technische, Emotionen aussparende Seite der Sexualität zu spezialisieren, die Frauen dazu nötigt, sich auf die emotionale, zärtliche, bindende Seite der Sexualität zu verlegen? Daß die Frauen eine ebenso große Angst vor der Sexualität haben wie Männer vor den entsprechenden Emotionen?»

Die Autonomisierung der Sexualität, das heißt die radikale Erforschung der eigenen Bedürfnisse und der damit verbundenen Ängste – bei der Frau eher der aktiven, beim Mann eher der passiven – hat gesellschaftliche Sprengkraft. Daß dies auf elementare gesellschaftliche Widerstände stoßen muß, ist klar. Daß es sich bei beiden Geschlechtern nicht nur um äußere, sondern auch um innere Widerstände handelt, habe ich von seiten der Frau unter dem Aspekt ihrer inneren, wenn auch zum Teil gesellschaftlich vermittelten Ängste vor der Emanzipation zu klären versucht. Wieso der Mann auch vom Innerpsychischen her zum universellen Komplizen des Abhängigkeitszustandes der Frau wird, versucht MARIA TOROK folgendermaßen zu beschreiben (S. 231):

«Das Penis-Emblem verrät sich als ein Mittel, sich als beneidenswert darzustellen, und zwar, logischerweise, um nicht selbst im Neid zu leben. Solange der Mann es nötig hat, die Lücken seiner Vollständigkeit, die er zu vertuschen sucht, durch einen Fetisch zu objektivieren, kann er auch nicht beneidenswert sein. Trotzdem wird er mit Hilfe dieses Unterschlupfs seinen beängstigenden Wunsch, den Platz der Mutter in der analen Urszene einzunehmen, weiterhin ignorieren. Die neidische und mit Schuldgefühlen beladene Frau ist geradezu bestimmt, ihn bei der Projektion dieses Wunsches zu unterstützen; sie wird den ‹femininen› Teil übernehmen, den der Mann nicht bewältigt hat und den er mit allen Mitteln kontrollieren und beherrschen muß. Deshalb ist der Mann darauf beschränkt, eine verstümmelte, abhängige, neidische Frau einer reifen und kreativen Partnerin vorzuziehen.»

– und bleibt dadurch selbst ein verstümmeltes Wesen! Christian David (1974) meint, daß durch die Bisexualität erst eine wirkliche intersubjektive sexuelle Realität entstehen kann. Hier zeigt sich, daß das psychoanalytische Konzept der Bisexualität subversiv werden kann, da es unmittelbar mit der Egalität der Geschlechter, also der Aufhebung rigider Rollenvorschriften, verkoppelt ist. Denn erst die Emanzipation der sexuellen Beziehung von Mann und Frau überwindet den Status von «Halbmenschen» (H. E. Richter 1974) und ermöglicht eine Solidarität der Geschlechter. Diese erst kann zu einer Unterminierung des Patriarchats führen. Durch die herrschenden Rollenstereotype ist unsere Gesellschaft in «Halbmenschen» aufgeteilt. Sie erfüllen die Forderungen des Kapitals nach perfekt auf Hochtouren laufenden menschlichen Maschinen weitaus besser, sie sind in ihrer Eindimensionalität manipulierbarer, leichter zufriedenzustellen, ausbeutbarer. Wenn Männer und Frauen diesen Status – zunächst einmal «nur» im sexuellen Bereich – transzendierten und als Subjekt wie Objekt sämtliche Positionen der Urszene, also die aktiven wie die passiven prägenitalen und genitalen homosexuellen und heterosexuellen Strebungen und die entsprechenden psychischen Modalitäten realisierten, dann entstünde eine Ebenbürtigkeit der Geschlechter, die erst eine Neudefinierung der Rollen von Mann und Frau ermöglichte.

Utopie der Treue

«Ich bin. Aber ich habe mich nicht. Darum
werden wir erst.»
(ERNST BLOCH)

Je mehr ich mich darauf einstellte, über Treue zu schreiben,
desto unsicherer erschien mir der Boden, auf den ich mich
leichtsinnigerweise zu begeben versprochen hatte. Ich sah nur
noch unauflösbare Widersprüche und Ungereimtheiten und
hatte plötzlich das Gefühl, ich sollte dann doch besser gleich
über den Wert der Jungfräulichkeit vor der Ehe schreiben.

Läßt sich sexuelle Treue in einer engen Paarbeziehung
nicht nur um den Preis von Erstarrung und Enge, Selbstver-
leugnung und Selbstbetrug verwirklichen? Hat das Ideal der
sexuellen Treue nicht immer nur der Unterdrückung gedient,
sowohl in der bürgerlichen Gesellschaft als auch in der traditionellen? Ist es nicht zu allen Zeiten vor allem auf Kosten der
Frauen gegangen?

Eine Frau, ALEXANDRA KOLLONTAI, verschaffte sich im
nachrevolutionären Rußland mit ihrer Forderung nach freier
Liebe Gehör. Mit der zunehmenden Abwendung von revolu-
tionären Zielen setzte sich jedoch statt dessen die außergewöhnlich prüde sowjetische Sexualmoral durch, an deren
Kontrollfunktion nicht zu zweifeln sein dürfte. Andererseits
läßt sich aber auch fragen, inwieweit Bürger der permissiven
Gesellschaft mit ihren sehr viel freizügigeren Sexualnormen
als die weniger Unterdrückten anzusehen sind.

Was hat es mit der sexuellen Treue überhaupt auf sich? Soll
man einen solchen Wert abstreifen, da er zur Genüge in seiner
Verlogenheit entlarvt worden ist, oder gibt es bedenkens-
werte Aspekte? Schließlich hält man die Treue zu sich selbst
oder zu einer Aufgabe gemeinhin für etwas Gutes. Trifft das

vielleicht auch auf die sexuelle Treue zu? Dem nachzugehen habe ich mir vorgenommen. Ich tue dies in dem ängstlichen Bewußtsein, mich auf eine Gratwanderung zu begeben, bedroht von Kitsch, Konservatismus, Bekenntnis, Lächerlichkeit und Scham.

Die treue Untreue oder die untreue Treue

Auszug aus einem Gespräch mit einer dreißigjährigen Frau:

«Manchmal weiß ich nicht, was ich von mir halten soll. Ich habe eine ganze Menge sexueller Erfahrungen hinter mir. Ich habe auch noch während meiner Ehe mit mehreren Männern nicht nur flüchtige Beziehungen gehabt. Mein Mann und ich hatten das so miteinander verabredet, daß es auch in einer engen Partnerschaft möglich sein sollte, Kontakte, auch sexuelle Kontakte, zu anderen zu haben. Es war uns klar, daß das vielleicht auch mal schmerzlich für den einen oder den anderen von uns werden könnte, aber das wollten wir in Kauf nehmen. Wir fanden diese Einstellung erstens weniger repressiv und dann vor allem einfach auch realistischer. Schließlich kann man dem anderen nie alles bieten, ihm nie alles sein. Warum also so tun, als ob es nicht so sei? Wir wollten da ehrlicher leben. Wenn es – mindestens in der Phantasie – so was wie Treue nicht gibt, warum dann so leben, als gäbe es sie. Mein Mann hatte ein Bild dafür: Es sei mit der Liebe zu verschiedenen Personen wie mit der Beziehung zu verschiedenen Landschaften. Die Toscana sei nun mal ganz anders als etwa die Alpen oder die Nordsee. Zu Hause sei man vielleicht nur in einer Landschaft, aber hingezogen fühle man sich auch zu den anderen. Wir fanden das beide sehr einleuchtend und wollten uns in unseren Erfahrungsmöglichkeiten gegenseitig nicht einschränken. Wir hatten von daher die gleiche Ausgangsposition, als wir heirateten. Aber inzwischen habe ich das Gefühl, im Vergleich zu meinem Mann und wohl auch im

Vergleich zu anderen Frauen echt hinterm Mond zu leben, so ein Dusseltier zu sein. Vielleicht bin ich ja phobisch oder wie man das nennt. Ich erlebe eine wirklich tiefe und intensive Sexualität nämlich nur mit einem Partner, und das ist mein Mann. Das fuchst mich manchmal ganz fürchterlich. Bin ich da nicht irgendwie schief gewickelt? Warum erlebe ich nicht wenigstens mit den Männern, zu denen ich eine sehr enge und lebendige Beziehung habe, eine ähnliche, wie soll ich sagen, Ergriffenheit, wie bei meinem Mann? Mit ihm komme ich in der Sexualität in Gefühlsräume, die ich bei anderen nicht kenne. Daß das bei unverbindlichen Affären nicht sein kann, ist mir klar. Aber warum stellt sich diese Intensität des Erlebens nicht wenigstens bei denjenigen ein, bei denen ich das Gefühl habe, sie zu lieben? Ich fühle mich dadurch zu sehr an meinen Mann fixiert und finde, daß ich – trotz bester Vorsätze – meine Sexualität doch nicht voll leben kann. Denn so eine letzte Offenheit und, ich habe das schon versucht auszudrücken mit dem Wort Ergriffenheit, so ein Gefühl von Unverstelltheit und Direktheit in der Lust, das fehlt einfach bei den anderen. Das erlebe ich nur bei ihm.»

Auf die Frage, ob dies nicht ihre Form der Treue sein könnte, reagierte sie zunächst mit einem verblüfften Lachen. Dann wurde sie sehr nachdenklich und schwieg lange Zeit.

Auf der rationalen Ebene war alles schlüssig: Ein Mensch kann niemals alles für einen anderen sein. Die gegenseitige Großzügigkeit zeugt von Fairness und Verständnis für den anderen und seine Erfahrungsmöglichkeiten, von der Fähigkeit, sich selbst zu relativieren. Und doch: Es ist zu schön, um wahr zu sein. Oder bin ich vielleicht nur neidisch? Ich glaube nicht. Vielmehr glaube ich, daß es sich hier um eine Ideologiebildung handelt, wobei ich nicht verschweigen möchte, selbst dieser Ideologie angehangen zu haben.

Ich möchte hier den von AMITAI ETZIONI (1975) entwikkelten Begriff der «Inauthentizität» übernehmen. Er versteht Inauthentizität als eine besondere Erscheinungsform der Entfremdung. «Eine Beziehung, Institution oder Gesellschaft ist unauthentisch, wenn sie sich einen Anschein von Offenheit gibt, obwohl die ihr zugrundeliegenden Bedingungen entfremdend sind ... Inauthentische Strukturen (verwenden) einen größeren Anteil ihrer Ressourcen darauf, ihren Charakter zu verbergen und einen Schein von Offenheit zu schaffen» (S. 627). Diese Differenzierung halte ich auch bei Überlegungen zur Treue beziehungsweise Untreue für nützlich. In Analogie zu den Ausführungen von ETZIONI ließe sich sagen, die Ideologie der Libertinage, also der Untreue als Prinzip, entspreche der Inauthentizität, weil hier eine Illusion der Freiheit und der Problemlosigkeit vermittelt wird, die nicht nur im Widerspruch zu den tieferen Gefühlen der Agierenden und der Betroffenen steht, sondern diese auch noch unterdrückt, indem sie sie als falsches Bewußtsein denunziert; während die Ideologie der Treue eine unmittelbar entfremdende Struktur widerspiegele, weil sie sich Zwängen unterwirft, an der Befriedigung realer Bedürfnisse hindert und vor allem auch keine Hilfen zum besseren Verstehen und Steuern dieser Bedürfnisse gibt.

Beide Ideologien tragen also zur Entfremdung des Menschen bei, bei der Treue offen, mit viel Angriffsfläche für aufklärerische Attacken, bei der Untreue verborgen im Gewande der Großherzigkeit. Die Ideologie der Treue ist mit ihren überkommenen Moralbegriffen über weite Zeiträume in unserer Zivilisation die einzig gültige gewesen. Die Ideologie der sexuellen Freizügigkeit ist jüngeren Alters. Sie ist mehr oder weniger explizit formuliert worden von Gruppen, die durch die gegebenen gesellschaftlichen Verhältnisse mobilisiert worden waren. Da persönliche Aktivierung innerhalb von entfremdenden Strukturen immer unvollständig und im System gebunden bleibt, konnte die Abwendung von der Ideologie der Treue nur zu einer neuerlichen Entfremdung führen. Die Abkehr brachte die Inauthentizität. Die Schein-Freiheit der Libertinage verdeckte mit ihrer falschen Offenheit nur die entfremdenden Strukturen und führte damit zu einer größeren Gefühlsdiffusität.

Untreue als Prinzip läßt sich ebensowenig verwirklichen wie Treue, obwohl sich beides leben läßt. Das dann allerdings nur mit einem ungeheuren Verleugnungsaufwand. Wer von sich behauptet, er oder sie sei vollkommen treu in Tat und Phantasie, ist einem Selbstbetrug zum Opfer gefallen; wer von sich behauptet, mit der Untreue seines oder ihres Partners oder der eigenen ohne größere Schwierigkeiten umgehen zu können, ebenfalls.

Daß jeder von uns Untreuewünsche hat, ist eine Banalität. Das Ausmaß ihrer Bewußtwerdung und ihrer Verwirklichung ist dagegen bereits jeweils unterschiedlich. Das Studium des Unbewußten hat uns gelehrt, welche Formen und Verkleidungen Untreuewünsche annehmen können, wie verschieden sie gelebt oder abgewehrt werden, also zu welchen Kompromißbildungen sie führen. Da das Unbewußte häufig, ebenso wie der Narzißmus, eine «schlechte Presse» (GRUNBERGER 1976) hat, also viele eine eher negative Meinung von diesem, um es einmal personifizierend auszudrücken, asozialen Übeltäter haben, dürften unbewußte Treueimpulse weit weniger beachtet worden sein. Verkürzt, auf eine Formel gebracht, ließe sich sagen: Untreue kann mit Treue abgewehrt werden, Treue mit Untreue. Die Ängste unterscheiden sich letztlich nicht qualitativ, sondern nur in der Richtung der Angst beziehungsweise der Abwehr.

Die Angst des Treuen ist die Angst des Untreuen

Die Betonung von Angst und Abwehr im Zusammenhang mit Treue und Untreue erscheint mir wichtig. Denn ich glaube, Männer wie Frauen werden durch ihre jeweils dominierenden Ängste und die entsprechenden Abwehrformationen dazu gebracht, die Treue oder die Untreue zu propagieren. Hinter rigiden Forderungen nach Einhaltung von Treue können neben einer starken Normabhängigkeit Symbiosetendenzen, Kontaktängste, Unfähigkeit zur Selbstverwirklichung und vieles andere mehr stehen. Dies alles kann jedoch genausogut das Motiv für Untreue sein. Greift man etwa die Symbiosetendenz heraus, so kann daraus eine anklammernde, den anderen förmlich verschlingende, nicht aus den Augen lassende Übertreue entstehen. Andererseits ist bei starken Symbiosewünschen die phantasierte Gefahr einer totalen Verschmelzung mit dem Partner so groß, daß es zu einer Untreuehaltung kommen kann, sozusagen als letzte Versicherung, als einzige Rettung aus der überwältigend erlebten Beziehung. Kontaktschwierigkeiten können dazu führen, daß man auf Grund seiner Ängste im zwischenmenschlichen Bereich gar nicht in der Lage ist, seinen Untreuewünschen nachzugeben, obwohl man sich ihrer möglicherweise sogar bewußt ist. Der untreue Kontaktgeängstigte agiert seine Kontaktstörung unmittelbar in seiner Beziehung: Die Untreue dient einem immer wieder erforderlichen Kontaktabbruch. Die Unfähigkeit zur Selbstverwirklichung bringt den Übertreuen dazu, seine eigenen Bedürfnisse weitgehend unbeachtet zu lassen, so daß er Untreueimpulse, die zumindest symbolisch zu deuten wären als Signale eines Wunsches nach Lebenserweiterung, unterdrückt. Der Untreue dagegen flieht vor der Aufgabe, sich selbst in die Beziehung voll einzubringen, Bedürfnisse zu artikulieren und damit Konflikte und Auseinandersetzungen zu riskieren. Die Untreue dient dann dazu, die Selbstverwirklichung in der Beziehung immer wieder aufzuschieben.

Solche Überlegungen ließen sich endlos fortsetzen, bleiben aber zu abstrakt und psychodynamisch gesehen zu oberflächlich. Wir strukturieren unsere Partnerbeziehungen auf dem Hintergrund unserer frühkindlichen Erfahrungen mit wichtigen Beziehungsfiguren, in den meisten Fällen den Eltern und Geschwistern. Unsere Partnerwahl steht entweder unter dem Aspekt der Bedürfnisbefriedigung oder unter dem der Abwehr, meist ist es eine Kombination aus Befriedigung und Abwehr. Insofern ist sie, so bitter diese Erkenntnis auch sein mag, mehr oder weniger stark durch einen Wiederholungszwang gesteuert. Auch der Wiederholungszwang hat zwei Aspekte: Man wiederholt immer wieder eine identische Konstellation, aber in jeder Wiederholung lebt auch die Hoffnung auf eine bessere Bewältigung eben dieser Konstellation im

Sinne einer reparativen Strebung. Häufig treffen zwei Partner zusammen, die denselben Grundkonflikt haben, aber unterschiedlich damit umgehen. Einer von beiden wird zum Symptomträger, der andere macht eine Reaktionsbildung. Unbewußte Delegationsmechanismen, das heißt die Überschreibung eigener Bedürfnisse an den anderen, zunächst durchaus auch im Sinne einer Funktionsteilung, spielen dabei eine große Rolle. Dieses unbewußte Zusammenspiel von Partnern ist mit dem Kollusionsmodell (DICKS 1963, 1967; WILLI 1975) und verwandten Konzepten (BOSZORMENYI-NAGY 1977; STIERLIN 1975) eingehend beschrieben worden.

Beispiele

Ich möchte nun mit Hilfe einiger konkreter Beispiele andeuten, welche Störfaktoren und Ängste sich in festen Zweierbeziehungen manifestieren können und wie Untreue zu einem möglichen Umgang damit werden kann. Ich werde vor allem Beispiele aus dem sexuellen Bereich herausgreifen, denn hier zeigen sich Beziehungen in ihrer Radikalität. Meine Darstellungen werden auf heterosexuelle Paare beschränkt bleiben, da meine Erfahrungen mit homosexuellen Paaren nur gering sind. Ich bedaure dies, weil ich glaube, daß eine profunde Kenntnis der spezifischen Paardynamik männlicher und weiblicher Homosexueller das Verständnis der Treue-Untreue-Problematik erweitern könnte. Dennoch vermute ich, daß manches in den folgenden Beispielen auch auf homosexuelle Paare zutreffen wird.

1. Eine Frau wird im Laufe ihrer Ehe orgasmusfähig, allerdings nur bei manueller Stimulation durch ihren Mann. Auf der bewußten Ebene ist sie darüber unzufrieden. Es zeigt sich dann jedoch, wieviel unbewußte Vorbehalte und Ängste sie hinsichtlich einer vollen Erlebnisfähigkeit hat. Solange ihr Mann sie nur mit der Hand zum Orgasmus bringen kann,

läßt sich jeder Geschlechtsunterschied zwischen ihnen leugnen, denn im Besitz von Händen ist sie auch. Sie würde es als Unterwerfung empfinden, brächte sein Phallus ihr den Orgasmus, als eine Selbstaufgabe, die ihr unerträglich wäre. Das sieht zunächst nach «klassischem» Penisneid aus. Die weitere Psychotherapie deckt jedoch tieferliegende Gefühle auf, die meiner Meinung nach sehr oft mit dem sogenannten Penisneid abgewehrt werden. Diese Frau hat Angst, in der orgastischen Selbstaufgabe die Kontrolle zu verlieren über ihre Inkorporationswünsche. Sie will sich selbst und ihren Mann vor ihren eigenen verschlingenden Tendenzen schützen. Sie will sich selbst und ihren Mann davor bewahren, in einen Strudel zu stürzen, aus dem sie nicht mehr auftauchen zu können glaubt. Je mehr sie sich diesem Gefühlsbereich nähert, desto stärker wird ihr Wunsch, ihren Mann mit einem gemeinsamen Freund zu betrügen.

2. Ein Mann klagt über seine Reserviertheit beim Geschlechtsverkehr. Er habe das Gefühl, beim Samenerguß stets sämtliche Bremsen ziehen zu müssen, alle Muskeln anzuspannen, um zu verhindern, daß bei der Ejakulation mitsamt dem Sperma auch er selbst herausgeschleudert werde. Auch er fürchtet, sich selbst zu verlieren, nicht mehr Herr seiner selbst zu sein, plötzlich rasend zu werden. Dabei ist er ein besonders geduldiger und zärtlicher, wenn auch etwas abwesender Liebhaber. Einmal ist er nicht auf der Hut gewesen und konnte mit einer Frau, die auf ihn ähnlich intensiv reagierte, heftig und leidenschaftlich sein. Das hat ihm so viel Angst gemacht, daß er sogleich den Kontakt zu ihr abgebrochen hat. Er lebt mit einer Frau zusammen, die sexuell nur schwer erregbar ist, wodurch jede unmittelbare Heftigkeit ausgeschlossen ist. So schützen sich beide jeweils gegenseitig davor, von ihren Gefühlen davongerissen zu werden. Wird die Beziehung jedoch einmal dichter, tritt bei ihm sofort wieder Angst auf, die er durch Hinwendung zu anderen Frauen zu beruhigen versucht. Er wehrt seine tieferen sexuellen Ängste mit einer oberflächlicheren Sexualität ab.

3. Ein verheiratetes Paar kämpft gegen Gefühle der Ungeborgenheit. Beide sind immer wieder Außenbeziehungen eingegangen, haben sich jedoch immer wieder füreinander entschieden. Die Zeiträume, in denen sie exklusiv miteinander lebten, waren stets nur sehr klein. Sie leiden daran, daß sie sich gegenseitig keine Heimat geben beziehungsweise der Geborgenheit, die sie beieinander finden, nur mißtrauen können. Die Frau ist als Kind mehrmals für längere Zeit in Heimen untergebracht gewesen, der Mann stammt aus einer Ausländerfamilie, die seit zwei Generationen in verschiedenen Ländern Wurzeln zu fassen versucht hat. Beide haben eine übergroße Sehnsucht nach Geborgenheit, reagieren aber auch besonders empfindlich selbst auf die leisesten Störungen dieser Geborgenheit. Sie bestrafen sich gegenseitig durch Abwendung und aktive Vorwegnahme der Heimatlosigkeit. Die Erwartung, vertrieben zu werden, ist fast unkorrigierbar. Der implizite Vorwurf, der andere biete keine Heimat, wird agiert: Da du mir kein Zuhause geben kannst, suche ich es bei jemand anders. Finde ich es dort ebenfalls nicht, gehe ich zum nächsten und übernächsten und werde auch die so bestrafen wie dich.

4. Eine Frau hält ihrem Mann seit Monaten seine ständige Untreue vor. Zu ihren Rachephantasien gehört die Vorstellung, die sich zu einer quälenden Zwangsidee steigert, ihren Mann mit einem künstlichen Penis anal zu penetrieren. Diese Vorstellung verschwindet vollkommen, als sie einen alten Freund wiedertrifft und mit ihm eine sexuelle Beziehung beginnt. Sie verschafft sich mit Hilfe dieses Freundes die lang begehrte Waffe gegen ihren Mann, der in seinen Außenbeziehungen sicher auch Schutz vor ihren phallischen Attacken gesucht hatte. Das unbewußte Wechselspiel auf der Ebene phallischen Kampfes und phallischer Demütigung ist bei diesem Paar besonders deutlich.

5. Ein Mann leidet unter seiner Eifersucht. Gleichzeitig aber fordert er seine Freundin geradezu auf, Beziehungen zu anderen Männern einzugehen. Er führt die bekannten Argumente für offene Partnerschaft ständig im Munde, gerät jedoch durch seine Eifersucht in einen starken Widerspruch zu seiner bewußten Einstellung. Es zeigt sich, daß er vor allem deshalb an den Affären seiner Freundin so interessiert ist, weil er dabei seine eigenen abgewehrten homosexuellen Neigungen befriedigen kann, die sich allerdings entweder, affektentleert, als Rationalisierungen für eine offene Beziehung oder, entstellt, als quälende Gefühle von Eifersucht manifestieren. In einem heterosexuellen Paarsystem kann die latente Homosexualität des einen den anderen förmlich in Außenbeziehungen drängen. Was dann wie eine aktive Untreue aussieht, kann durchaus ein passives Nachgeben auf einen vom Partner ausgehenden unbewußten Druck sein.

6. Ein Paar, das schon seit vielen Jahren zusammenlebt, hat erst vor kurzem geheiratet. Sie begründen diesen Schritt mit dem immer stärker gewordenen Wunsch nach einem Kind. Die Eheschließung bringt jedoch für beide große Irritationen. Sie fühlen, wie ihre Sexualität sich mehr und mehr entleert, obwohl sie gerade in diesem Bereich immer besonders gut harmoniert hatten. Beide empfinden plötzlich, in den Jahren ihres Zusammenlebens zuviel versäumt zu haben, und gehen neue Beziehungen ein. Die Frau riskiert dabei ständig, schwanger zu werden, ohne zu wissen, von wem. Eine intensive Beratung deckt einen Konflikt auf, der meines Erachtens allzu selten beachtet worden ist: Mann und Frau sind nicht in der Lage, die Position des Elternpaares einzunehmen, und zwar des vom Kind beneideten ödipalen Elternpaares. Beide projizieren ihren eigenen Neid, den sie selbst als ödipalisierende Kinder auf die sexuelle Verbindung ihrer Eltern hatten. Je zerstörerischer ihre eigenen kindlichen Phantasien waren, desto bedrohter müssen sie sich fühlen, wenn sie sich jetzt selbst in dieser beneideten Position befinden. Die Angst, die auf Grund der Eheschließung und des Kinderwunsches ent-

steht – denn diese Entscheidungen sind bei ihnen unbewußt verknüpft mit einer neuen Beziehungsqualität, nämlich der des beneideten Elternpaares der Urszene –, entspricht dem Ausmaß der eigenen kindlichen destruktiven Neidimpulse. Zum einen wird dieser frühe Neid diffus auf die Umwelt projiziert, zum anderen ist es ein rein innerpsychischer Vorgang, in dem kindliche Anteile des Selbstes die Erwachsenenanteile quasi beobachten und verfolgen. Daß so eine Aufspaltung der Selbstrepräsentanzen in kindliche und erwachsene Anteile entstehen kann, wird zum Beispiel deutlich, wenn eine Frau beim Beischlaf die Phantasie hat, ihre Tochter zu sein. Dann wird plötzlich gefühlsmäßig Verschiedenes gleichzeitig erlebbar: Sie regrediert passager auf ein sehr frühkindliches Stadium; sie schläft als Tochter mit ihrem Vater; sie sieht als ödipalisierendes Kind ihren Eltern beim Verkehr zu; es entsteht eine ödipale Triole. Mir sind solche Phantasien, die die Möglichkeit zur simultanen Aufspaltung in verschiedene Selbstaspekte zeigen, mehrfach begegnet. Offensichtlich ist das geschilderte Paar erst durch seine Eheschließung und den ernsthaften Wunsch nach einem Kind in die Position des beneideten ödipalen Elternpaares eingetreten. Bei ihnen wird also kein Inzesttabu etwa in dem Sinne wirksam, daß jeder den anderen plötzlich als den gegengeschlechtlichen Elternteil erlebt, es entsteht auch nicht das unbewußte Gefühl, dem eigenen Vater oder der Mutter untreu zu werden, oder was sich sonst noch an häufig beschriebenen ödipalen Problemen nennen ließe. Hier handelt es sich einerseits bereits um die – wiewohl unvollkommene – Überwindung der Position des ödipalisierenden Kindes und andererseits um die Schwierigkeit, die Position der ödipalen Eltern zu halten oder, besser gesagt, auszuhalten. Der prägenitale kindliche Haß auf die Verbindung der Eltern ist bei beiden Partnern noch so wirksam, noch so unbewältigt, daß sie es sich nicht gönnen können, selbst Eltern zu sein. Der Umgang mit diesem Problem besteht in einer Regression auf eine ebenfalls ödipale, aber etwas frühere Stufe. Durch ihre Untreue konstellieren die beiden überall Dreiecksbeziehungen und werden selbst wieder jeweils zum Kind in diesen Dreiecksverhältnissen. Offenbar ist die kindliche Position im ödipalen Dreieck, selbst wenn sie noch so schmerzhaft ist, weniger bedrohlich als die elterliche.

Diese sechs Beispiele sind als Skizzen zu verstehen, in denen ich jeweils nur den mir am wesentlichsten erscheinenden Aspekt betont habe. Eine tiefergehende Analyse würde mit Sicherheit weitere Determinanten erbringen. Wichtig ist vielleicht noch, daß diese Falldarstellungen psychogenetisch zu ordnen sind hinsichtlich der jeweils dominierenden Bedürfnisse und der damit verbundenen Ängste. Wichtig deshalb, weil bei uns allen solche Bedürfnisse, wenn auch in unterschiedlichem Ausmaß, so doch zumindest auf der unbewußten Ebene wirksam sind. Im ersten und zweiten Beispiel werden Verschmelzungstendenzen deutlich. Mann wie Frau fliehen vor dem, was ihnen wie eine Kernfusion zu sein scheint, von der sie befürchten, daß sie in ihrer Explosivität ausschließlich Gefahr bedeute. Das dritte Beispiel beschreibt die Sehnsucht nach oral-narzißtischer Geborgenheit, nach frühem mütterlichen Schutz und die Hoffnungslosigkeit und Wut, wenn die Mutter sich verweigert. Beispiel vier steht für eine anal sowie phallisch gefärbte Dominanzproblematik, Beispiel fünf zeigt eine mögliche Abwehr homosexueller Strebungen, während das sechste ödipale Muster nachzeichnet. Eine solche Ordnung ist immer dann von Vorteil, wenn man eine psychogenetische Einstufung der Ebene vornehmen will, auf der Paare ihre Konflikte austragen.

Ich glaube aber, daß letztlich alle psychogenetisch möglichen Konfliktausgestaltungen der mehr oder weniger erfolgreichen Bewältigung einer sehr archaischen Gefühlslage dienen, nämlich der Verschmelzungswünsche und -ängste. Der Umgang mit dem Fusionspotential, das in jeder Beziehung enthalten ist, wird daher für mich zum Angelpunkt jeder Paarbindung.

Das Bedürfnis nach Heimat

Man sträubt sich dagegen, Untreue nur auf dem Hintergrund von Schwierigkeiten in der bestehenden Beziehung zu sehen. Ist nicht der erotische Nimbus um die Untreue restlos zerstört, wenn sich die Gefühle auf Abwehrmanöver reduzieren lassen? Besteht das Charisma der großen Liebespaare wie etwa Paris und Helena, Tristan und Isolde, Lanzelot und Ginevra nicht auch gerade darin, daß sie die Ehe brachen?

Die feste Beziehung erscheint als die langweiligere. Sie ist Alltag. Das Nicht-Alltägliche erotisiert stärker, läßt Träume zu, sondert Lästiges aus, erlaubt Hoffnung auf besseres Gelingen. Die Suche nach dem Traumbild kann erregender sein als die Auseinandersetzung mit einem konkreten Partner. So bleibt es oft bei der Suche. Von den Ewig-Suchenden dürfte Don Juan die sadistischste Figur sein, sein weiblicher Gegenpart ist die männerfressende Nymphomanin; Don Quijote ist sicher die tragischste Variante. In der Sprache der Psychoanalyse handelt es sich hier um eine Fixierung an idealisierte Aspekte der Mutter beziehungsweise des Vaters. Für BLOCH (1959) bildet die unaufhörliche Suche nach dem Traumbild einen «Quell für die eigentlich utopistische Neurose» (S. 377), da die Bewährung des Bildes unterbleibt, da es sich «im bloßen Initiale von Wirklichkeit» (S. 377) verfestigt.

Das Gefundene näher zu betrachten und von ihm näher betrachtet zu werden, birgt immer ein Risiko. Die Konfrontation mit der eigenen Wirklichkeit und der des anderen ist nicht nur ein Wagnis. Sie ist auch schwer zu ertragen. Meine Wirklichkeit umfaßt meine Vorzüge und meine Schwächen, meine Siege und meine Niederlagen, meine Ehrlichkeit und meine Lügen, meine Versuche, mich zu zeigen, und meine Vorkehrungen, mich zu verbergen, meine Bemühungen, ich selbst zu sein, und meine Unfähigkeit, ich selbst zu sein. Ist schon meine eigene Wirklichkeit kaum zu ertragen, wie dann erst die Wirklichkeit des anderen und die aus dem Zusammenleben entstehende gemeinsame Wirklichkeit, die wiederum nur uns selbst zurückspiegelt? Untreue, weil man sich selbst nicht aushält? Braucht man nicht hie und da zum Atemholen eine Pause?

Untreue heißt vielleicht, bestimmte Aspekte der eigenen Wirklichkeit auszublenden, um dafür andere um so intensiver leben zu können. Ich glaube jedoch, daß es ein tiefes, häufig verschüttetes Bedürfnis danach gibt, die eigene Wirklichkeit einem anderen nicht nur selektiv, sondern umfassender zu offenbaren. Also der Wunsch, beim anderen so weit aufgehoben zu sein und sich so weit aufgehoben fühlen zu können, daß man sich zu erkennen geben kann. Die Angst vor dem Ausgeliefertsein setzt da fast immer, früher oder später, die Grenze. Und dennoch besteht dieser Wunsch. Ich sehe in ihm das Bedürfnis nach Heimat.

Das Bedürfnis nach Heimat umfaßt das Wagnis der Konfrontation und des Erkennens, läßt Raum für die Entfaltung des Gefundenen. Es ist Bewegung auf ein Ziel hin: Geborgenheit zu erhalten und zu geben. Die Treue ist der Geborgenheit nicht näher als die Untreue. Wieder zeigt sich ihre Verwandtschaft. Beide verfolgen dasselbe Ziel, beide sind auf der Suche nach Heimat.

Ernst Bloch (1959) führt an einen sehr umfassenden, utopischen Begriff von Heimat heran. «... wenn Gesellschaft und Dasein radikal werden ... so entsteht in der Welt etwas, das allen in die Kindheit scheint und worin noch niemand war: Heimat» (S. 1628). Unter anderem sieht Bloch in der Paarbildung, genauer: in der Ehe, eine «spezifische Utopie», eine Hoffnung auf Heimat, allerdings unter weitgehender Ausklammerung der Sexualität. Das empfinde ich – bei aller Verehrung für Bloch – als eine Entleerung des Hoffnungs potentials, das in einer Zweierbeziehung enthalten ist. Denn gerade die Sexualität kann meines Erachtens einem Paar Annäherung an die Heimat bringen.

Das psychische Urbild von Heimat dürfte die «primäre Liebe» sein, wie Balint (1966; 1970) den Zustand harmonischer Durchdringung von Individuum und Umwelt genannt hat. Die primäre Liebe ist die ursprünglichste – noch vornarzißtische – Form von Beziehung. Sie ist ungestörte Harmonie, fließender Ausgleich. Sie kennt keine scharfen, trennenden Grenzen. Sie ist der am meisten ersehnte Zustand, gleichzeitig der regressivste. Eben darin besteht seine Gefahr.

Die Suche nach dem Reich der primären Liebe führt auf viele Wege. Der Süchtige erhofft sich in autodestruktiver Weise eine Wiederherstellung der grenzenlosen Harmonie. Religiöse Ekstase, sublime Augenblicke künstlerischer Kreativität, gewisse regressive Stadien während der analytischen Behandlung nennt BALINT als Möglichkeiten. Sowie die Sexualität. Er sieht im Orgasmus den gebräuchlichsten Weg zur ursprünglichen, ineinander aufgehenden Verschränkung.

Ich glaube jedoch nicht, daß jeder Orgasmus in diese harmonische gegenseitige Durchdringung einmündet. Gefühle der Leere, der Distanzierung, der Sinnlosigkeit, der Trauer, des Angewidertseins sind häufige Gefährten des sexuellen Aktes, auch des erregend erlebten und körperlich ungestörten. Nicht jeder Beischlaf hat ein Glücksgefühl, ein Schweben und Getragenwerden, ein Aufgehen im anderen zur Folge.

Es fällt schwer, für Vorgänge in diesem Erlebnisbereich eine Sprache zu finden, die angemessen ist, weder schwülstig noch allzu salopp, weder sentimental noch allzu technisch. Wir befinden uns hier in einem wortlosen Bereich, die Erkenntnisebene ist die des Fühlens.

Das orgastische Geschehen und der Zustand danach, also die Ebene der primären Liebe, sind – so meine ich – nicht gleichzusetzen. Der Orgasmus ist wohl das Tor zur Heimat. Aber es gibt offenbar Bedingungen, wann sich das Tor öffnet.

Um im Bild zu bleiben: Das Tor öffnet sich nur, wenn sich beide Partner zu erkennen geben, um dadurch einer im anderen aufgehoben zu sein. Ich verstehe dies im dialektischen Sinne des Wortes. Damit dieses Aufgehobensein möglich wird, muß ich mich preisgeben in all meinen libidinösen und aggressiven Impulsen und Strebungen. Das umfaßt eine passagere Auflösung aller Abwehr, eine größtmögliche Durchlässigkeit und damit eine Regression auf eine ichlose Ebene.

Ich bin meine Liebe und mein Haß, meine Schönheit und meine Häßlichkeit, mein Triumph und meine Schande. Ich werde am meisten ich selbst im Augenblick der Entindividualisierung und der Verschmelzung mit dem anderen. Die hohe Intensität dieses Vorganges erschließt verschüttete und neue Erlebnisräume. Wem machte das nicht auch angst? Es versteht sich von selbst, daß sich ein solches Erlebnis nicht regelmäßig einstellt. Aber ein Mensch wird um so eher das Abenteuer, sich im anderen zu verlieren und wiederzufinden, meiden, je bedrohlicher der passagere Ich-Verlust, die passagere Kontrollosigkeit für seine Balance ist.

Ganz entscheidend tragen auch gesellschaftliche Faktoren zu diesen Ängsten bei. Der äußeren Funktionsteilung in der hochindustrialisierten Leistungsgesellschaft entspricht eine innere: «Ein funktionales Leistungs-Ich sondert sich sozusagen von einem Gefühls-Ich ab. Ausdrucksschwache, von großen Gefühlen nicht mehr begleitete psychosomatische Erkrankungen und narzißtische Störungen nehmen zu. Die Minimalisierung der Gefühle führt zu einer ‹Mikroprozessorenpsyche›, die mit geringstem Aufwand und kleinsten Ausschlägen funktioniert» (MOELLER 1978). Hier haben intensive Gefühle und Bindungen keinen Raum. Im Gegenteil, es erhebt sich sogar die Frage, ob nicht gerade die Verdünnung und Wechselhaftigkeit von Beziehungen, der Verlust an Bindungsfähigkeit vom Standpunkt der Anpassung sinnvoll sind, weil die das Leben bestimmende Arbeitswelt partiell und funktional ist, auch dort, wo sie nicht entfremdend zu sein scheint (MOELLER 1978). Regression kann in einer kontrollierten Welt nur existenzbedrohend, nicht Heimat erschaffend sein.

Ein weiterer wesentlicher Faktor sind die einschnürenden Rollenstereotype, die Mann und Frau von der Gesellschaft aufgezwungen sind. Sie tragen zu ihrer Eindimensionalität bei und verhindern eine radikale Selbsterfahrung. Um nur einiges schlagwortartig zu nennen: Frauen sind auf Hingabewünsche, Männer auf Eroberung reduziert; Frauen haben eher sanft, Männer eher aggressiv zu sein; Frauen sind durch

Passivität, Männer durch Aktivität charakterisiert, Frauen durch Emotionalität, Männer durch Kontrolliertheit. Sehr häufig, auch in Behandlungen, wird übersehen, daß Männer wie Frauen jenseits der Stereotype ähnliche Wünsche haben.

Eine Frau schildert die Spannweite ihres sexuellen Erlebens mit den Worten: «Es geht von dem Gefühl, daß ich mich von ihm zu Tode ficken lassen möchte, bis zu dem Wunsch, ihm seinen Schwanz wegzunehmen.» Ich glaube, daß sich das sexuelle Erleben von Mann und Frau auf der psychischen Ebene letztlich innerhalb dieses Radius bewegt, auch wenn es nicht immer so klar ausgesprochen werden kann. Es reicht von der totalen Auslieferung bis hin zur Vertauschung der Geschlechter.

Im Grunde schildert Oshimas Film «Im Reich der Sinne» etwas Ähnliches. Selbstauslieferung ist in letzter Konsequenz Tod. Oshimas Figuren geben – statt eine emotionale Notwendigkeit in der psychischen Realität zu belassen – dem inneren Druck nach und agieren ihn in der körperlichen Realität. Der Mann ist tot, die Frau ist im Besitz seines Penis. Sieht man in dem Paar Symbolfiguren, dann verkörpern sie die psychische Realität in aller Konsequenz und versinnbildlichen damit eine Utopie. Sieht man in ihnen ein reales Paar, dann haben sie durch ihr Handeln die Utopie zerstört. Denn ihre Tat verhindert die Hoffnung auf Erneuerung.

Eine solche Interpretation greift nur einen von vielen Aspekten dieses facettenreichen Filmes heraus, der auf seine Weise eine Variation des uralten Themas von der Treue bis in den Tod sein dürfte.

Treue wird zum Abziehbild von Bindung, folgt man bürgerlichen Moralvorstellungen. Sie wird zum Ausgangspunkt einer Odyssee, deren Ende unbestimmt ist, wenn sie der Selbstfindung und damit der Entstehung des Wir dient.

Utopie heißt nirgendwo. Die Reise dorthin kann ein Leben lang dauern. Treue ist kein Zustand, sie ist zu gewinnen. Darin besteht ihr Scheitern. Darin besteht ihre Utopie.

Im Strudel der Regression

Ich liege im dunklen Zimmer. Ein Dröhnen in meinem Körper hat mich wach gemacht. Das ungewohnte Rauschen geht über mich hin, ohne daß ich weiß, woher es kommt. Ich liege da und versuche, genauer zu spüren, was mit mir geschieht. Ich entdecke, daß ich aus zwei Kreisläufen bestehe. Der eine Kreis pulsiert durch die rechte Brust und den rechten Arm, der andere durch die linke Brust und den linken Arm. Der Rest meines Körpers ist irgendwo verloren. Wie eine mächtige Dröhnung zirkuliert es durch Brüste und Arme. Ich vergewissere mich, daß ich nicht träume. Ich weiß, daß ich keine Drogen genommen habe, und doch ist das Körpergefühl noch am ehesten einem Drogenerlebnis vergleichbar. Ich liege da und lasse unbekannte Kräfte über mich hinwegbranden. Ich bin nicht übermäßig beunruhigt, eher neugierig auf das, was mein Körper mit mir vorhat. Doch dann setzt eine Verwandlung ein: Plötzlich ist Nina mein Mund, und ich habe Ninas Gesicht. Nina ist einen Tag und zwei Nächte alt, ich habe sie vor dreißig Stunden im Kreißsaal der Klinik geboren. Hier ist kein Traum am Werk, keine Phantasie, kein Gefühl des Als-ob. Sie *ist* mein Mund, ich *bin* ihr Gesicht. Mein Körper dröhnt in rhythmischer Bestätigung dieses Tatbestandes: Ich habe das Gesicht meines Säuglings, mein Säugling ist mein Mund. Und dann kommt ganz vehement die Angst: Wie werde ich am nächsten Morgen sprechen können mit diesem Mund? Ich habe die Fähigkeit verloren, mit meiner Umwelt, den Krankenschwestern, der Zimmernachbarin Kontakt aufzunehmen. Ich denke: Das ist also der Beginn einer Wochenbettpsychose. Und dann denke ich noch, ich muß Michael so früh wie möglich anrufen, damit er gleich kommt und für mich die Kommunikation mit der Außenwelt übernimmt. Obwohl ich die Sprache verloren habe, ist die Vorstellung,

mit ihm zu telefonieren – paradoxerweise –, völlig unge-
trübt.

Dieser Vorsatz beruhigt mich ein wenig. Ich liege noch
einige Zeit in diesem verwandelten Zustand da, dem ich mich
geradezu fatalistisch überlassen habe. Und dann ist alles verändert: Das Dröhnen wird leise, kaum wahrnehmbar, wird
zur Spannung in den Brüsten, und ich begreife, daß mir die
Milch eingeschossen ist. Ich habe wieder mein eigenes Gesicht, meinen eigenen Mund. Ich kann wieder sprechen. Ich
schlafe beruhigt ein.

Vielleicht ist das eben Geschilderte tatsächlich der mögliche Beginn einer Wochenbettpsychose. Die charakteristischen Elemente der Ich-Auflösung, der Verschmelzung, der
tiefen Regression waren gegeben. Aber für mich hatte dieses
Erlebnis auch eine starke Evidenz. Schließlich mußte ich mich
doch auf eine neue Phase in der Beziehung zu meinem Kind –
sicher ist wichtig, daß es mein erstes war – einstellen. Bisher
war es in meinem Bauch gewesen, allgegenwärtig. Für seine
Bedürfnisse hatte mein Körper auf eine ruhige und eigenständige Weise tief innerlich gesorgt. Jetzt war es draußen. Nina
war da. Ich mußte auf andere Weise für sie sorgen, mußte sie
verstehen lernen mit anderen, äußeren Sinnesorganen, mit einer jenseits der Physiologie stärker mit meinem Ich verbundenen Einfühlung.

Ich begreife das, was ich in dieser Nacht erlebt habe, als
einen sehr elementaren Schritt, mich auf die extrauterine Beziehung zu meinem Kind einzustellen, in der Identifikation
oder sogar Verschmelzung mit ihm mich auf die kommende
Zeit des Stillens, des primären Austausches einzustimmen,
auf eine Beziehung also, die mit meiner eigenen ältesten Vergangenheit zusammenhing.

Ich habe oft überlegt, was wohl gewesen wäre, wenn ich
damals eine Krankenschwester gerufen hätte. Vermutlich
wäre die Schwester zu Tode erschrocken. Sie hätte auf mich
eingeredet, daß alles nur Einbildung sei. Sie hätte versucht,
mich mit einem Medikament ruhigzustellen. Aber was wäre
unter dem Einfluß eines sedierenden Präparates mit mir ge-

schehen? Ich wäre wohl dann erst wirklich dekompensiert, hätte dann erst eine psychotische Reaktion entwickelt. Denn das Beruhigungsmittel hätte ja vor allem auch jene Ich-Funktionen gedämpft, die noch nicht regrediert waren und die es mir noch ermöglichten, zu beobachten, Gefühle abzutasten, Vorsätze zu fassen. Ich wäre in Panik geraten und so von Angst überflutet worden, daß wahrscheinlich sehr viel archaischere Abwehrmaßnahmen eingesetzt hätten. Mir wäre vielleicht nichts anderes übrig geblieben, als mit einer psychotischen Reaktion die drohende Ich-Auflösung abzuwehren.

Man könnte einwenden, dies sei reine Spekulation. Ich bin jedoch tief davon überzeugt, daß viele Schwangerschafts- und Wochenbettpsychosen gerade deswegen erst zum Ausbruch kommen, weil jede Form von Regression institutionell so früh wie möglich gekappt und unterbunden wird. Andernfalls wäre der reibungslose Ablauf einer effizienten und funktionalen Institution nicht mehr gewährleistet, einer Institution, in der Geburt ein technischer Vorgang zu sein hat. Steuerbare Apparaturen haben da ihren Platz, Bewegungen der Seele richten nur Kurzschlüsse an.

D. W. WINNICOTT spricht in seinem Konzept von der «primären Mütterlichkeit» (1956) – einer Phase von einigen Wochen gegen Ende der Schwangerschaft bis wenige Wochen nach der Geburt –, von einem Zustandsbild, das man eine «Krankheit» nennen müßte, wenn es nicht eine normale, sogar wünschenswerte Episode wäre. Er spricht von einem «Entrücktsein» oder «Dissoziiertsein», einer «Bewußtseinstrübung» oder sogar einer Störung auf tieferer Stufe, wie etwa einer «schizoiden Episode». Aber haben Frauen, auch wenn sie dazu bereit und in der Lage wären, im allgemeinen überhaupt eine Chance, in diesen Zustand der primären Mütterlichkeit einzutauchen? Dies ist ja nur ein Beispiel für viele, das deutlich zeigt, wie sehr nicht nur intraindividuelle Schranken, sondern vor allem gesellschaftliche Barrieren, die sich ja wiederum auf die individuelle Psyche auswirken, eine angstfreiere Annäherung an unbewußte Prozesse verhindern.

Das Motto, nach dem das Leben eingerichtet werden soll, lautet noch immer: Kontrolle gibt Sicherheit, Unbewußtes schafft Unsicherheit.

Ein rigides Normalitätsideal verbietet also in der Regel den freien Zugang zum Unbewußten. Mir geht es hier darum, vor allem den eng mit unbewußten Vorgängen verbundenen Begriff der Regression in bestimmter Weise zu differenzieren; regressive Phänomene hinsichtlich ihres pathologischen, aber auch hinsichtlich ihres – wie ich es nennen möchte – integrierenden Charakters zu untersuchen und diese Unterscheidung auch auf die Progression, also die Entwicklungsfortschritte, anzuwenden. Es wird sich zeigen, daß hier ganz entscheidend gesellschaftliche Aspekte zum Tragen kommen, daß es ein gesellschaftliches Interesse an der Förderung spezifischer Formen von Regression und Progression geben muß.

Regression ist ein in der Psychoanalyse sehr häufig verwendeter Begriff. Man versteht darunter eine Rückkehr zu früheren Entwicklungsstufen, zu archaischeren Formen der Beziehung zu sich selbst und anderen, zu früheren Wunschvorstellungen, früheren Formen der Wahrnehmung, des Denkens, der Strukturierung von Verhalten. Das allgemeinste und jedem vertraute Beispiel für Regression ist der Übergang vom Wach- in den Schlafzustand, wobei die große Verbreitung von Einschlafstörungen zeigt, wie wenig selbstverständlich viele Menschen sich einem regressiven Vorgang überlassen können.

Es läßt sich nun unschwer eine Reihe von Gegensatzpaaren aufstellen, die zum konstanten Begriffsinventar der Psychoanalyse gehören und alle untereinander verknüpft sind:

Regression	Progression
Primärprozeß	Sekundärprozeß
Lustprinzip	Realitätsprinzip
Infantilität	Reife

Diese Polaritäten scheinen zunächst auch eine ganz klare Bewertung zu implizieren: Progression, Sekundärprozeß, Realitätsprinzip – Bausteine menschlicher Reife; Regression, Primärprozeß, Lustprinzip – Charakteristika menschlicher Unreife.

Unter bestimmten Bedingungen wird Regression von manchen Autoren allerdings auch als angemessen angesehen: Zum Beispiel kann eine organische Erkrankung regressive Vorgänge mobilisieren, die eine Erhöhung des Narzißmus zur Folge haben, wodurch der Heilungsprozeß gefördert wird; Regressionen nach Objektverlust ermöglichen eine intensivere Trauerarbeit und eine innere Neueinstellung auf zukünftige Beziehungen; für die Pubertät sind Regressionen typisch und wahrscheinlich notwendig, um die für diese Phase erforderliche psychische Reorganisation überhaupt zu ermöglichen (vgl. EIDELBERG 1968). Ganz wichtig ist im Zusammenhang mit psychischer Reorganisation die in ihrer Bedeutung immer wieder hervorgehobene therapeutische Regression, die den Patienten überhaupt erst befähigt, frühe Konflikte neu zu erleben und in der Bearbeitung zu neuen Lösungen zu kommen. Auch für künstlerische Arbeit wird die Unabdingbarkeit von Regression eingeräumt: Intuition und Imagination sind ja nur durch größere Nähe zum Primärprozeß, zum Unbewußten möglich. Es handelt sich dabei um eine «Regression im Dienste des Ich» (KRIS 1952), um eine kontrollierte, die Gesamtheit der reifen Ich-Funktionen nicht angreifende Regression, die reversibel ist und damit eine angemessene, sozusagen sekundäre Bearbeitung und Gestaltung des unbewußten Materials gestattet.

Aber wie steht es eigentlich mit den normalen Sterblichen, die in der Regel keine Kranken, Trauernden, Pubertierenden, keine Analysanden und keine Künstler sind? Dürfen die auch regredieren? Oder ist der reife Alltagsmensch einer, der von Regression nichts weiß, nichts wissen darf?

Ich kann mich jedenfalls nicht des Eindrucks erwehren, daß – zumindest beim pauschalen Gebrauch des Regressionsbegriffs – stets unüberhörbar ein negativierender Ton mitschwingt.

Regressive Phänomene, wenn sie nicht gerade im Reservat

des Außerordentlichen auftreten, fallen also für gewöhnlich einer starken Ablehnung und Abwehr zum Opfer. Das hat meines Erachtens zur Folge, daß der Vorgang der Regression mit dem dazugehörigen neuerlichen Wieder-Auftauchen, also der Reversibilität von Regression, nicht ausreichend trainiert wird und darum auch so bedrohlich werden kann.

Die psychotherapeutische Praxis zeigt, daß die Situation junger Mütter, die wegen der Ankunft ihres Kindes ihre Berufstätigkeit aufgegeben haben und sich ausschließlich ihrer Familie und dem Heim widmen, eine spezifische Krisensituation ist. Zu den charakteristischen psychischen Dekompensationsformen gehören Depressionen, Angstzustände und – wie es mir einige Male begegnete – Zwangsimpulse, das Kind zu töten. Neben der fraglos individualpsychologischen, aus der Lebensgeschichte der Frau abzuleitenden psychischen Reaktion auf diese spezifische Lebenssituation ist es ganz wichtig, auch den sozialen Einfluß zu betonen. Die soziale Isolation, in die eine Frau gerät, die mit Kleinkind und ohne Berufstätigkeit auf den rein häuslichen Bereich der Kleinfamilie beschränkt bleibt, umfaßt ganz spezifische pathogene Faktoren. Deren Auswirkung muß zwar nicht immer in psychopathologischen Symptomen manifest werden, bedeutet aber wohl in jedem Fall eine ganz erhebliche Belastung.

Ein Beispiel mag das belegen: Kläre gab, tief überzeugt von der Richtigkeit dieses Schrittes, ihren Lehrerberuf auf, als ihr Sohn geboren wurde. In ihrer vorausplanenden Art hatte sie sich vorgenommen, nach drei Jahren, wenn das Kind in den Kindergarten käme, wieder berufstätig zu werden. Mit ihrem Mann, einem Angestellten im mittleren Management einer großen Versicherungsgesellschaft, war das alles zur beiderseitigen Zufriedenheit abgesprochen. Als der Sohn ein Jahr alt war, kam Kläre in die Praxis. Sie sei oft ungeduldig mit ihrem kleinen Sohn und mache sich Vorwürfe, ihn nicht gestillt zu haben. Sie fühle sich allen Frauen absolut unterlegen. Sie sei zerfahren und unkonzentriert, nichts gehe ihr von der Hand. Ihr Kopf sei eine einzige Dunstwolke, ihre Umwelt – Mann und Kind – könne sie oft nur noch wie durch eine Milchglas-scheibe wahrnehmen. Gar nicht greifbar sei sie dann für andere, aber, was noch schlimmer sei, auch nicht für sich selbst. Es sei dann so eine Leere in ihr. Außerdem werde sie von unkontrollierbaren Freßanfällen heimgesucht. Es folgt eine ausführliche Beschreibung ihrer Freßdurchbrüche, ungemüt-liche, wahllose Orgien vor dem Eisschrank oder an Würst-chenbuden. Für den Moment des Kostens, des Abtastens der Speise mit der Zunge, des Kauens beschere ihr das Fressen ein Gefühl von Gegenwärtigkeit, von intensivstem Dasein. Habe sie sich alles einverleibt, verfalle sie in tiefe Niedergeschlagen-heit. Einerseits schäme sie sich wegen des Freßanfalls, anderer-seits fühle sie sich danach besonders alleingelassen.

Kläre kommt nicht mehr richtig mit ihrer Situation zu Rande. Daß ihr so jede Kontrolle über sich selbst verlorenge-gangen ist, schockt sie vielleicht am meisten. Die ordentliche, planende, ihr Leben bis dahin so bewußt steuernde Kläre ist in einen Sog geraten, gegen den sie sich nicht mehr wehren kann. Kläre ist in pathologischer Weise regrediert. Sie hat in der starken Annäherung an ihr Baby sich selbst verloren. Die Fähigkeit, sich mit Hilfe identifikatorischer Mittel in ihr Kind einzufühlen, ist umgeschlagen in eine übermäßige Identifika-tion. Dadurch ist sie selbst unter die Herrschaft ganz früh-kindlicher Wünsche geraten. Statt ihr Kind zu stillen, stillt sie sich während ihrer Freßdurchbrüche quasi selber. Der regres-sive Druck ist so stark, daß sich ein Großteil ihrer erwachse-nen Ich-Funktionen, ihres erwachsenen Selbstes, in einem Dämmerzustand befindet. Sie ist zum Zeitpunkt der Bera-tung nicht mehr in der Lage, aus eigener Kraft die Regression rückgängig zu machen.

Während der Zeit der Annäherung und Einstimmung von Mutter und Säugling wird ja auch ganz intensiv die eigene Mutter-Kind-Beziehung der jungen Mutter reaktiviert. Statt die notwendige Regression kreativ und integrierend zu nutzen, um dadurch in einem progressiven Schritt die Mut-terrolle selbst zu übernehmen, ist Kläre wieder in den symbio-tischen Strudel ihrer eigenen, nicht aufgelösten Mutterbeziehung geraten. Bei Kläre haben sich die Fronten verfestigt, für sie gibt es keinen flexiblen Austausch mehr zwischen ihren eigenen kindlichen und erwachsenen Anteilen. Für sie besteht die Welt auf der einen Seite aus überdimensionalen Riesenmüttern und auf der anderen aus kleinen hilflosen Wesen, zu denen sie selbst und ihr Sohn gehören.

Kläres Mann hat in dieser Situation nur wenig helfen können. Er war sprachlos über Kläres Veränderung. Was war mit seiner Kläre, die in ihrer planenden Vorausschau der Dinge des Lebens immer so obenauf gewesen war, deren Kontrolliertheit ihn zutiefst beruhigt hatte, nur geschehen? Solange noch alles klar und überschaubar gewesen war, hatte er alle Sicherheit bei ihr gefunden. Nun versuchte er immer wieder, sie zu überzeugen, daß sie erst in Ordnung komme, wenn sie sich erneut so zusammennehme wie früher. Ermunterungen dieser Art und ein geradezu fanatisches Engagement in beruflicher Fortbildung waren seine Antwort auf ihren Zustand. Im Grunde war er ebenso verängstigt wie Kläre. Dadurch erhöhte sich Kläres Angstpegel noch zusätzlich, was zu einer weiteren Schwächung ihrer reiferen Anteile führte und sie in jener pathologischen Regression fixiert ließ.

Ich könnte noch weitere, ähnliche Beispiele anführen, bei denen folgende Faktoren konstant bleiben: große soziale Isolation, eine dadurch bedingte sehr starke Konzentration auf das Kind, verwirrte Väter.

Meine Frage lautet also: Wie weit kann eine Frau in der menschlichen Isolation der Kleinfamilie es sich überhaupt gestatten, in der Phase der frühen Mutter-Kind-Beziehung in die Regression einzutauchen, ohne sich selbst zu verlieren? Wer unterstützt sie in diesem sozialen Setting so weit, daß sie eine solche Regression unbeschadet wagen kann? Die Sehnsucht einer Mutter, mit ihrem Kind zu verschmelzen, kann in der gesellschaftlichen Isolation so groß werden, daß sie allzu bedrohlich für die Mutter wird und deshalb zu Abwehrmaßnahmen führen muß. Und hier entsteht der Teufelskreis, die Schraube in die pathologische Regression hinein: Wenn die

Angst vor dem eigenen Unbewußten zu groß ist, werden die Abwehrmaßnahmen gegen regressive Tendenzen starr und unflexibel. Mit einer rigiden Abwehr wird ein freier Zugang zu unbewußten Gefühlen und Phantasien und eine integrierende Verarbeitung der unbewußten Inhalte verhindert. Eine allzu rigide Abwehr enthält ihrerseits bereits regressive Elemente und fördert letztlich pathologischere Regressionsformen, als sie bei einer größeren Durchlässigkeit zum primärprozeßhaften Geschehen je eingetreten wären.

An dieser Stelle wird auch die Frage nach der Aufgabe des Vaters besonders deutlich. Sie stellt sich meines Erachtens nicht nur danach, ob er dem Kind die Ablösung von der Mutter, die sogenannte frühe Triangulierung, ermöglichen kann, sondern auch und vielleicht ganz besonders danach, ob er der Mutter während dieser kritischen Phase jenen emotionalen Schutzraum für die im Sinne einer integrierenden Funktion unerläßliche Regression bieten kann.

Die Frage läßt sich im Grunde nur negativ beantworten. Der durchschnittliche Bürger dieser Gesellschaft ist ja außerhalb der Familie selbst auch einem starken pathologischen Regressionsdruck ausgesetzt. Wie kann er im Angesicht längst seiner Kontrolle entglittener Arbeitszusammenhänge, im Angesicht unüberschaubarer Interessenverflechtungen, die vom Unbewußten nur wie ein archaisches Riesenobjekt mit diffusen Zügen erlebt werden können, sich anders fühlen denn als ein hilfloses Kind (vgl. MENDEL 1972)? Eine Partnerin, die durch ihre Situation noch zusätzlich eine regressive Verführung darstellt, kann nur als Bedrohung erlebt werden. Wird die Gefahr psychischer Labilisierung für den Mann zu groß, wird der Zirkel pathologischer Abwehr auch von seiner Seite noch mit verstärkt. Er wird eine pseudo-progressive Position beziehen, um den ängstigenden unbewußten Inhalten den Zugang zum Bewußtsein zu verwehren, und damit eine Integration verhindern. Im Hinblick auf den Kampf um pseudo-progressive und regressive Positionen in Partnerschaften hat J. WILLI (1975; 1978) von der Paardynamik her deutlich machen können, wie sich diese beiden Positionen gegenseitig bedingen. Ein Zustand pathologischer Regression kann also mit dem, was ich dissoziierende Progression genannt habe, ohne weiteres abgewehrt werden.

Ich möchte nun noch einige allgemeinere, nicht nur auf den Rahmen der Kleinfamilie bezogene Überlegungen anstellen, um den Einfluß gesellschaftlicher Faktoren auf Regression und Progression in ihren pathologischen Aspekten etwas genauer ins Blickfeld zu bekommen.

Der Soziopsychoanalytiker GÉRARD MENDEL hat, wie mir scheint, überzeugend ausgeführt, wie sehr im unbewußten Erleben des Menschen die heutige Leistungsgesellschaft mit dem Bild der archaischen Mutter gleichgesetzt wird. Das auf der unbewußten Ebene allen Menschen bekannte Bild dieser frühen Mutter hat zwei Gesichter. Zum einen ist sie die gratifizierende Mutter mit ihren nährenden, sensorischen Gaben, ihrer Wärme und ihrer Liebe; zum anderen ist sie die archaisch böse Mutter, die zerstückelnde und vernichtende Mutter, was nach psychoanalytischem Verständnis eine Folge der Projektion der ersten, verinnerlichten Aggressionen des Kindes ist (vgl. u. a. M. KLEIN 1957). Die Beziehung zur archaischen Mutter aktualisiert stets auch die magische und megalomane Welt des primären Narzißmus, die, je nach Überwiegen des guten oder des bösen Aspektes, Sehnsucht oder Auflösungsängste mobilisieren kann.

MENDEL demonstriert, wie die moderne Technologie mit ihrer rasanten Entwicklung, die dem Menschen nurmehr einen Stellenwert als Mittel, nicht als Zweck, einräumt, einer «neuen Natur» gleichzusetzen ist. Die technologische Natur versetzt den Menschen in einen ähnlichen Zustand der Hilflosigkeit, wie er ihn im Verlauf seiner Geschichte angesichts der natürlichen Natur schon einmal erfahren hat. In einem unvermeidlichen regressiven Schritt werden dieser technologischen Natur, dem Primitiven im Dschungel vergleichbar, vom Menschen magisch-animistische Qualitäten beigemessen. Die «Magie der Technik» bleibt dabei keine leere Formel. Der konkrete Animismus geht so weit, daß ein Vertreter der elektronischen Kirche in USA, ORAL ROBERT, ein Fernsehprediger, durch Handauflegen über den Bildschirm – der Zuschauer stellt seinerseits durch Berührung der Mattscheibe den magischen Kontakt her – Wunderheilungen bewirken kann.

Für mich besteht das Wesentliche der MENDELschen These darin, daß der Mensch in der hochentwickelten Industriegesellschaft zu einer pathologischen Regression gezwungen wird. Nicht nur das mächtige technologische Ideal läßt ihn verschwindend klein werden. Er wird noch zusätzlich durch die Konsumgesellschaft in eine orale Regression getrieben. Dabei dürfte auf der Ebene des unbewußten Erlebens der emotionale Aspekt der guten, spendenden Mutter schon längst umgeschlagen sein in ihren bedrohlichen Anteil. Hier unterdrückt eine destruktiv verwöhnende Mutter jegliche Selbständigkeit, fördert im Gegenteil zum Zwecke einer absoluten Hörigkeit des Kindes suchtartige Abhängigkeit. Konsumterror und Konsumfaschismus wären die entsprechenden sozialwissenschaftlichen Begriffskorrelate.

Die gesellschaftliche und in diesem Zusammenhang gleichzeitig emotionale Falle besteht nun darin, daß sich Konsum- und Industriegesellschaft gegenseitig bedingen und erhalten. Einerseits soll das Individuum süchtig konsumieren, andererseits funktional perfekt Leistung erbringen. Diesem Widerspruch ist nur durch dissoziative Mechanismen zu begegnen. In einer Gesellschaft, die den Menschen zu einer kompetitiven Maschine gemacht hat, bleibt nur die Flucht in eine pathologische Progression, in ein höchst fragwürdiges Spezialistentum. Diese pathologische, präziser: dissoziierende Progression erlaubt es, auf einem eng umschriebenen Gebiet Spitzenleistungen zu erbringen, während alle anderen Lebensbereiche, davon abgespalten, verkümmern.

Somit wird auch klarer, warum Regressionen allgemein eine negative Bewertung erfahren. Eine Gesellschaft, die an einer – wenn auch latenten – pathologisch regressiven Verfassung ihrer Bürger zum Zwecke einer größeren funktionalen Verfügbarkeit und eines permanenten, auf Konsum ausgerichteten Gierverhaltens interessiert ist, ist nun einmal ein schlechter Boden auch für die integrierende Regression. Die Gefahr, allzu schnell in einen pathologischen Strudel zu geraten, ist vor einem solchen Hintergrund sehr real. Die starre Ablehnung von Regression ist die gängige Schutzmaßnahme dagegen, eine Maßnahme, die wirkungslos bleiben muß. Hier gilt der Satz von der Wiederkehr des Verdrängten: Auf Grund ihrer Rigidität enthält diese Form der Abwehr bereits ihrerseits, wie schon erwähnt, regressive Elemente, denn sie arbeitet nicht nach dem Muster der Integration, sondern dem der Dissoziation.

Von einem integrativen Standpunkt aus ist die dissoziierende Progression mit einer pathologischen Regression identisch, der Unterschied hebt sich auf, die Gegenpole fallen zusammen, werden austauschbar. Pathologische Regression und dissoziierende Progression lassen sich nunmehr auf einen Nenner bringen: In beiden spiegelt sich die Entfremdung des Menschen von sich selbst. In der dissoziativen Progression entfernt er sich zunehmend vom Primärprozeß, versagt sich also seine innere Welt, in der pathologischen Regression hat er den Sekundärprozeß, verstanden als kreative Verarbeitung und Bewußtmachung des unbewußten Geschehens, als autonome Steuerung, aufgegeben.

Das Unbehagen an solchen Lebensbedingungen läßt sich denn auch allenthalben feststellen. Die Sehnsucht, Desintegration und Entfremdung aufzuheben, ist groß; die Versuche, auszusteigen, sind vielfältig. Die gesamte Alternativszene stellt ja den Versuch dar, ein integratives, in möglichst vielen Lebensbereichen unentfremdetes Dasein zu führen.

Die Wege zu einer Integration des Primärprozesses, der kreativen regressiven Anteile, führen jedoch häufig zu neuerlicher Desintegration. Die Drogenkultur ist dafür vielleicht das dramatischste und negativste Beispiel. Der passagere Zustand primärnarzißtischer Wonnen wird hier erkauft um den Preis einer absoluten Autodestruktion.

Aber auch andere Formen der Abkehr vom westlichen Lebensstil, Methoden der inneren Versenkung und Meditation, spiegeln oft, wenn auch in neuem Gewande, alte Strukturen. MENDEL würde das, was etwa die Anhänger von BHAGWAN im indischen Poona als Erleuchtung erleben, als eine Regression auf die faschistische Position bezeichnen. Aller Einfluß, alle Macht, alles Wissen ist Bhagwan überschrieben, einem Mann, der persönlich möglicherweise an Macht nicht interessiert ist (was ich bezweifle), der aber von der Struktur des Ashram her eine totalitäre Autoritätsfigur ist.

Ähnliches gilt sicher auch für die meisten anderen Sekten, wobei die Sehnsucht nach religiösen Inhalten oder vielleicht besser: die Sehnsucht nach Erlebnismöglichkeiten religiöser Art Ausdruck des Bedürfnisses nach intensiverer Selbsterfahrung ist (vgl. MOELLER 1979).

Auch alle kathartischen Methoden der Psychoszene gehören hierher, Methoden, denen offenbar die Synthese aus primärprozeßhaftem Erleben und späterer reflektierter Bearbeitung des Erlebten nicht gelingt. Primärprozeßhaftes allein in Gang zu setzen ist noch keine Kunst, ebensowenig wie es die Forcierung einer intellektualisierenden Rationalität wäre. Die Kunst besteht für mich in einer erhöhten Durchlässigkeit für unbewußte Inhalte und gleichzeitig einer verstärkten Kapazität zur bewußten Verarbeitung dieser Inhalte.

Der Beitrag der Psychoanalyse sollte dabei, wie ich finde, nicht unterschätzt werden. Psychoanalyse muß nicht als Anpassung an die bestehende Gesellschaft verstanden werden, nicht als ein Mittel zur Sicherung zementierter Strukturen. Ihre eigentliche Funktion besteht darin, den Bereich des Unbewußten, des Primärprozeßhaften zugänglich zu machen und ihn einer integrierenden Bearbeitung zuzuführen. Es gilt vielleicht nicht nur der FREUDsche Satz: «Wo Es war, soll Ich werden», sondern auch seine Umkehrung.

Der Einfluß der
frühen Mutter-Tochter-Beziehung
auf die Entwicklung
der weiblichen Sexualität

Vor einigen Jahren habe ich mich in einer Arbeit, der ich den Titel gab «Emanzipation macht angst» (siehe Seite 9 f) mit den Schwierigkeiten und Ängsten bei der weiblichen Autonomiebildung beschäftigt und als Kern dieses weiblichen Entwicklungsschrittes – sei er nun gelungen oder nicht – die Auseinandersetzung mit einer als übermächtig und kontrollierend erlebten Mutter beschrieben.

Heute möchte ich Ihnen vor allem einige Überlegungen anbieten, auf die ich damals nicht eingegangen bin; zum einen, weil sie mein Anliegen, mich mit der Frauenbewegung auseinanderzusetzen, hätten undeutlich werden lassen, zum anderen aber auch, weil sie mir nicht so recht ins Blickfeld geraten waren. Meine veränderte Wahrnehmung hat wohl mit mehreren Faktoren zu tun: Ich habe inzwischen eine mehrjährige Erfahrung mit einer analytischen Gruppe, die nur aus Frauen besteht; außerdem hatte ich Gelegenheit, insgesamt acht Schwangerschaften – sei es in Analyse, Therapien oder Gruppen – begleiten und damit eine Fülle von unbewußtem Material kennenlernen zu können. Und vor allem hat das Erlebnis von Schwangerschaft und Geburt meiner eigenen Kinder – meine Tochter ist inzwischen drei Jahre alt, mein Sohn fünfzehn Monate – es mir ermöglicht, einiges neu zu sehen und auch an mir selbst zu überprüfen. Das sei nur kurz zu den Motiven für die Wahl der vorliegenden Arbeit angemerkt, die sich im wesentlichen auf die frühesten Mutter-Tochter-Interaktionen bezieht und unter anderem den gesamten, sehr wesentlichen Bereich der analen Auseinandersetzung von Mutter und Tochter ganz außer acht läßt.

Wir haben in der Psychoanalyse noch keine wirklich geschlossene Theorie der weiblichen Sexualentwicklung (vgl. REINKE-KÖBERER, 1978). Es ist interessant, daß FREUD, obgleich ein wesentlicher Teil seiner Patienten Frauen waren und die psychosexuelle Entwicklung eine Zentralachse seiner Theorienbildung ist, eine vollständige Theorie nur für das männliche Kind formuliert und der Frau ja bekanntlich eine primär und spezifisch weibliche Entwicklung abgesprochen hat. Nun könnte man sagen, daß der Mann FREUD, trotz seines Genies, nur zu einer genauen Schilderung eines vorwiegend durch die viktorianische Kultur geprägten und damit sekundären Bildes von Weiblichkeit gekommen ist; nicht mehr, aber auch nicht weniger. Geradezu absurd erscheint mir dagegen, daß auch weibliche Psychoanalytikerinnen, die es doch eigentlich ein wenig besser wissen müßten, zu repressiven, jede primäre Weiblichkeit unterdrückenden Formulierungen gekommen sind. Als Beispiel seien zitiert:

JEANNE LAMPL DE GROOT (1928): «Zuerst halten wir uns noch einmal vor Augen, daß in der rein weiblichen Liebeseinstellung der Frau zum Mann für die Aktivität kein Platz ist. Die weibliche Frau liebt nicht, sondern sie läßt sich lieben. Frauen, die Männer aktiv lieben, sind männlich. Die Liebe, die sie in der Mutterrolle entfalten, ist aktiv und somit mit Männlichkeit verknüpft.»

HELENE DEUTSCH (1960): «Der Orgasmus ist männlich. Die ‹weibliche› Frau kennt keinen orgastischen Höhepunkt.»

MARIE BONAPARTE (1953): «Die Frau verfügt über quantitativ weniger Libido als der Mann. Der Mann muß gegen die passive und masochistische Haltung im allgemeinen protestieren, da sie ihm biologisch nicht vorgeschrieben ist; die Frau dagegen muß sie akzeptieren.»

Nun hat es ja schon in den zwanziger und frühen dreißiger Jahren eine heftige Kontroverse um die weibliche Sexualität gegeben. JOSINE MÜLLER (1931), KAREN HORNEY (1926; 1933; 1977), MELANIE KLEIN (1932), ERNEST JONES

(1933) und OTTO FENICHEL gehören zu jenen Psychoanalytikern, die der Frau im Gegensatz zu FREUD und vielen seiner Schüler und Schülerinnen eine eigene weibliche Entwicklung zugestanden haben. Es ist erstaunlich, daß diese Kontroverse nicht ausgetragen wurde. ZENIA O. FLIEGEL (1975) spricht sogar von einer «Lücke» in der psychoanalytischen Geschichtsschreibung hinsichtlich des Themas der weiblichen Psychologie.

Es ist vor allem einigen französischen Psychoanalytikerinnen zu danken, daß sich diese Lücke allmählich füllt. Ich denke da vor allem an JANINE CHASSEGUET-SMIRGEL (1974; 1976), MARIA TOROK (1974) und JOYCE MCDOUGALL (1974). Aber auch aus dem angelsächsischen Raum hat es entscheidende neue Beiträge gegeben, etwa JUDITH KESTENBERG (1956; 1968; 1977), THERESE BENEDEK (1959; 1968; 1970), MARJORIE BARNETT (1966), BURNESS E. MOORE (1968; 1976; 1977), MARCEL HEIMAN (1977), um nur einige zu nennen.

Auf den Beitrag von CHASSEGUET (1976) möchte ich kurz eingehen, weil ich meine, daß sie sehr wichtige Aspekte in neuem Licht sieht und weil sie gleichzeitig zu einer Frage hinführt, die wichtig für meine Überlegungen sein wird.

Wie wir wissen, hat sich innerhalb der Psychoanalyse die Beachtung der Mutter-Kind-Beziehung sehr verstärkt, und es hat sich eine deutliche Verschiebung zugunsten der Betrachtung präödipaler Konstellationen ergeben. Auf dem Hintergrund der neueren Erkenntnisse über die große Bedeutung der frühen dyadischen Entwicklung interpretiert CHASSEGUET die klassische Lesart der psychosexuellen Entwicklung beider Geschlechter, für die der phallische Monismus charakteristisch ist, als eine Abwehrformation gegen diese frühe Mutter-Kind-Interaktion. Ihre Hypothese lautet: Der phallische Monismus soll eine narzißtische Wunde auslöschen, die wir alle davongetragen haben und die aus der Hilflosigkeit der frühen Kindheit stammt. Die totale Abhängigkeit des Kindes von der Mutter bewirkte die Ausbildung einer omnipotenten Mutter-Imago. CHASSEGUET deutet also den phallischen Monismus als eine Abwehrform gegen eine allzu bedrohliche, weil allzu mächtige Mutterfigur. Der Penisneid des Mädchens wäre dann zu verstehen als eine sekundäre Bildung, als Neid auf eine Möglichkeit des Jungen, über die Mutter zu triumphieren mit Hilfe eines Besitzes, den die Mutter nicht hat.

Mir fällt nun auf, und zwar auch bei CHASSEGUET, daß stets vom Ausgeliefertsein des Kindes an einen Zustand der Hilflosigkeit gesprochen wird und damit von der totalen Abhängigkeit des Kindes von der frühen Mutter, ein Zustand also, der in der Errichtung einer omnipotenten Mutter-Imago resultiert. Ich möchte dies keinesfalls bezweifeln, im Gegenteil, aber ich möchte doch eine – wie mir scheint wichtige – Zusatzfrage stellen: Wie steht es denn mit der Abhängigkeit der Mutter von ihrem Kind in dieser frühen Zeit? Meines Erachtens ist diese Frage in der Literatur sehr viel weniger beachtet worden, obwohl sie ja etwa bei SPITZ (1967), WINNICOTT (1976) und BENEDEK (1959) deutlich angesprochen wird. Sicher, die Mutter ist kein biologisch hilfloses Wesen, sie verfügt über einen weiten Radius mehr oder weniger reifer Ich-Funktionen, psychischer Mechanismen etc. Von daher kann von Ausgeliefertsein keine Rede sein. Und doch gibt es auch auf seiten der Mutter ein großes emotionales Angewiesensein, eine tiefe Abhängigkeit vom Kind.

SPITZ (1967) beschreibt die Wechselseitigkeit im Dialog von Mutter und Kind. WINNICOTT (1976) geht in seinem Konzept von der «primären Mütterlichkeit» – einer Phase von einigen Wochen gegen Ende der Schwangerschaft bis wenige Wochen nach der Geburt – noch etwas weiter. Er spricht von einem Zustandsbild, das man eine «Krankheit» nennen müßte, wenn es nicht eine normale, sogar wünschenswerte Episode wäre. Er spricht von einem «Entrücktsein» oder «Dissoziiertsein», einer «Bewußtseinstrübung» oder sogar einer Störung auf tieferer Stufe, wie etwa einer «schizoiden Episode». THERESE BENEDEK (1959) spricht von der Fähigkeit zur Empathie und Regression im Dienste des Ich, wenn die Frau die Entwicklungsphase der Elternschaft erreicht. Die

Regression sei reversibel, und doch sei das regressive Potential sehr groß.

Das ist genau der Punkt, bei dem ich ansetzen und später auch Überlegungen zur spezifisch weiblichen Entwicklung anknüpfen möchte. Was für Sehnsüchte und Ängste werden in dieser Phase bei der Mutter aktualisiert, und wie wirkt sich dies auf ihren Umgang mit dem Kind aus? Inwieweit steuern die Ängste der Mutter, beziehungsweise das Ausmaß ihrer Angsttoleranz regressivem Erleben gegenüber die frühen Erfahrungen des Kindes?

Die Vorbereitung auf die Beziehung zum Kind beginnt mit der Schwangerschaft, die gleichzeitig eine innere Neuorientierung der Schwangeren ist. Sie probiert alle Formen versöhnlicher und unversöhnlicher Beziehungsmuster unbewußt aus; Vater und Mutter werden zu Föten in ihrem Leib; ihre Regressionsbereitschaft ist stark erhöht. Mehr und mehr ist mir deutlich geworden, wie einerseits die Chance besteht, durch die Reintegration regressiver Erlebnisformen einen progressiven Schritt zur Übernahme mütterlicher Funktionen zu machen, andererseits aber die Gefahr psychischer Dekompensation, die in ihrer extremsten Form zu Schwangerschafts- und Wochenbettpsychosen führt. Eine ähnliche Auffassung vertreten auch Autoren wie J. KESTENBERG (1977) und L. CHERTOK (1969), die in diesem Zusammenhang von einer «integrativen Krise» sprechen. Die Oralität wird stark reaktiviert, was einerseits auf die Versorgung des kommenden Kindes einstellt, andererseits zu Ängsten führen kann, etwa vom eigenen Kind aufgefressen zu werden, was wohl als eine Projektion eigener kannibalistischer Impulse zu verstehen ist. Ebenso werden Phantasien, die mit dem grandiosen Selbst zusammenhängen, mobilisiert, da sich die Veränderung des Körperschemas im unbewußten Erleben auswirkt. Das Gefühl, nicht mehr in einen kleinen VW-Käfer zu passen, Wohnungen als zu klein zu erleben und ähnliches gehören zu den häufigsten Beispielen.

KESTENBERG schildert die einzelnen regressiven Phasen ausführlich in ihrer Arbeit über «Regression and Reintegration in Pregnancy». Ich möchte hier nicht näher auf Einzelheiten eingehen, sondern nur noch einmal die erhöhte Durchlässigkeit zum primärprozeßhaften Geschehen und die intensive Auseinandersetzung mit den eigenen Introjekten während der Schwangerschaft betonen sowie die Nähe oder häufige Verquickung von oralen und genitalen Phantasien.

Es scheint mir auch interessant, daß die Rolle des Vaters sich nicht nur, wie man oft annimmt, auf die des Beschützers der Schwangeren beschränkt. Eine wirklich deutliche psychische Repräsentanz von Befruchtet- und Schwangersein scheint sich nämlich nur durch wiederholten Geschlechtsverkehr herzustellen (KESTENBERG 1977). Die normalerweise während der Schwangerschaft erhöhte und nicht, wie landläufig angenommen wird, verringerte sexuelle Erregbarkeit dürfte auch dafür sprechen. Die Beziehung zum Vater des Kindes erleichtert also die Ausbildung der psychischen Repräsentanz der Frucht. Wird die Schwangerschaft als ein Vorgang erlebt, von dem der Vater des Kindes ausgeschlossen ist – etwa in dem Sinne: Mein Kind wächst in meinem Bauch ohne dein Zutun –, so ist wohl mit Sicherheit an eine Störung der Beziehung zu denken. Auf jeden Fall zeigt sich schon hier eine sehr wesentliche Funktion des frühen Vaters sowie eine bedeutsame Wechselseitigkeit, da auch für den werdenden Vater das Kind erst allmählich innerpsychisch eine Existenz bekommt.

Diese kontinuierliche, gemeinsame Pflege des reifenden Kindes zeigt sich bei den von M. MEAD beschriebenen sanften Arapesh in Neu-Guinea auf dem oralen Niveau: Sie leben in dem Glauben, das Kind entwickele sich im Leib der Mutter nur, wenn es kontinuierlich gefüttert würde, eine Aufgabe, die Mann und Frau gemeinsam ausführen.

Zu der weit verbreiteten Phantasie, die Schwangere habe einen Penis in ihrem Leib, nimmt THERESE BENEDEK (1970) Stellung: Es gehe hier nicht um die Phantasie, das Kind sei lediglich Ersatz für den fehlenden Penis, also nicht um den Beweis für die Annahme, es gäbe gar keinen primären Wunsch nach einem Kind, es handele sich immer um einen sekundären Wunsch, dem der primäre Wunsch nach dem väterlichen Phallus vorausgehe. Diese Phantasie werde benutzt für die Integration der beiden Anteile des weiblichen Reproduktionstriebes, der sich zusammensetze aus der Heterosexualität einerseits und der Tendenz zu bekommen und zu behalten, also zu empfangen andererseits. Außerdem bereite diese Phantasie auf ein männliches Kind vor.

Was geschieht jedoch, wenn das Kind eine Tochter ist? Man könnte einwenden, das sei in dieser Lebensphase völlig gleichgültig, zumal es keinerlei Unterscheide gebe in der Versorgung männlicher und weiblicher Säuglinge. Wer allerdings die erstaunlich großen Genitalien von Neugeborenen kennt, wird zustimmen, daß sie geradezu überdeutlich die Geschlechtszughörigkeit des Kindes signalisieren. Ist das Kind ein Junge, wird die Mutter sogleich auf seine Andersartigkeit hingewiesen; ist es ein Mädchen, wird sie ganz intensiv an sich selbst erinnert.

Das Geschlecht des Kindes wird bei der Mutter jeweils spezifische, mit ihrer eigenen Lebensgeschichte verbundene Phantasien induzieren, die meines Erachtens bereits den frühesten Austausch mit dem Kind beeinflussen. Vom Augenblick der Geburt an geht die Mutter nicht mit einem geschlechtsneutralen Säugling um, sondern mit einem Sohn oder einer Tochter. Allgemein wird in der neueren psychoanalytischen Literatur davon gesprochen, daß auf Grund der Gleichartigkeit von Mutter und Tochter eine Differenzierung und Individuierung erschwert sein dürfte. Ich habe ebenfalls die Erfahrung gemacht, daß in der Beziehung von Müttern und Töchtern das identifikatorische Moment eine besonders wichtige Rolle spielt.

Eine Frau berichtet, wie unangenehm es ihr sei, wenn ihr wenig vertraute Menschen beim Wickeln ihrer Tochter zusehen. Sie hätte dann fast das Gefühl, ihr eigenes Genitale zu präsentieren. Sie erlebe die Wickelsituation mit ihrer Tochter als etwas viel Intimeres als denselben Vorgang mit ihrem Sohn. Bei dem hätte sie nicht das Gefühl, etwas von sich preiszugeben.

Eine Patientin berichtet, daß sie seit der Geburt ihrer Tochter, die etwa ein dreiviertel Jahr zurückliegt, nicht mehr ihr eigenes Genitale berühren könne. Ihrem Mann könne sie es gestatten, aber sie selbst erlebe dabei eine mächtige innere Barriere. Sie versteht, daß sie unbewußt fürchtet, statt sich selbst die Tochter zu masturbieren. Dies ist ein Aspekt. Ein weiterer Aspekt ist die Tatsache, daß bei der Patientin, die in der stark identifikatorischen Beziehung zu ihrer Tochter regrediert ist, das mütterliche Masturbationsverbot ihrer Kindheit wieder wirksamer wird.

Meines Erachtens ist das wesentlichste Spezifikum der frühen Mutter-Tochter-Beziehung die für den Sekundärprozeß widersprüchliche, für den Primärprozeß unmittelbar evidente Tatsache, daß die Frau für einige Zeit Mutter einer Tochter und gleichzeitig Tochter einer Mutter ist. Dieser Zustand kann durch die während der Schwangerschaft in Bewegung gekommenen Regressionsprozesse entstehen und macht in meinen Augen einen Teil der Abhängigkeit der Mutter von der Tochter klar. Vielleicht könnte man von einem Moratorium sprechen, während dessen eine Neuordnung in den Selbst- und Objektrepräsentanzen der jungen Mutter stattfindet. Eine Phase unklarer Grenzen, eine Phase der Identitätsdiffusion, um eine neue Identität und neue Objektbeziehungen entstehen zu lassen und alte eventuell zu korrigieren. Die frühesten Erfahrungen der jungen Mutter mit der eigenen Mutter werden also aktualisiert und bereichern die Einfühlung in die Tochter oder mobilisieren Abwehrprozesse, wenn die Gefahr der Abhängigkeit und der damit verbundenen Desintegration zu groß wird.

Was sind denn nun diese frühesten Erfahrungen von Mutter und Kind? SARLIN (1963) betont den größeren Anteil von Oralität in der weiblichen Psychosexualität und bringt dies in Verbindung mit der natürlichen Ausstattung der Frau als Säugetier.

Diese Tendenz zur Kontamination oraler und genitaler Erregung ist unmittelbar einzufühlen, wenn man bedenkt, wie lustvoll das Stillen eines Kindes sein kann. Dabei werden die bei jedem Stillen auftretenden genitalen Sensationen bis hin zu Kontraktionen der Gebärmutter natürlich unterschiedlich stark wahrgenommen. Dies ist ein zum Teil verschüttetes Wissen: Nicht umsonst hat man Kinder früher – und tut es heute vermehrt wieder – gleich nach der Geburt angelegt, um das Herausstoßen der Nachgeburt zu erleichtern sowie die Rückbildung des Uterus mit Hilfe des Stillens zu fördern.

Untersuchungen haben gezeigt, daß beim kleinen Mädchen schon sehr früh vaginale Sensationen einsetzen (vgl. u. a. GREENACRE 1952; KESTENBERG 1968; HEIMANN 1977). BARNETT (1966) ist sogar der Meinung, daß dies von Geburt an so sei. Auf jeden Fall sind sich viele Autoren darin einig, daß es ein spontanes Überfließen oraler Erregung in die Vaginalzone gibt, so daß sich parallel zum lustvoll erlebten Saugen eine Reaktion vaginalen Saugens entwickelt. Ich möchte nur kurz dazu anmerken, daß offensichtlich für eine autonom erlebte erwachsene weibliche Sexualität nicht nur die anale Modalität für die Vagina im Sinne von aktivem Festhalten schuldfrei integriert sein muß, wie CHASSEGUET (1974) es überzeugend dargestellt hat, sondern daß auch die Abspaltung der oralen Modalität für eine reife Form der «Vaginalität» aufgehoben werden muß.

SANDOR RADO spricht, wenn auch in einem eher metaphorischen Sinne, von einem «alimentären Orgasmus». FLIESS (1956), LEWIN (1978) und HEIMAN (1977) berichten von Traumorgasmen erwachsener Patientinnen, denen stets, sei es in der Übertragung oder in der Realität, Begegnungen mit der Mutter vorangegangen waren. (Eine Patientin hatte unmittelbar vor ihrem Traum mit der Mutter in einem Restaurant gegessen.) Diese Autoren gehen davon aus, daß die Regression im Traum weit in die Zeit des Gestilltwerdens reichte und dadurch die oralgenitale Kontamination entstehen konnte.

«The happy nursing couple», ein Ausdruck, der ganz naiv in manchen nichtanalytischen Büchern über das Stillen zu finden ist, sagt durchaus etwas über die stark sinnliche Beziehung, die hier entstehen kann. Wenn die Mutter selbst stillt, erlebt sie körperlich sowohl das aktive Nähren ihrer Tochter mit den begleitenden Sensationen von Einschießen der Milch und genitalen Kontraktionen als auch identifikatorisch die orale Befriedigung des Kindes und seine damit verbundenen diffusen vaginalen Erregungen. Außerdem erlebt sie auch die passive Position, indem das Kind ihr durch sein Saugen Erleichterung verschafft.

Eine Patientin, die sich wegen pathologischer Eifersucht einer Psychotherapie unterzog – eine unaufgelöste symbiotisch-verklebte Mutterbeziehung war der Hintergrund ihrer paranoiden Phantasie –, meinte, sie könne eine Tochter nicht stillen, weil man sie dann verdächtigen würde, lesbisch zu sein. Aus demselben Grunde hatte sie bis Mitte Zwanzig jede masturbatorische Aktivität ängstlich vermieden.

MARCEL HEIMAN (1977) berichtet von einer Patientin, die nicht klar unterscheiden konnte zwischen der Situation des Stillens mit dem Baby und orgastischem Erleben beim Verkehr mit ihrem Mann: «Bei mir geht das durcheinander: Einen Orgasmus haben ist gleichzeitig Stillen. Ich bin zugleich die Mutter und das Kind.» Beim ersten Orgasmus im Verkehr mit einem Mann hatte diese Frau süßen Milchgeschmack auf der Zunge; als sie ihr Baby zum erstenmal stillte, hatte sie das Gefühl, Sperma zu schmecken.

Eine Patientin von LEWIN (1946) erlebte die Kontraktionen während der Austreibungsperiode wie ein Saugen und den Kopf des Kindes wie die Brust. Die Geburt ihres Kindes setzte sie einem Verlust der Mutterbrust gleich. Die häufig auftretenden depressiven Verstimmungen kurze Zeit nach der Entbindung dürften damit eine weitere Determinante erhalten. Das Beispiel zeigt, auf wie vielen unterschiedlichen Ebenen der Trennungsprozeß Geburt erlebt werden kann.

Ich erwähne diese Beispiele, um die primärprozeßhafte Nähe von Oralität und Genitalität – nach SARLIN (1963) besonders bei Frauen – deutlich zu machen und damit auch zu zeigen, was an unbewußten Phantasien in einer Mutter entstehen kann, wenn sie ein Kind stillt. Ist es eine Tochter, dann dürfte die wechselseitige emotionale Resonanz innerhalb dieses «Paarsystems» besonders groß und eine Abgrenzung besonders erschwert sein. Ernährt sie ihr Kind mit der Flasche, ist diese Erfahrung vielleicht blasser, aber – wie ich meine – dennoch über die Schiene der unbewußten Identifikation nachzuvollziehen.

Eine Patientin, die wegen bevorstehender Ferien sehr depressiv geworden war, berichtete eines Tages, wie sehr sie sich vor dem Genitale ihrer Mutter geekelt hätte, als diese sich einmal nackt vor ihr gebückt hätte. Nach der Sitzung onanierte die Patientin und hatte dabei die Phantasie, mit einer Freundin oralen Verkehr zu haben. Wie sie berichtete, sei sie danach vollkommen erlöst gewesen, die Depression sei von ihr abgefallen. Sie habe verstanden, daß es eine Zeit in ihrem Leben gegeben habe, als sie ihre Mutter über alles geliebt habe. Nur sei diese Zeit längst vergangen, und aus Zorn und Enttäuschung darüber habe sie ihre Mutter stets entwerten müssen.

Ich verstand erst später, daß die Patientin sich mit Hilfe der Onanie ein Still-Erlebnis zurückgeholt hatte. Es ist in diesem Zusammenhang vielleicht auch wichtig zu bedenken, daß eine der häufigeren sexuellen Praktiken von lesbischen Frauen der orale Verkehr ist, ein wechselseitiges Stillen und Gestilltwerden.

SARLIN (1963) betont, daß bei Frauen klitoridale Erotik und phallische Erektionen stärker assoziiert seien mit der in frühester Zeit erlebten Stimulation durch die Brustwarze der Mutter, was unter anderem zu der unbewußten Brust-Penis-Gleichung führe. Eine Urszenen-Phantasie der eben erwähnten Patientin war es übrigens, daß die Mutter den Vater mit ihrer Brust anal penetrierte.

Die Urszene der phallischen Periode, die Beobachtung elterlichen Geschlechtsverkehrs, überlagert nach SARLIN (1963) psychisch eine frühere und basalere Urszene auf der oralen Ebene. Das ist die Zeit, in der der Säuling an der Brust der Mutter ein aktiver Teilnehmer in einer offen erotischen Beziehung ist und nicht nur ein Beobachter von außen. Ein Partner also, der aktiv saugt und dessen Mundhöhle passiv stimuliert wird, wobei das Erlebnis sicher nicht in der Weise zerlegt werden kann, da es sich um eine ganzheitliche Erfahrung handelt.

An dieser Stelle sei mir – gleichsam in Paranthese – eine assoziative Überlegung in bezug auf die männliche Psychosexualität erlaubt: Inwieweit ist die Abwehr der eigenen weiblichen Seiten beim Mann nicht nur gegen auf den Vater gerichtete passiv-anale Penetrationswünsche, sondern auch gegen den oral-rezeptiven Modus gewandt?

Ich hoffe, daß ich mit dem bisher Gesagten deutlich machen konnte, daß der früheste wechselseitige Austausch von Mutter und Tochter in manchen Fällen die Ich-Grenzen der Mutter allzu sehr aufweichen kann. Dadurch kann eine Verschmelzung mit der Tochter, die ja gleichzeitig die eigene Mutter repräsentiert, drohen. Außerdem kann die Beziehung zur Tochter eine starke Verführungssituation darstellen.

Eine Patientin träumt, ihre kleine Tochter habe eine debile Kinderfrau. Im Traum erschrickt sie zutiefst darüber, daß sich die Kinderfrau sexuell an der Tochter vergehen könnte. Sie kündigt der Kinderfrau. Die Patientin erkannte im Verlauf der Auseinandersetzung mit diesem Traum, daß die Kinderfrau einen bis dahin abgewehrten Anteil ihrer eigenen Beziehung zu ihrer Tochter verkörperte. Sie konnte von nun an sehr viel besser die sinnliche Ausstrahlung ihrer kleinen Tochter wahrnehmen und dennoch die Gewißheit haben, in angemessener, wenn man so will, sublimiert-mütterlicher Weise mit der Tochter umzugehen.

Eine nichtanalytische Autorin, LAURE WYSS (1978), spricht in diesem Zusammenhang vom «süßen Fleisch» ihres Kindes. Die Verführung durch Säuglinge ist zu manchen Zeiten so groß gewesen, daß man diese winzigen Kinder, um ihnen den Teufel auszutreiben, vorbeugend auspeitschte (LLOYD DE MAUSE 1977). Einen freundlicheren Umgang mit diesem Aspekt von Kindern zeigt die Rolle, die sie als Amoren und Eroten in der bildenden Kunst spielen. Es ist zwar der Psychoanalyse zu verdanken, daß sie die Sexualität des Kindes sozusagen entdeckt hat, ich meine jedoch, daß in der Auseinandersetzung mit der kindlichen Sexualität der Aspekt der vom «polymorph perversen» Kind ausgehenden Verführung nur wenig beachtet worden ist.

Es erscheint mir von sehr großer Wichtigkeit zu sein, daß Mütter in der Lage sein sollten, ihren Kindern deren sinnliche

Ausstrahlung zurückzuspiegeln. Denn nur eine gelungene narzißtische Besetzung des ganzen Körpers inklusive der Genitalien gewährleistet eine Integration des ganzen geschlechtsspezifischen Körperbildes beim Kind und bildet die Grundlage für die Entwicklung einer stabilen Selbst-Repräsentanz. Dies ist wiederum gleichzeitig die Voraussetzung und das Ergebnis einer Loslösung von der Mutter.

Vielleicht entsteht dieser «Glanz im Auge der Mutter» (MAHLER 1975) bei vielen Frauen leichter im Hinblick auf ihre Söhne. Aber nicht etwa nur, wie man leicht zu interpretieren geneigt ist, weil diese idealisierte kleine Phallusträger sind, an die die Mutter ihre ungelebten phallischen Wünsche delegieren kann. Sondern vielleicht vor allem, weil für viele Frauen die Idealisierung des Körpers und der Geschlechtlichkeit ihrer Töchter, die einen gesunden Narzißmus des Kindes und damit seine Ablösung fördern würde, eine allzu große unbewußte Annäherung an die frühe libidinöse Beziehung zur eigenen Mutter bedeutet. Die dadurch aktualisierten Verschmelzungswünsche und -ängste müssen abgewehrt werden, so daß eine ausreichende Spiegelung nicht mehr gewährleistet ist.

Die Beziehung zum Kind, hier speziell zur Tochter, birgt ein großes regressives Potential. In dem Aufsatz «Im Strudel der Regression» habe ich darauf hingewiesen, daß Regressionen in der Beziehung zum Kind und im Dienste des Kindes von großer Wichtigkeit sind, aber reversibel bleiben sollten. Es scheint mir unter anderem gesellschaftliche Hintergründe zu geben, die unsere Fähigkeit zu einer integrierenden Regression sich nicht entwickeln oder sogar verkümmern lassen.

Wenn wir davon ausgehen, daß die sexuelle Identität mit etwa achtzehn Monaten etabliert ist (MONEY UND EHRHARDT 1972) – STOLLER (1977) spricht von einer «core gender identity», KESTENBERG (1968) von «inner genitality» –, dann wird noch einmal deutlich, wie wesentlich die frühen Interaktionen von Mutter und Kind sind. Vielleicht darf ich noch anmerken, daß dies mit dem Ende der Übungsphase und dem Beginn der Wiederannäherung (rapprochement) im Se-

parations-Individuationsprozeß, wie ihn MARGARET MAH-
LER (1975) beschrieben hat, zusammenfällt.

Eine entscheidende Voraussetzung für die Ablösung von
der Mutter ist die Inbesitznahme des eigenen Genitales. Wenn
dies nicht gelingt, kann eine von MARIA TOROK (1974) überzeugend dargestellte Mutter-Tochter-Kollusion entstehen, in
der beide unbewußt die Verabredung treffen, das weibliche
Genitale sei wertlos, das einzig Erstrebenswerte sei ein Phallus. Diese Variante des Penisneides dient der Vermeidung von
Aggressionen und der Erhaltung einer anachronistischen
Symbiose.

Einer Patientin, die stark mit Männern rivalisierte und die einen
deutlichen Penisneid hatte, war ihr lautes und vitales Lachen immer
wieder von ihrer sehr normabhängigen Mutter verboten worden.
Eines Tages herrschte die Mutter sie an: «Lach nicht wie eine
Vagina!»

In der Kindheit hatte die Mutter, die sich offensichtlich durch das
Geschlecht ihrer Tochter irritiert fühlte, in der Verbalisierung der
unteren Körperregionen stets das Genitale ausgelassen. Es gab den
Popo und das Pipi und sonst nichts. Diese Patientin hat in einer sehr
intensiven Stunde erkannt, daß sie sich im Grunde immer vorgestellt
hatte, zwischen den Beinen so glatt wie eine Puppe zu sein. Ihr fiel
ein, daß sie sehr lange mit Puppen gespielt hatte. «Ich habe keine
Scheide, ich bin wie eine Puppe.» Die in der Therapie emotional
nachgeholte Entdeckung ihrer Scheide erfüllte sie mit tiefem Schrek-
ken und Schuldgefühlen: «Was wird die Mutter sagen, wenn ich
doch eine Vagina habe. Ich darf sie nicht anlachen mit meiner Vagina. Sie hat mich zugenäht.» (Auf anthropologisches Material im
Zusammenhang mit Infibulation möchte ich hier nicht eingehen.)

Erst wenn eine Frau sich von ihrer eigenen Mutter gelöst hat,
kann sie auch die Tochter loslassen. Dann kann sie ihrer
Tochter, ebenso wie sich selbst, ein eigenes Genitale zugeste-
hen, was gleichzeitig, sozusagen in einem qualitativen
Sprung, heißt, daß sie auch ihrer Mutter ein eigenes Genitale
und damit eigene Sexualität (mit dem Vater) einräumen
kann.

Außerdem heißt dies, den Generationsunterschied, eine
der schmerzlichsten Tatsachen unseres Lebens, in seinen beiden Aspekten zu akzeptieren: Als Kind war ich kleiner als

meine Mutter und war nicht wie sie, als Mutter bin ich größer als du und damit von dir verschieden. Eine Verschmelzung ist bei einer emotional klaren Erkenntnis des Generationsunterschiedes nicht möglich. E. Schütt hat in ihrer Interpretation von I. Bergmans Film «Herbstsonate» auf die Bedeutung des Generationsunterschiedes nicht nur für das Kind, sondern auch für die Mutter hingewiesen.

Ein solches Erkennen der Realitäten kann mit einem gewissen Erschrecken einhergehen. Ich möchte an dieser Stelle über eine Beobachtung sprechen, deren mögliche Bedeutung für mich einige Fragen aufwirft. Ich meine die Angst mancher Frauen vor ihrem Genitale. Ich meine nicht so sehr etwa die den Mann zerstörenden, verschlingenden Anteile, die häufig zu Frigidität führen, auch nicht die Abwehr archaischer Gier, sondern die Angst, in sich selbst hineinzufallen, nicht mehr dazusein, im Sinne einer Implosion; also eher ein Gefühl auf der Ebene der Selbstbeziehung. Zunächst jedoch als Beispiel die kurze Zusammenfassung einer Sitzung in einer Frauengruppe:

Wir starren alle gelähmt ins Rund wie in ein tiefes Loch. Plötzlich Ursula: «Das ist wie immer. Da sitze ich in der Fallgrube, und er reicht mir keine Strickleiter runter. Ich komm aus diesem Loch einfach nicht raus.»

Einer anderen Teilnehmerin fällt ein: «Das ist so wie mit den Einkaufstaschen aus Nylon, die ein kleines Außentäschchen haben. In dieses kleine Täschchen kann man die ganze Tasche hineinverstauen.» Als nächstes kommt der Bericht von einem kleinen Vogel, den Konrad Lorenz aufgezogen hat und der in der Jackett-Tasche von Lorenz sein Nest hatte. Als dieser Vogel, der auf Lorenz als Sexualpartner geprägt war, in die Balz kam, versuchte er, Lorenz in dessen eigene Tasche zu locken.

Dann kommt der Einfall zum Brunnen. Männer könnten da zwar auch reinfallen, aber nur bis Beineslänge, weil sie den Penis wie ein Scharnier ausfahren könnten und dann hängenblieben. Aber man könne doch auch aus dem Brunnen schöpfen. Ja, aber jeder Topf brauche einen Deckel. Das sei aber nicht ganz wahr: Wenn der Topf ganz sei, könne man damit Wasser holen. Schöpfen, kreativ sein, im Grunde wie ein Mann kreativ, nein, doch anders, mit einem Hohlraum. Im Hohlraum könnten Kinder wachsen. Aber auch sterben! Erinnerungen an Abtreibung und Fehlgeburt. Das sei so unheimlich, daß man da so nah an Leben und Tod dran sei. An Lebengeben und Lebennehmen. Wieviel beruhigender sei da so ein Penis, der zwar auch Auferstehung und Niedergang kenne, aber wenigstens stets nachprüfbar sei.

Solange diffuse Vorstellungen vom eigenen Genitale herrschen, haben grandiose Phantasien einen guten Nährboden beziehungsweise umgekehrt: Solange eine grandiose Vorstellung von sich selbst nicht aufgegeben werden kann, also eine Begegnung mit der eigenen körperlichen Realität aus Gründen der Angst nicht stattgefunden hat, solange ist der eigene Hohlraum eine Bedrohung.

Im Laufe einer Paarbehandlung ließ sich bei einer Frau folgende Sequenz im Masturbationsverhalten rekonstruieren: Ihre früheste Form zu masturbieren war vaginal. Sie erinnert sich, im Alter von zwei bis drei Jahren Haarklammern und ähnliches in ihre Scheide gesteckt und dabei lustvolle Gefühle gehabt zu haben. Später habe sie nur noch auf dem Bauch liegend onaniert, indem sie hin- und herrutschte. Sie benutzte nie wieder ihre Hände. Dabei hatte sie als kleines Kind lange die Phantasie, einen festen, taucherähnlichen Gummianzug zu tragen und zwischen den Beinen ein kleines Wasserhähnchen zu haben, an dem ein großer – phantasierter – Bruder manipulierte. Später, in der Latenz und Pubertät, verwandelten sich die Phantasien. Sie wurde als Königin mit entblößten Brüsten durch die Stadt gefahren oder bot, umringt von Männern, ihr Genitale dar, um vom König als Schönste erwählt zu werden.

Erst Anfang Zwanzig hatte sie den Mut, auf dem Rücken liegend ihre Klitoris mit der Hand zu stimulieren. Es dauerte noch einige Zeit, bevor sie es wagte, sich auszutasten. Ihre Scheide fühlte sich an wie der zahnlose Kiefer ihrer Großmutter, was ihr allerdings nicht allzu unheimlich war. Zutiefst erschrocken war sie dagegen bei der Berührung ihres Muttermundes. Sie hatte das Gefühl, einem Zerberus begegnet zu sein, von einem ihr bis dahin unbekannten und wahrscheinlich bösartigen Wesen bewohnt zu sein. Erst allmählich, im Laufe einer sich zu guter Letzt doch befriedigend entwickelnden Partnerschaft und einer unkomplizierten Schwangerschaft verlor sie die Angst vor den tiefen Regionen ihres Genitales.

Bei dieser Frau werden einige psychoanalytische Erkenntnisse bestätigt: Sie besaß eine, wenn auch sicher nur vage Vorstellung von der Existenz ihrer Vagina (vgl. u. a. HORNEY 1926, 1933, 1977; EISSLER 1933; GREENACRE 1952). Offenbar mußte sie sich später zunehmend gegen Triebüberflutung – der feste Gummianzug – schützen, wobei auch der Besitz eines phantasierten Penis – Wasserhähnchen – helfen sollte. MOORE (1976) betont die Wichtigkeit des Penisbesitzes für beide Geschlechter als Instrument, eine drohende Triebüberflutung abzuwehren.

Viele Autoren sehen in den unterschiedlichen Möglichkeiten, die Jungen und Mädchen gegeben sind, ihre Genitale zu überprüfen und sich ihrer zu versichern, die entscheidende Variable für den Unterschied im innerpsychischen Erleben des eigenen Geschlechts zwischen Männern und Frauen.

Die eben geschilderte Patientin hatte eine symbiotisch-klammernde und eindringende Mutter, die ihr offensichtlich nicht die Freiheit gab, sich ihres Körpers und seiner diffusen Sensationen zu bemeistern. Eine, wie mir scheint, durch das Verhalten der Mutter besonders geförderte Angst vor Triebüberflutung – da die Patientin das Mastering nicht ausreichend ausbilden konnte – sowie Ängste vor einer Verletzung des Körperinneren – Phantasien, die unter anderem auch mit der destruktiven Auseinandersetzung mit einer solchen Mutter zusammenhängen – hatten die Patientin dazu gebracht, eine neue, ihren Ängsten angemessene, ihre körperlichen Realitäten nicht mehr erforschende Onaniepraktik zu wählen.

Die spätere Erforschung ihrer Scheide zeigt die starke Verlötung mit oral-mütterlichen Anteilen (zahnlose Kiefer, bissiger Höllenhund). Erst mit Hilfe einer befriedigenden Beziehung zu ihrem Mann konnte die Patientin die Qualität der psychischen Repräsentanz ihres Genitales korrigieren. Die Schwangerschaft trug dazu bei, daß sie ihre sich ausdehnende, immer lebendiger werdende Gebärmutter als einen Teil von sich selbst integrieren konnte.

Die weiblichen Geschlechtsorgane sind durch ihre versteckte und relativ verstreute Lage (außer der Klitoris, den Labien, dem Vorhof, der Scheide gehören ja auch Cervix, Uterus, Ovarien und Tuben sowie die Brüste dazu) prädestiniert, sich nur ungenau und unvollständig in der Psyche der

Frau abzubilden. Wo dem Mann sehr wesentlich der Gesichtssinn und seine Hand zur Erforschung seines Genitales zu Hilfe kommen, ist die Frau sehr stark auf die propriozeptive Wahrnehmung, also auf eine Tiefensensibilität, angewiesen. K. FRANK (1977) unterstreicht in einer Arbeit, daß in unserer Kultur der Gesichtssinn die Tiefenwahrnehmung dominiere, so daß propriozeptive Reize häufig nicht ausreichend beachtet und/oder abgewertet würden sowie Angst machten. In jedem Fall scheint es auch eine kulturelle Behinderung der Entwicklung von Tiefensensibilität zu geben. Man vergleiche dagegen etwa nur einige ostasiatische Yoga-Praktiken mit ihrer charakteristisch hohen Sensibilität inneren Organen gegenüber.

Mit anderen Worten, die Geschlechtsidentität einer Frau setzt sich aus einer Fülle von Teilrepräsentanzen zusammen. Einmal kommt es auf Grund zeitlich nacheinandergeschalteter körperlicher Reifungsvorgänge zu einer gewissermaßen seriellen (Teil-)Repräsentanzenbildung, zum anderen kommt es aber auch wegen der diffus im Körper lokalisierten Anteile zu einer vageren, weil auf eine sensible Organwahrnehmung angewiesenen Ausprägung eines integrierten inneren Bildes. Die Gefahr des Zerfalls einer solchermaßen zusammengesetzten Identität erscheint denn auch einigen Autoren besonders gegeben (vgl. u. a. MOORE 1977; HEIMAN 1977; KESTENBERG 1968). Dies wird auch als einer der Gründe angesehen für die häufiger bei Frauen auftretenden Orgasmusängste. Das Verständnis für Auflösungs- und Hingabeängste bekommt auf dem Hintergrund dieser mit der spezifischen weiblichen Anatomie verbundenen Überlegungen zur Ich-Auflösung eine zusätzliche Dimension.

Aber noch einmal zurück zu meiner Frage nach der Angst mancher Frauen vor ihrem Genitale. Könnte es sich hier nicht um eine – wie ich es versuchsweise nennen möchte – Genitalisierung einer narzißtischen Störung handeln? Wird die Gefahr einer Selbst-Fragmentierung vielleicht ganz besonders im Zusammenhang mit einem Organ erlebt, dessen psychische Eroberung in sehr enger Weise mit den frühesten Erfahrungen im Austausch mit der Mutter verknüpft ist und das durch seine spezifischen anatomischen Bedingungen Fragmentierungen besonders entgegenkommt?

Ich bin bisher davon ausgegangen, daß die Ausbildung einer weiblichen Identität seitens der Mutter erschwert wird durch symbiotisches Klammern, übergroße Kontrolle und eine dadurch entstandene Uneinfühlsamkeit in die Tochter. Ich hatte dieses Verhalten der Mutter als ein Ergebnis von Abwehrmaßnahmen erklärt, zu denen sie greifen muß, um sich vor irreversibler Regression in die eigene frühe Mutter-Kind-Symbiose zu schützen.

Was ist aber, wenn die Mutter auf Grund eines strukturellen Defektes und nicht aus neurotischer Abwehr unfähig zur Empathie ist? In Analogie zu den von KOHUT (1973) beschriebenen Übertragungsformen narzißtisch gestörter Patienten möchte ich versuchsweise vier mögliche Beziehungsformen von Mutter und Kind darstellen:

1. Das Kind wird erlebt als eine Ausweitung des eigenen Größenselbstes und dient der Wiederherstellung einer alten Einheit. Das Kind hat überhaupt keine eigenen Konturen, eine Beschäftigung mit ihm als eigenem Wesen fehlt völlig (archaische Verschmelzung).

2. Es wird nicht eine primäre Einheit, sondern eine Gleichheit mit dem Kind hergestellt. Das Kind wird zum Träger der eigenen (verdrängten) Vollkommenheit. Ein gewisses Maß an Getrenntheit ist erlebbar (analog zur Alter-Ego- oder Zwillings-Übertragung).

3. Auf das Kind wird nur insoweit reagiert, als es der Aufrechterhaltung der narzißtischen Homöostase und der Bestätigung der eigenen Größe dient (analog der Spiegelübertragung im engeren Sinne).

4. Analog zur Übertragung der idealisierten Elternfigur die idealisierte Beziehung zum Kind; hier liegt dann bereits eine gewisse Trennung von Selbst und Objekt vor.

Eine Patientin, die von ihrer Mutter in starkem Maße zur narzißtischen Erweiterung benutzt worden war, neigte selbst zu einer Fülle grandioser Phantasien.

Eine ihrer Lieblingsvorstellungen war es, sich als Pilotin eines Düsenjets zu sehen, die, ganz souverän das Flugzeug steuernd, im Cockpit ein Kind gebiert.

Sie hatte eine sehr verschwommene Vorstellung von ihrem Genitale. Eines Tages erschrak sie fast zu Tode, als sie auf der Toilette plötzlich etwas aus ihrer Scheide herauskommen fühlte. Was für ein Ungeheuer kam ihr da entgegen? In ihrer Panik wagte sie nicht, nachzutasten. Sie rief ihren Mann, der nachfühlen mußte. Es stellte sich heraus, daß das Ungeheuer ein Tampon war, den die Patientin über mehrere (!) Tage in ihrer Scheide vergessen hatte.

Bald nach dieser unbewußt inszenierten dramatischen Szene wurde sie schwanger. Sie konnte ihre Schwangerschaft und die Geburt einer Tochter im Sinne einer longitudinalen Kompensation und Restitution nutzen. Schwanger erlebte sie den ersten Orgasmus ihres Lebens und blieb auch später erlebnisfähig. Insofern war sie wohl zu einer stabileren Integration ihrer inneren Repräsentanzen gekommen.

Die Geburt ihrer Tochter erlebte sie als das überwältigendste Ereignis ihres Lebens und war voller Dankbarkeit dem Neugeborenen gegenüber. Sie sprach davon als ihrer eigentlichen Defloration. Zunächst glaubte ich, daß dieses Gefühl dazu dienen sollte, ihren Mann, der sie entjungfert hatte, zu degradieren und auszuschließen. Dann wurde jedoch, wie ich glaube, zunehmend deutlich, daß die Patientin mit dem Begriff «Defloration» im Grunde ihre eigene psychische Geburt meinte.

Die körperlichen und damit verbundenen emotionalen Erfahrungen von Schwangerschaft und Geburt hatten in ihr überhaupt erst stabile Repräsentanzen ihrer Geschlechtsidentität und damit auch ihres Selbstes entstehen lassen. Psychische Repräsentanzen, die sich im defektuösen Austausch mit einer strukturell uneinfühlsamen Mutter nur hatten unvollständig entwickeln können.

«... und sie erkannten einander» – wahrscheinlich findet eine endgültige Entfaltung des innerpsychischen Bildes der

Vagina bei Frauen erst durch wiederholten Verkehr mit einem Mann statt, wodurch gleichzeitig ein Selbsterkennen und eine Erkenntnis des Mannes möglich werden.

Schwangerschaft und Geburt sind ein weiterer, diesmal von innen kommender Weg zu sich selbst und gleichzeitig wohl eine der unmittelbarsten Möglichkeiten zur Erkenntnis der eigenen Mutter.

Ich möchte nach dem hier Ausgeführten nicht den Eindruck hinterlassen, daß ich Kinder allgemein für das Lebensschicksal einer jeden Frau für unerläßlich halte. Sie haben in meinem Leben eine große Bedeutung und haben mir in manchen Bereichen zu einem besseren Verständnis von mir selbst und vieler Frauen, mit denen ich analytisch arbeite, verholfen.

Etwas Allgemeines möchte ich zur weiblichen Psychologie aber dennoch sagen: Für mich gilt, wenn auch in einer ganz anderen Bedeutung als der klassischen, ganz fundamental der Satz «Anatomie ist Schicksal». Ich würde mich dagegen wehren, wenn dieser Satz vollkommen durch den sicher ebenso basalen Satz «Kultur ist Schicksal» ersetzt werden sollte. Die ausschließliche Betonung kulturellen Einflusses erschiene mir als ein im Gewande des Fortschritts auftretendes neuerliches Verbot, sich seinen Körper anzueignen.

Ein Verständnis für die weibliche Psychosexualität kann meinem Gefühl nach nur aus der Synthese dieser beiden Gegen-Sätze entstehen.

Um den Preis des
Lebens

Am fast menschenleeren Strand von Sabaudia blieben wir unter uns. Ich lag viel in unserer Sandkuhle, die wir gegen den leichten Wind gegraben hatten. Sie war gerade so tief, daß die Wölbung meines schwangeren Bauches die Höhe des Strandniveaus nicht überstieg. Ich hatte mich eingenistet in diesen Sichtschutz und beobachtete die nackte Nina, die mit Michael angeschwemmte Arme, Beine, Rümpfe, Köpfe von Puppen sammelte und sie triumphierend zu Babies mit monströsen Proportionen zusammensetzte.

Die selbstverlorene Sinnlichkeit ihres prallen, runden kleinen Kinderkörpers berührte mich sehr. Sie genoß ihre Nacktheit. Zum erstenmal in ihrem eindreivierteljährigen Leben konnte sie viele Stunden hintereinander vollkommen unbekleidet sein. Vor allem war sie von Windeln befreit, was sie ausgiebig dazu nutzte, ihre kleine Möse zu untersuchen. Ununterbrochen war eine Hand zugange. Manchmal war sie still und versonnen, wie nebenbei mit ihrem Geschlecht befaßt, dann wieder erforschte sie sich höchst aktiv, konzentriert und neugierig. Ich erlebte Ninas Verhalten auf vielfache Weise. Es war eine Bestätigung dafür, daß Kinder sich ihrem Körper unbefangen nähern, wenn man sie läßt. Ein selbstverständlicher, vergleichsweise banaler Zusammenhang, wie ich mit dem Kopf registrierte. Aber für mein Gefühl war das ungeheuer wichtig. Ich konnte noch einmal mit ihrer Hilfe miterleben, wie es sich anfühlt, als Mädchen Schritt für Schritt sich selbst zu erfahren.

Vielleicht hätte ich sogar Neid und Betrübnis verspürt, wäre Nina ein fremdes Kind gewesen. Neid auf die unbeschwerten Abenteuer mit dem eigenen Körper, Betrübnis über die Verbote und Einschränkungen, die meine Eltern im besten Glauben an das Richtige hatten ergehen lassen. Aber durch die Nähe zu ihr fühlte ich mich unmittelbar eingebunden in ihre Erlebnisse, ohne sie dabei, wie ich glaube, zu stören.

Dieser innere Zustand veränderte sich, als wir ein Bad nehmen wollten. Das Meer war noch zu kalt und wegen des Drecks auch wenig einladend. Wir mußten also zum Schwimmbecken des Hotels. Ich zog mir ein Strandhemd über, Nina blieb nackt. Als wir dann dem Schwimmbecken zustrebten, vorbei an einer langen Reihe von Liegestühlen, und sich eine Zeitung nach der anderen senkte, eine Sonnenbrille nach der anderen in die Stirn geschoben wurde, Blicke unseren Weg verfolgten, war es mit meiner Unbefangenheit vorbei. Auch ich begann, unseren Auftritt zu beobachten: Eine Schwangere im siebten Monat, dicker Bauch, nur mit Bikini und Strandhemd bekleidet, an der Hand ein kleines nacktes Mädchen, das die Finger in seiner Möse stecken hat.

Das Hotel war ausschließlich von italienischen Gästen besucht, meist Römer, die hier ihre Wochenenden verbrachten. Keines ihrer Kinder war nackt. Weit und breit keine Schwangere außer mir. Wäre eine Frau schwanger gewesen, sie hätte wohl, sorgfältig in ein langes Gewand gehüllt, von Ehemann und Schwiegermutter behütet, unter einem Sonnenschirm auf einem der Liegestühle gesessen und uns ebenfalls genauestens betrachtet.

In mir begann sich alles zu sträuben. Waren wir denn eine solche Provokation? Ich war stolz auf meinen Bauch. Es gab da nichts zu verstecken. Ich war stolz auf mein nacktes Kind. Es hatte alles Recht der Welt, mit seinem Körper zu tun und zu lassen, was es wollte. Sollten sie sich doch die Augen ausgucken! Ich war fest entschlossen, mich durch nichts irritieren zu lassen. Pregnant ist beautiful.

Aber so einfach war das nicht. Plötzlich wurde mir ganz heiß bei dem Gedanken, wie ich nun jedermann vorführte, daß ich ohne Zweifel mindestens einmal im Leben Geschlechtsverkehr gehabt hatte und zum Beweis auch noch ganz schamlos mit dem Produkt hausieren ging. Und dieses kleine Mädchen an meiner Hand benahm sich auf die unverschämteste und aufreizendste Weise, ein richtiges Früchtchen aus dem Baby Porno. Gesindel, dem die Triebhaftigkeit aus allen Poren quoll. Eine Beleidigung für all die feinen Damen und Herren und eine Gefährdung für ihre unschuldigen Kinder.

Ich wurde immer unsicherer. Diente mein lockeres Auftreten vielleicht nur dazu, über meine Gefühle hinwegzupreschen und der Welt, vor allem aber mir selbst, zu demonstrieren, was für einen natürlichen Zugang zu allem Körperlichen ich hatte, wie frei meine Tochter war? Konnte ich meinen Anspruch emotional überhaupt erfüllen, oder gab ich meine Ideologie für wahres Gefühl aus? Mir kamen Zweifel. Mußte Nina den Weg in die Freiheit etwa mehr für mich als für sich finden? Würde sie durch einen solchen inneren Auftrag möglicherweise stärker gehemmt als die Kinder mit Höschen?

Noch immer schritten wir das Spalier von Liegestühlen ab. Sollte ich Nina nicht doch lieber sagen, sie möge nun endlich einmal aufhören, da unten herumzuspielen? Und sollte ich mit diesem Riesenbauch nicht doch besser einen Umstandsbadeanzug tragen, als im Bikini ins Wasser zu steigen?

Ich begann zu staunen, woher meine absonderlichen Phantasien und Selbstzweifel kamen, diese uralten, anscheinend längst überholten Schuldgefühle. Ob es am Milieu liegt? Ich entschloß mich, Nina gewähren zu lassen. Für sie hätte es keinen einsehbaren Grund gegeben, die Beschäftigung mit ihrem Körper aufzugeben, der gerade jetzt – zumal auch in meinem Körper so viel vor sich ging – immer wichtiger und vielleicht auch ein Trost wurde. Sie hatte bis dahin alles gedurft, warum also nicht im Angesicht der fremden Leute. Wenn ich es schwer damit hatte, daß wir ein so auffälliges Paar waren, so war das schließlich nicht ihr Problem.

Langsam faßte ich meine Umgebung näher ins Auge. Ich stellte fest, daß die Italiener zwar alle neugierig schauten, aber keineswegs abweisend waren. Und dann erblickte ich, genau an der Stelle, auf die wir zusteuerten, was ich die ganze Zeit übersehen hatte. Auf einer Sonnenliege lag eine schwarzbraun verkohlte klapperdürre Leiche. Grauenerregenderweise trug dieses Skelett einen buntfarbenen Bikini. Da ich nicht abergläubisch genug bin, um Nina, mich und das Kind in mir mit Hilfe einer magischen Geste zu schützen, blieb mir nun nichts mehr, als genauer hinzusehen. Vor uns lag eine magersüchtige Frau. Sie hatte sich auf ein Überlebensminimum heruntergehungert. Mit Hilfe der Sonne wollte sie sich nun scheinbar vollends von ihrem Körper befreien.

Am Schwimmbecken des Hotels «Le Dune» war die Welt aus den Fugen geraten, diese Begegnung ein Ding der Unmöglichkeit. Wir verkörperten derartige Gegensätze, daß mir das Zusammentreffen wie ein Verstoß gegen alle kosmischen Regeln schien.

Zunächst hatte ich versucht, meine innere Welt in Ordnung zu bringen, indem ich die Magersüchtige einfach nicht wahrnahm. Dann antwortete ich mit Angst, als sei sie eine Hexe, die Nina und mir Schaden zufügen konnte. Ohne jeden professionellen Bezugsrahmen reagierte ich zunächst nur mit Abwehr.

Ich wollte Nina vor diesem gespenstischen Anblick bewahren, wollte umkehren. Ich wurde böse. Warum stellte die Frau ihren Körper so zur Schau, warum zwang sie unseren Augen ihre malträtierte Ausgemergeltheit auf? Dieses Knochenbündel war eine Zumutung. Am liebsten hätte ich sie fortgejagt, dieses KZ-Gerippe, das so mitleiderregend wenig Mitleid erregte.

Ich hatte die paar Meter Wegs vom Strand zum Schwimmbecken in einen Spießrutenlauf verwandelt, um meine Wahrnehmung von ihr abzulenken. Ich hatte mich mit allen möglichen inneren Zweifel abgeplagt und so das einzig Bedrohliche nicht gesehen: ein Wesen, das im Begriff war, sich zu vernichten.

Ihre Lebensfeindlichkeit griff mich an. In unangenehmer Weise wurde ich mir meiner Figur bewußt. Ich hatte in letzter Zeit zuviel gefressen und über die Maßen zugenommen.

Einige Tage Diät, gerade in der Schwangerschaft, würden sehr bekömmlich sein. Wie ein Geier stürzte diese Vorstellung auf mich nieder, hackte an dem Kind in mir.

Nahm ich etwas von ihren Gefühlen auf? Sie fühlte sich wohl sehr bedrängt durch mich, so angefüllt mit einem Kind. Erlebte mich wie eine vollgestopfte Python, die gerade ein Ferkel verspeist hat. Schlangerschaft. Und Ninas satte Körperlichkeit bereitete ihr Brechreiz. Jedenfalls waren wir auch eine Zumutung für sie. Oder war das meine Phantasie?

Man sagt, wenn eine Schwangere Feuer erblickt und erschrickt, kommt das Kind mit einem Feuermal zur Welt. Was würde geschehen beim Anblick einer Magersüchtigen? Würde das Kind sich von der Mutterbrust abwenden, der Mutter die Milch versiegen?

Keine Speise annehmen, nichts bei sich behalten zu können, war das schreckliche Muttermal der Magersüchtigen. Auf ihre Weise versuchte sie, Unheilvolles nicht in sich eindringen zu lassen. Alles, was sie aus ihrem Leben heraushalten wollte, selbst um den Preis des Lebens, verkörperten Nina und ich.

Mehr und mehr merkte ich jedoch, daß ich mich innerlich nicht ohne weiteres von ihr absetzen konnte. Wir hatten alle drei unser Muttermal: das Geschlecht. Das versuchte sie auszuradieren, versuchte sich selbst, die Mutter in ihr und sich in der Mutter auszulöschen. Sie war aber in ihrer mörderischen Verneinung suchtartig mit allem beschäftigt, auf das auch Nina und ich konzentriert waren: auf unser Inneres.

Auf eine sehr eigentümliche, aber nicht mehr widersinnige Weise bildeten wir ein aufeinander bezogenes Dreieck. Wir drei befanden uns nur an verschiedenen Etappen desselben Weges.

«Wenn der Bauch explodiert, komm'n die Kinder rausmarschiert …»
Über den Einfluß der Lebensgeschichte auf die Geburt

Bombenhagel, Verdunkelung. Entsetzliche Wehen. Niemand bei ihr. Hebamme, Krankenschwester, das gesamte Klinikpersonal im Luftschutzkeller.

Ihr Mann hat sie noch kurz vor dem Luftangriff in der Klinik abgeliefert. Da er von niemandem aufgefordert wird, bei ihr zu bleiben, macht er von sich aus auch gar nicht erst den Versuch, darauf zu dringen. Nichts erfüllt ihn mit größerer Angst als diese stöhnende, von Schmerzen geschüttelte Frau. Er geht davon, erleichtert, die unheimlich veränderte Frau Verantwortlicheren übergeben und damit seine Pflicht als werdender Vater erfüllt zu haben.

Sie liegt in der Dunkelheit, verloren in einer fremden Umgebung und kämpft gegen den ständig wiederkehrenden Schmerz. Sie atmet verkrampft, keucht, hält den Atem an, zerbeißt sich beide Hände.

Dreißig Stunden liegt sie in Wehen. Unbarmherzig und in immer gleichbleibendem Rhythmus packt sie der Schmerz. Zwei Luftangriffe gehen vorüber, keine Bombe hat sie erlöst. Geschrien und gebetet hat sie darum. Dreißig Stunden, bis sich der Muttermund weit genug öffnet. Zum Pressen ist sie schon längst zu erschöpft. Der Arzt greift zur Zange, für sie ein Folterinstrument. Narkose. Als sie das Kind zum erstenmal sieht, wir ihr übel. Ein verschrumpeltes, durch die Zange verformtes Neugeborenes liegt in ihrem Arm.

Zum wiederholtenmal erzählt Anna die Geschichte ihrer eigenen Geburt, für sie eine wahre Schreckensgeschichte. Um alles in der Welt will sie nicht – nun selber schwanger – dem Vorbild ihrer Mutter folgen. Sie spürt den starken Sog, der inneren Stimme ihrer Mutter Glauben zu schenken: Schwangerschaft und Geburt seien eine Marter, eine Zerstörung des Körperinneren, blutiger Schrecken. Vom Kopf her weiß Anna es besser. Und auch zu einem, wenn auch noch geringeren Teil vom Gefühl her. Es muß andere Wege geben, andere Einstellungen und Erlebnisformen. Sie will ihrem Kind eine andere Geburt bereiten. Ihre Angst, ihr Zweifel: Wird sie sich lösen können von dem fatalen Vorbild, das sie noch immer in sich lasten fühlt?

Anna arbeitet hart während der psychoanalytischen Sitzungen. Sie kämpft um Erkenntnisse, die Veränderungen bewirken, die sie nicht nur intellektuell, sondern tiefgreifender das innere Mutterbild überwinden lassen sollen; dieses Bild, das ihr gebietet, ein Kind ohne Freude, unter Schmerzen und Angst, in totaler Auslieferung an ein gnadenloses Schicksal zu gebären. Anna will aktiv und autonom ihr Kind zur Welt bringen, dieses elementare Ereignis zu ihrer eigenen Sache machen und es darüber hinaus als Ausdruck ihrer Beziehung zu ihrem Mann begreifen.

Anna wiederholt die Geschichte ihrer Geburt in der Analyse, um sie bei der Geburt ihres Kindes nicht wiederholen zu müssen. In ihrem Kampf um eine größere innere Freiheit durchläuft sie mehrere Stadien. Unterschiedlichste, oft auch widersprüchliche Gefühle bestimmen ihr Erleben, bestimmen die Beziehung zu ihrer Mutter und zu sich selbst.

Zunächst ist sie beherrscht von Schuldgefühlen, die Mutter zugerichtet, ihr Schmerzen bereitet zu haben. Sie erinnert sich, als Kind oft besonders brav gewesen zu sein, um die Mutter noch nachträglich zu versöhnen. «Mamileinichenlein» sollte die Umstände von Annas Eintritt ins Leben möglichst vergessen. Aber es gab noch eine weitere Quelle des schlechten Gewissens für Anna. Des öfteren hatte die Mutter versichert, sie habe sich nur Anna zuliebe nicht vom Vater getrennt, habe sie vor dem Schicksal einer Scheidungswaise bewahren wollen. Anna fühlte sich gleich mehrfach schuldig:

Sie war der Grund für eine unglückliche Ehe, für die permanente Opferhaltung der Mutter, die ihretwegen auf ein eigenes Leben verzichtete, und sie hatte der Mutter die qualvollsten Schmerzen ihres Lebens bereitet.

Zu den Schuldgefühlen kam tiefe Trauer. Sie war unerwünscht, nichts als ein Hemmschuh für die Mutter. War es nicht folgerichtig, wenn ihr zerknautschtes Affengesicht nur Übelkeit und Abwehr hatte auslösen können, sie gar nicht erwarten, geschweige denn verlangen konnte, als Neugeborenes freudig begrüßt worden zu sein. Hatte sie überhaupt eine Existenzberechtigung?

Aus der Trauer wurde allmählich ungeheurer Zorn. In der Analyse äußerte Anna heftige Vorwürfe gegen die Mutter. Sie sah in ihr die personifizierte Lebensfeindlichkeit und empörte sich über die Verantwortungslosigkeit der Mutter, sie als Kind mit Schauergeschichten über ihre Geburt und mit Eheproblemen belastet zu haben. Die Mutter habe sie ständig fühlen lassen, daß sie ihr mit ihrer bloßen Existenz etwas Schreckliches angetan habe. Damit sei einzig die Mutter für Annas depressive «Veranlagung» zur Verantwortung zu ziehen.

Anna erhob eine Anklage nach der anderen, war voller Haß auf die Mutter. Gleichzeitig war sie sehr unglücklich über diesen Haß, der ihr Leben auf einen einzigen – widersprüchlichen – Inhalt zusammengeschmolzen hatte: Das Kind in ihr wuchs, wurde immer gegenwärtiger, während sie sich selbst immer tiefer in eine äußerst negative Mutter-Kind-Beziehung verstrickt fühlte. Wie nie zuvor in ihrem Leben empfand Anna sich gleichzeitig als Mutter und als Kind, beides gleich intensiv und beides gleich verwirrend.

Es hat sicher manchen erleichternden und beschleunigenden Faktor in diesem Analysenabschnitt gegeben: Die Zeit drängte – ein Kind bleibt nun einmal nicht länger als neun Monate im Mutterleib. Annas Durchlässigkeit unbewußten Prozessen und Gefühlen gegenüber war, wie bei vielen Frauen während der Schwangerschaft, stark erhöht, und sie wollte einen neuen Weg wirklich finden. Schritt für Schritt begann sie, die inneren Widerstände, die mit zu jeder Analyse gehören, zu bearbeiten. Sie spürte, wie wenig es ihr weiterhalf, darüber zu klagen, daß ihre Mutter als Vorbild versagt habe. Das hätte nichts anderes bedeutet, als noch immer auf Anweisungen und Richtlinien für ein angemessenes Verhalten von seiten der Mutter zu warten und damit ihr Kind zu bleiben. Die töchterliche Position aufzugeben war für Anna damit verbunden, die Verantwortung für sich selbst und alle ihre Gefühle zu übernehmen.

Anna konnte sich, Schicht um Schicht ihres Widerstandes abtragend, zunehmend mehr ihren eigenen unbewußten Ängsten und destruktiven Phantasien nähern, wodurch erst eine Reintegration und Verwandlung dieser Gefühle möglich wurde. Annas schwere Anklagen gegen die Mutter erwiesen sich im Laufe der Zeit als Schutzschild gegen die Erkenntnis, daß sie selbst panische Angst hatte, von dem in ihrem Bauch wachsenden Kind zerstört zu werden. Die über sämtliche physiologischen Vorgänge wohlinformierte Anna entdeckte ihre völlig irrationalen Befürchtungen hinsichtlich des Geburtsablaufes. In einer bis dahin festverschlossenen Kammer ihrer Seele war sie davon überzeugt gewesen, das Kind würde ihren Körper sprengen. Immer wieder kam ihr ein Kinderreim in den Sinn: «In der Nacht, in der Nacht, wenn der Büstenhalter kracht und der Bauch explodiert, komm'n die Kinder rausmarschiert ...» Zum einen Teil rezitierte sie diesen Spruch auf alberne Weise, andererseits war er ihr beängstigender Ernst.

Woher kamen diese angsterfüllten, zum erstenmal zum Bewußtsein zugelassenen Vorstellungen? Anna sah immer klarer, daß sie sehr starke destruktive Impulse gegen die Mutter in sich trug, daß sie ihre Mutter mit einer wahren Zerstörungslust am liebsten angefallen hätte. Natürlich hatte sie diese Destruktivität vor sich selbst und anderen verbergen müssen. Was bot sich da besser an, als diese zerstörerischen Wünsche auf das in ihr wachsende Kind zu projizieren und nun zu befürchten, von einem – wenn auch in ihrem Inneren sich befindlichen – anderen Wesen bedroht zu werden? Die

Destruktivität erhielt, zumindest in der Phantasie, ein Ventil, und die Bestrafung war in der Wendung gegen sich selbst gleich mitprogrammiert.

Die Schuldgefühle, die die Mutter bei der Tochter hervorgerufen hatte, waren bestens dazu geeignet, eine bestimmte Abwehrformation bei Anna aufrechtzuerhalten. Anna brauchte sich gerade dadurch nämlich nicht mit all jenen aggressiven Impulsen, die sie im Verlauf ihrer späteren Kindheit gegen die Mutter entwickelt hatte und die natürlich zu entsprechenden Schuldgefühlen geführt hatten, auseinanderzusetzen. Sie waren konserviert geblieben, abgekapselt in der als schicksalhaft erlebten Tatsache, ihrer Mutter im Verlauf der Geburt alle erdenklichen Qualen bereitet zu haben. Hinzu kommt auf der magisch-omnipotenten Stufe des Erlebens noch die Phantasie, daß all ihre bösen Wünsche – auf dem Wege einer Rückprojektion auf den Zeitpunkt ihrer Geburt – tatsächlich zu einer Beschädigung der Mutter geführt hatten. Die sicher wirklich schauerlichen Berichte der Mutter haben zu einem guten Teil dazu beigetragen, daß es Anna besonders schwer wurde, ihre im Verlauf ihrer Kindheit entstandenen destruktiven Phantasien nicht zu verdrängen. Über die Motivationen der Mutter wissen wir natürlich nichts Eindeutiges. Dennoch läßt sich vermuten, daß sie auf Grund eigener Probleme unbewußt daran interessiert war, sich die Tochter zu verpflichten und eine gewisse Kontrolle über sie zu behalten. Denn solange Anna ihre gegen die Mutter gerichtete Zerstörungswut nicht integriert hatte, so lange blieb sie die durch Schuldgefühle angekettete Tochter ihrer Mutter. In der Analyse konnte sie diese Gefühle wiederbeleben, noch einmal erfahren und in einem weiteren Schritt als anachronistisch erkennen.

Ein großes Stück Arbeit bestand nun darin, eben diese nicht an ihre Geburt gebundenen Schuldgefühle beziehungsweise die dahinterliegende Aggressivität gegen die Mutter zu entdecken und zu verstehen. Für Laien mag es ungewöhnlich klingen, wenn die Psychoanalyse von unbewußten destruktiven Impulsen kleiner Kinder gegen die Eltern, hier speziell gegen die Mutter, spricht. Aber vielleicht läßt sich ein Zugang zu diesem Bereich des Unbewußten schaffen, wenn man sich vergegenwärtigt, mit welcher Inbrunst kleine Kinder von Bauchaufschlitzen sprechen, was sie sich selbst oder ihren Puppen beim Doktorspielen alles antun, um es dann auf magische Weise wieder ungeschehen zu machen. Anna, die mehrfach als kleines Kind den Geschlechtsverkehr ihrer Eltern beobachtet hatte, wurde sich plötzlich immer bewußter, mit welcher Heftigkeit sie darauf reagiert hatte, wie sehr sie die Eltern auseinanderreißen, trennen wollte, wie sehr sie die Mutter beneidete um den Besitz des väterlichen Penis. Hatte sie dafür die Mutter nicht auch zerstören, ihren Leib mit Klauen und Zähnen aufreißen wollen? Im Grunde waren ihre Ängste, bei der Geburt von ihrem eigenen Kind zersprengt zu werden, und ihre Schuldgefühle, dies während ihrer eigenen Geburt quasi mit der Mutter getan zu haben, nur in die Zukunft und in die Vergangenheit projizierte zerstörerische Anteile ihres ödipalen Neides. Das Verhalten ihrer Mutter hatte es Anna leichtgemacht, diese eigene, erst später entstandene Destruktivität nicht als solche erkennen zu müssen, wodurch ihr die Auflösung der ödipalen Situation – vielleicht auch im Interesse der Mutter – nicht gelingen konnte.

Mit dem Herausschälen dieser Gefühle wuchs Annas Verständnis für die Mutter. Sie sah in ihr nicht mehr nur die lebensfeindliche, gebärunfähige Frau, die als Vorbild für die Ausbildung einer vollen weiblichen Identität versagt hatte. Sie konnte die Mutter viel realistischer einschätzen mit ihren Schwächen, aber auch mit ihren Vorzügen. Sie konnte die Gefühle von Auslieferung und Panik nachvollziehen, die die Mutter während ihrer Entbindung erlebt haben mußte: ohne Geburtsvorbereitung, ohne ausreichende Atemtechnik, während zweier Luftangriffe, ohne Beistand des Mannes, der ja selbst ohne Beistand war. Plötzlich war auch der Vater kein Lump mehr, der die Mutter feige im Stich gelassen hatte, sondern er hatte sich nicht anders verhalten, als es für Männer damals üblich war. Selbst wenn er darauf bestanden hätte, wäre ihm mit Sicherheit der Zutritt zum Kreißsaal verweigert worden. War etwa auch die Ehe ihrer Eltern besser, als sie immer vermutet hatte? War diese kaputte Beziehung nur in ihren Augen so kaputt gewesen, weil sie der Mutter keine bessere Ehe gegönnt hatte? Anna stellte sich vermehrt Fragen dieser Art. Gleichzeitig wuchs ihre Versöhnlichkeit. Sie hatte das Gefühl, endlich ihre Mutter freigegeben zu haben. Der Mutter oder vielleicht richtiger: den Eltern ein eigenes, nicht mehr mit ihren – Annas – Erwartungen, Hoffnungen, Idealisierungen, mit ihrer Verachtung durchsetzes, also ein von kindlichen Ansprüchen weitgehend freies Leben eingeräumt zu haben. Damit gewann auch sie ein eigenes Leben. Das wirkte sich auf die Beziehung zu ihrem Mann aus, dem sie sich, von infantilen, auf ihre Eltern gerichteten Wünsche weitgehend erlöst, voller und intensiver zuwenden konnte. Sie fühlte sich nicht mehr als Tochter ihrer Eltern, sondern als eine Frau, die von ihrem Mann ein Kind erwartete. Anna hatte eine Befreiung erreicht. Sie begann, sich unbändig auf ihr Kind zu freuen. Die Beziehung zu ihm füllte sich mehr und mehr auf, sie mußte weder nur aus Liebe noch ganz aus Haß bestehen.

Annas Einfälle bekamen eine neue Qualität. Sie sprach viel von ihrer Großmutter väterlicherseits, die eine ganze Flöte von Kindern ohne große Mühen geboren und mit leichter Hand aufgezogen hatte. Und vor allem von ihrer Tante Maria, die bei der Geburt ihrer Tochter eine Narkose abgelehnt hatte, um zu spüren und zu sehen, wie ihr Kind auf die Welt käme. Für diesen Wunsch sei die Tante zwar von Annas Mutter als «verrücktes Huhn» bezeichnet worden. Für Anna aber war das ein Fanal: Es gab in ihrer Familie Frauen, die eine unverformte, vitale Fähigkeit hatten, Kinder zur Welt zu bringen. Es gab noch eine andere, glücklichere, weibliche Tradition, in die sie sich aus eigener Kraft eingebunden hatte, in der sie nun aufgehoben war. Das Vorbild der Mutter war nicht mehr zwingend.

Anna brachte ihr Kind leicht, problemlos auf die Welt. Für sie war die Geburt weniger ein schmerzhafter Vorgang, vielmehr eine große körperliche Anstrengung, schwere Arbeit.

Eine Aufgabe, die sie und ihr Kind ihrem Erleben nach wie ein gut aufeinander eingespieltes Team gemeinsam gemeistert hatten.

Warum habe ich Annas Geschichte so ausführlich erzählt? Schließlich könnte man einwenden, ein solcher Einblick in einen Abschnitt einer psychoanalytischen Behandlung sei zwar möglicherweise interessant, doch könnte ein individuelles Lebensschicksal keineswegs von allgemeiner Bedeutung sein. Für mich ist diese Geschichte jedoch ein sehr gutes, durchaus generalisierbares Beispiel dafür, wie sehr das reale Erleben von Schwangerschaft und Geburt durch unbewußte Einstellungen gesteuert wird, die wiederum ganz stark abhängen von den ebenfalls weitgehend unbewußten Beziehungskonstellationen zu lebenswichtigen Figuren. Besonders entscheidend ist hier die Beziehung zur Mutter, obwohl diese nicht isoliert von der Beziehung zum Vater gesehen werden darf. Denn Schwangerschaft und Geburt als ganz elementare, spezifisch weibliche, körperliche wie psychische Erfahrung mobilisieren aufs intensivste den gesamten Erlebnisbereich, den eine Frau als Tochter ihrer Mutter hatte, aktualisieren entscheidende Etappen ihres jeweiligen Weges zur Weiblichkeit. Dies kann als Bedrohung, als nicht zu bewältigende Krise erlebt werden, was häufig zu psychosomatisch bedingten Schwangerschafts- und Geburtskomplikationen führen dürfte. Es kann aber auch, wie Annas Beispiel zeigt, als Chance genutzt werden. Es versteht sich wohl von selbst, daß dies nicht immer mit Hilfe einer Psychoanalyse geschehen muß.

Für mich ist unbestreitbar, daß Schwangerschaft und Geburt durch psychische Konstellationen beeinflußt werden. Es ist meinem Eindruck nach geradezu absurd, wie wenig der psychische Faktor in der orthodoxen Geburtshilfe berücksichtigt wird. Natürlich will ich die Bedeutung physiologischer Daten nicht einfach verleugnen, aber in all jenen Fällen – und das dürfte immer noch die Mehrzahl sein –, bei denen es sich um organisch normale Bedingungen bei Mutter und Kind handelt, haben die psychischen Komponenten den entscheidenden Einfluß auf den Ablauf der Geburt. Dabei setzt sich der seelische Faktor, grob gesagt, aus mindestens drei Anteilen zusammen: zum einen die psychische Disposition der Frau, zum anderen das psychische Klima, in dem die Entbindung stattfindet, und als drittes die Wechselwirkung zwischen beiden.

Es gibt zwar schon gewisse Ansätze, wenigstens soziale Kriterien mit zu berücksichtigen, wie es die Untersuchungen an ledigen Müttern zeigen. Ihren Niederschlag finden solche Bemühungen jedoch in ausschließlich physiologisch orientierten Daten, etwa dem verminderten Geburtsgewicht der Kinder. Das psychische Milieu, die seelischen Belastungs- oder Entlastungsfaktoren erscheinen der rein organisch ausgerichteten Geburtsmedizin ganz offensichtlich sekundär, wenn nicht gar zu vernachlässigen. Im Bereich der orthodoxen Geburtshilfe fehlt in erschreckender Weise die Bereitschaft zu einem die persönliche Entwicklungsgeschichte berücksichtigenden, familiendynamisch orientierten, die Mehrgenerationenperspektive umfassenden psychologischen Verständnis der Situation von Frauen während der Geburt.

In den Institutionen der klassischen Geburtshilfe zählt etwa das Kriterium der physiologisch nachweisbaren, mit dem Alter korrelierenden Elastizität des Bindegewebes wesentlich mehr als die Frage, welche Bedingungen für eine verstärkte psychische und damit natürlich auch körperliche Entspannungsfähigkeit günstig wären. Die Tatsache, eine «späte Erstgebärende» vor sich zu haben, scheint heute noch immer mehr Gewicht zu haben als die psychische Disposition einer Schwangeren, ihr seelischer Zustand also, der von einer Vielzahl von Bedingungen abhängt: von ihrer ganzen Lebenssituation, ihrer inneren wie äußeren Lebensbalance, von der Qualität ihrer Beziehung zum Vater des Kindes, von ihrer Beziehung zu sich selbst und zum eigenen Körper, von ihrer Angstbereitschaft und Angsttoleranz, um nur ganz global einige wesentliche Aspekte zu skizzieren.

Ich habe mein erstes Kind mit vierunddreißig Jahren bekommen, war also eine jener späten Erstgebärenden, denen man längere und schmerzhaftere Wehen, insgesamt also eine schwierigere Niederkunft voraussagt und die man damit möglicherweise erst in jene fatalistische Haltung treibt, die derartige Prophezeiungen Wirklichkeit werden läßt. Die Geburt meiner Tochter ging komplikationslos und rasch – ich war keine Stunde im Kreißsaal – vonstatten. Ich bin tief davon überzeugt, daß ich Anfang Zwanzig viel mehr Angst vor einer Geburt gehabt hätte, mich also auch entsprechend verkrampft und verspannt hätte. Außerdem hätte ich mich wahrscheinlich auch nicht so gründlich über Schwangerschaft und Geburt informiert, hätte vielleicht auch nicht konsequent Gymnastik und Atemübungen betrieben, vor allem aber hätte ich wohl nicht den Mut gehabt, mich klar für einen eigenen Weg zu entscheiden und mich dafür auch entschlossen einzusetzen.

Ich war eine sogenannte «Risikoschwangere», nicht nur weil ich schon über dreißig war, sondern weil ich nach einer Schwangerschaftsunterbrechung wegen Röteln auch noch eine Fehlgeburt gehabt hatte. Ich ging also, obwohl ich mich gut fühlte, häufiger zur Vorsorge und sprach mit dem betreuenden Arzt genau über die bevorstehende Entbindung. Ich hatte klare Vorstellungen: Ich wollte keine weheneinleitenden Mittel, keine schmerzstillenden Medikamente, keinen Pudendusblock. Ich wollte eine möglichst natürliche Geburt erleben, zumal ich mir sicher war, mit der erlernten Atem- und Entspannungstechnik – einer Mischung aus READ- und LAMAZE-Methode sowie einigen Grundkenntnissen in autogenem Training – gut mit den Wehen mitgehen zu können. Der betreuende Arzt war immerhin so weit aufgeschlossen, daß er meine Wünsche akzeptierte, allerdings mit dem Kommentar: «Sie müssen es ja aushalten, wenn Sie keine Medikamente wollen.» Für ihn war es eine Frage des Aushaltens. Für mich war es eine viel grundsätzlichere Frage, war aufs engste verknüpft mit meiner ganz persönlichen Existenz. Ich wollte dieses Ereignis in meinem Körper mit meinem Kind nicht aus der Hand geben, mir nicht – wenn alles normal lief – diesen elementaren Vorgang vernebeln lassen. Ich wollte die Geburt meines Kindes so bewußt wie nur möglich erleben und dabei so aktiv sein, wie ich es nur vermochte.

Ich diskutierte, durchaus freundschaftlich, mit dem Arzt. Es war klar, wir hatten verschiedene Positionen, die wir wechselseitig respektierten. Meinen Wunsch nach natürlicher Geburt schien er zwar auf sehr diskrete Weise für eine selbstgestrickte Marotte zu halten, aber immerhin, er wollte mitmachen, obwohl er tief davon überzeugt war, nur mit der Fülle technischer Errungenschaften seinen Patientinnen wirklich helfen, sich nur so für sie voll einsetzen zu können. Dafür war er bekannt: ein hervorragender Gynäkologe, der alles in seiner Kraft Stehende für seine Patientinnen tut.

Erst im Verlauf eines Gesprächs, während dessen er mir die Vorteile der programmierten Geburt pries, wurde mir klar, wie sehr auch dieser freundliche Arzt – zumindest damals – nur der funktionale Vertreter einer Ideologie war, der zur Wahrnehmung eines konkreten, jenseits seines Wirklichkeitsbereiches liegenden Gefühls nicht mehr imstande schien: Ich hatte versucht, deutlich zu machen, warum ich die programmierte Geburt ablehnte. Unter anderem hatte ich erwähnt, daß mir die medikamentöse Einleitung von Wehen so unsympathisch sei, weil die Wehen dann in kürzeren Abständen einträten und auch schmerzhafter seien, so daß die Frauen die Wehen nicht mehr richtig veratmen könnten. Der Wehentropf sei doch nun einmal ein fremdes Regulativ, während natürlich entstandene Wehen einer körpereigenen Steuerung unterlägen. Mir würde eine solche Außensteuerung – wenn sie nicht auf Grund etwa einer Übertragung des Kindes absolut indiziert sei – widerstreben. Ich würde mich zu sehr einem Apparat ausgeliefert fühlen, der die Herrschaft über meinen Körper übernommen hätte. Die Antwort des Arztes machte die große Kluft zwischen unseren Haltungen erst endgültig klar. Um mich zu beruhigen – ich bin sicher, daß das seine wohlmeinende Absicht war –, meinte er, er würde in so einem Fall eine weitere Sonde legen, so daß Heftigkeit und Intensität der künstlich induzierten Wehen von einem Schreiber aufgezeichnet werden könnten. Entsprechend dieser höchst genauen Information ließe sich die Dosierung des Wehenmittels dann absolut patientinnengerecht festlegen.

Hatte ich nicht ganz klar geäußert, daß mir die Vorstellung, an einen Apparat angeschlossen zu sein, der die Abläufe in meinem Körper regelt, größtes Unbehagen verursache? Um mich davon zu erlösen, schlug mir der Arzt nun vor, mich mit einer weiteren Sonde an einen weiteren Apparat anzuschließen. Eine groteske Antwort, die mir erschreckend klarmachte, wie abgehoben, wie meilenweit entfernt von jeder konkreten Einfühlung hier eine Patientin «entlastet» werden sollte. Das war jedenfalls der Augenblick, in dem mein Entschluß, mir die Geburt meines Kindes nicht stehlen zu lassen, zu einer felsenfesten Überzeugung wurde. Nur für den Notfall fühlte ich mich auf sein ärztliches Können, dem ich durchaus vertraute, angewiesen. Um uns über eine normale, natürliche Geburt emotional zu verständigen, waren unsere Kommunikations- und Bezugssysteme allzu verschieden.

Meine Phantasie geht, glaube ich, nicht mit mir durch, wenn ich mir vorstelle, daß für einen vom technologischen Fortschritt faszinierten Mediziner eine durch Sonden an Apparate gefesselte, nur noch als Symbolschrift auf Monitoren erscheinende Unperson schlechthin zur Vision von der schmerzlos und glücklich Gebärenden werden muß.

In diesem Zusammenhang erhebt sich für mich die Frage, warum sich die institutionalisierte Geburtshilfe so sehr von den Bedürfnissen der Frauen entfernt hat. Global läßt sich wohl sagen, daß im Zuge der Fetischisierung der Apparate-Medizin sämtliche medizinische Richtungen im Begriff sind, sich vom Menschen abzulösen. Bei der Geburtshilfe dürfte es darüber hinaus jedoch noch andere Gründe geben. Denn die Vertreibung der Frauen aus ihrer ureigensten Domäne, aus ihrem spezifischen Kompetenzbereich geht ja über Jahrhunderte und ist nicht erst eine Folge der technologischen Revolution. Die Hebammen, die «weisen Frauen», sind ja immer mehr zu subalternen Handlangern der männlichen Geburtshelfer geworden. Mit Sicherheit geht es in diesem Bereich um einen Machtkampf der Geschlechter. Je weniger autonom eine Frau ihr Kind zur Welt bringt, desto mehr ist die Geburt eine Leistung des Arztes, ein Ausdruck seiner patriarchalischen Macht oder der Macht seiner Apparate.

Ich habe selber erlebt, wie Ärzte diese eroberte Domäne verteidigen, wie unwillig sie sind, auch nur kleine Teile ihres vermeintlichen Territoriums aufzugeben. Als ich mit Wehen in die Klinik kam, war mein betreuender Arzt auf einer Tagung. Die Ärztin im Kreißsaal, die den Wochenenddienst versah, und ihren jüngeren Kollegen hatte ich noch nie gesehen. Natürlich wußten die beiden nichts von der Abmachung, daß bei mir auf jede Medikation verzichtet werden sollte. Ich lag also auf dem Gebärtisch und erlebte eine vollkommen absurde Situation: Zwischen den Wehen, wenn ich mich nicht auf meine Atmung konzentrieren mußte, verhandelte ich darüber, daß ich keine Medikamente, vor allem aber keinen Pudendusblock wollte, der in dieser Klinik, jedenfalls damals noch, routinemäßig gesetzt wurde. Die Ärztin war nicht einverstanden, sie wirkte irritiert, fühlte sich möglicherweise auch unter institutionellem Druck, ihren Dienst korrekt, vorschriftsgemäß durchzuführen. Ich erlebte eine Mischung aus Angst und Wut, setzte mich aber mit Hilfe meines Mannes und der einzigen progressiven Hebamme der Klinik, die glücklicherweise gerade ihren Dienst angetreten hatte, in diesem grotesken Palaver durch.

Die ständige Gegenwart meines Mannes und das Verhalten von Schwester Ulrike, der Hebamme, hatten einen ganz entscheidenden Anteil daran, daß die Geburt so glücklich verlief. Statt starr auf den Wehenschreiber zu blicken, hielt Ulrike ihre Hand auf meinen Bauch, kündigte die Wehen an, fast noch, bevor ich sie spürte, half mir, als ich beim Übergang von der Eröffnungs- zur Austreibungsphase falsch geatmet hatte und plötzlich in Panik geriet, meine Atmung wiederzufinden. Ich hatte das Gefühl, mich ihrer unaufdringlichen Steuerung vollkommen überlassen zu können und blieb dadurch weitgehend angstfrei und entspannt.

Angst bekam ich nur, als einer der Oberärzte der Klinik den Kreißsaal unerwartet mit seiner Gegenwart beehrte, kurz bei mir vorbeiging, sah, daß alles rasch lief, und sagte: «Aha, Mehrgebärende.» Als er jedoch aufgeklärt wurde, daß es sich um mein erstes Kind handelte, mußte er seine sichtliche Irritation ob dieser Fehleinschätzung hinter unvermittelter, hektischer Einmischung verstecken. Plötzlich ging ihm alles zu langsam. Eine Saugglocke mußte her, obwohl ihm Schwester Ulrike nachdrücklich erklärte, das sei nicht nötig, ich würde gut pressen. Nun gut, dann sollte ich wenigstens ein wehenverstärkendes Mittel bekommen, schließlich ließen die Herztöne des Kindes zu wünschen übrig. Auch hier weigerte sich Schwester Ulrike, die ich inzwischen als einen wahren Schutzengel erlebte. Aber sie war nicht die einzige Hebamme im Kreißsaal. Wie aus dem Boden geschossen stand eine andere mit aufgezogener Spritze neben dem Oberarzt und hatte mir in Bruchteilen der nächsten Sekunde das Mittel verpaßt. Unmittelbar nach der Spritze kam eine Preßwehe, und der Kopf meines Kindes war durchgetreten. Vielleicht ist es eine Illusion, ich neige jedoch gern dazu anzunehmen, daß Nina schon längst geboren war, bevor das Medikament überhaupt seine Wirkung entfalten konnte.

Eines ist mit Sicherheit keine illusionäre Verkennung der Realität: Diesem Arzt hat es, weiß Gott, nicht gepaßt, daß in seinem vermeintlichen Revier eine Geburt ohne seine Art von Hilfe, die im Grunde nichts weiter ist als Herrschaftsgebaren, stattfand. Dieser Geburtsmanager konnte oder wollte von seinen fixierten Vorstellungen nicht lassen. Eine zügige Geburt konnte es nur bei einer Mehrgebärenden geben. Seine Klischee-Erwartungen machten ihn unfähig, einen Irrtum seinerseits gelassen hinzunehmen, abzuwarten, ohne sogleich mit seinen Apparaten zu rasseln. Was sich da zwischen ihm auf der einen Seite und mir und Ulrike auf der anderen Seite abgespielt hatte, war nichts als eine kaum noch kaschierte Frage der Macht gewesen, der Versuch, zu guter Letzt und völlig überflüssigerweise dem Geburtsverlauf doch noch seinen Stempel aufzudrücken.

Mich erfüllt es noch heute mit großer Zufriedenheit, daß ich in diesem Kampf nicht allzusehr zurückstecken mußte. Das Verhalten der anderen Hebamme hat mich allerdings nachdenklich gemacht. Blindlings, ganz mechanisch war sie den Anordnungen des Oberarztes gefolgt, offensichtlich total mit seiner autoritär-patriarchalischen Einstellung identifiziert. Aber so wie es unter den Hebammen die verschiedensten Typen gibt – wobei die frauenfreundliche Spezies in angenehmster Weise von Ulrike verkörpert wurde –, gibt es natürlich auch unter den Frauen, die ein Kind erwarten, verschiedene Lager.

In einer besonders unglücklichen Lage scheinen mir diejenigen Frauen zu sein – ich fürchte, daß sie noch immer in der Mehrzahl sind –, die sich der männlich dominierten Geburtshilfe vollkommen unterwerfen und in ergebener Passivität die Apparate-Medizin über sich ergehen lassen. Diesen Frauen ist nicht nur ihre ureigenste Kompetenz entwendet worden, diese Frauen haben sich in einem weiteren, tragisch zu nennenden Schritt auch noch ein falsches Bewußtsein angeeignet, indem sie die gängige Ideologie der Geburtshelfer übernommen und sich damit immer mehr von ihrem eigenen Körper entfernt haben. Historisch dürfte dies unter anderem zu sehen sein im Zusammenhang mit der frauenfeindlichen jüdisch-christlichen Tradition, die die Fähigkeit, Kinder zu gebären, zu einer Strafe verkommen ließ und in Entwertung und Unterdrückung gewendet hat.

Das entscheidende Instrumentarium, das einem durch die Psychoanalyse zur Verfügung gestellt wird, ist der von ihr entdeckte Zugang zum Unbewußten. Es bietet sich daher an, einmal zu überlegen, was es an unbewußten Motivationen dafür gegeben haben könnte, daß Frauen gerade im Bereich des Gebärens entmündigt worden sind und sich haben entmündigen lassen. Ein Bereich, der wie kein anderer Ausdruck ihrer Macht war, ist geradezu zum Synonym für ihre Machtlosigkeit geworden. Die technisch perfektionierte Entbindung ist einer Enteignung gleichzusetzen. Wer bestimmt, sind die Ärzte mit ihren Apparaten, nicht die Frauen mit ihren

Körpern. Wenn RONALD D. LAING hinsichtlich routinemäßiger Rasuren und Dammschnitte von «weiblicher Kastration» spricht, dann kann ich ihm nur zustimmen. Nichts war mir eindrücklicher als die Ansammlung von mindestens fünfzehn Wöchnerinnen, die, allesamt mit einem Dammschnitt versehen, mit demselben steifbeinigen Gang wie verletzte Kühe durch die Flure schritten. Sollte es sich hier nicht doch eher um eine wohlgetarnte Rache handeln, derer sich die männlichen Geburtshelfer nicht enthalten können in Anbetracht der Tatsache, daß sie nun einmal selber keine Kinder zur Welt bringen können, als um einen stets notwendigen Eingriff?

Der unbewußte «Gebärneid» der Männer ist ein Konzept, das sich interessanterweise in der populären Rezeption der Psychoanalyse weit weniger durchgesetzt hat als der «Penisneid» der Frauen.

Der Gebärneid der Männer scheint mir jedoch als unbewußtes Motiv für die Unterdrückung jeder weiblichen Autonomie noch nicht ausreichend. Ich würde vermuten, daß sich hinter dem Gebärneid noch etwas Bedrohlicheres verbirgt, nämlich die Angst, von der Mutter wieder verschlungen zu werden. Eine Angst, die letzten Endes Männern wie Frauen zugänglich ist, denn wir alle sind ja einmal als kleine, hilflose Wesen aus einem dunklen Loch gekommen. Und gerade weil beide Geschlechter diese Angst kennen, war es vielleicht überhaupt erst möglich, daß eine Unterwerfung der Frauen auf diesem Gebiet geschehen konnte. Es ist vielleicht eine sehr eigentümliche, geradezu erschreckende Fähigkeit, mit dem eigenen Körper Leben geben, aber auch Leben nehmen zu können. Könnte diese irritierende Art von Macht nicht dazu geführt haben, daß die Frauen aus Angst vor sich selbst bei ihrer Unterdrückung mit Vorschub geleistet haben? Vielleicht läßt sich die Phantasie von der omnipotenten archaischen Mutter am leichtesten in Schach halten, wenn man ihr Antlitz – oder ihren Schoß – durch Vermännlichung unkenntlich zu machen versucht. Es ist schon reichlich verwirrend, wenn man die geschichtlich gewachsene Situation der Frau auf den Nenner bringt: Das Zentrum ihrer natürlichen Macht ist zur Quelle ihrer gesellschaftlichen Ohnmacht geworden.

Es ist ganz entscheidend der Frauenbewegung zu verdanken, die auf die Charakteristika der Lebensbedingungen von Frauen so weit aufmerksam gemacht hat, daß ein Bewußtsein für die Frauenfeindlichkeit im Bereich der Gynäkologie und Geburtshilfe entstehen konnte. Dadurch kann die Rückeroberung dieses Bereiches überhaupt erst beginnen, können sich Praktiken wie die von LEBOYER und ODENT überhaupt erst Gehör verschaffen, entsteht selbst in der Bundesrepublik vermehrt die Möglichkeit, ein Kind auf menschlichere Weise, sanfter und natürlicher, bei aufgeschlossenen Ärzten auf die Welt zu bringen.

Rückerobern heißt aber auch vor allem, einen inneren Prozeß zu durchlaufen, den weiblichen Körper, die eigene Gebärfähigkeit wieder positiver zu besetzen. Das kann nicht in der Isolation geschehen, sondern nur in der Kommunikation mit anderen Betroffenen. Ein wichtiger Weg heraus aus der Isolation ist in meinen Augen die Möglichkeit des Austausches in Selbsthilfegruppen, zu denen sich – nun auch vermehrt in der Bundesrepublik – Frauen, werdende Eltern, stillende Mütter zusammenschließen. Besonders hilfreich dürfte dabei nicht nur das rein an der praktischen Bewältigung der anstehenden Probleme orientierte Gespräch sein, sondern vor allem der intensive Austausch über Gefühle und Phantasien, auch wenn sie ungewöhnlich oder sogar negativ erscheinen. Denn gerade das gefühlsmäßige Heimischsein für Frauen wie Männer im Bereich von Schwangerschaft, Geburt und Stillzeit muß ja erst jenseits der verschiedenen Ideologien neu definiert werden.

Was gefunden werden muß, ist das Rüstzeug dafür, einen emotionalen Raum, ein psychisches und soziales Milieu zu schaffen, in dem verhindert wird, daß die Geburt eines Kindes zu einem abgekapselten Phänomen innerhalb der größten Randgruppe wird.

Es ist sicher ein schmaler Grat, auf dem sich Frauen in unserer Gesellschaft bewegen: Mit einem Kind sind sie in vielen Aspekten ihrer Entwicklung gehandikapt, ohne Kind von einem wesentlichen Teil ihrer eigenen Möglichkeiten abgetrennt. Noch können wir diesen Widerspruch nicht ausräumen. Ihn zu leben und auszuhalten scheint mir jedoch die Vorbedingung für seine Aufhebung.

Sexualstörungen –
Ausdruck einer Beziehungskrise

Je mehr ich mich mit dem Thema der vorliegenden Arbeit befaßte, um so stärker wurde bei mir der Eindruck, mich auf ein Vorhaben eingelassen zu haben, das am ehesten noch einem projektiven Test vergleichbar wäre. Gerade bei den Themen Sexualität und Partnerschaft wird unendlich viel an eigenen Erlebnissen, Neigungen wie Ängsten mobilisiert, wird eine Fülle von Gefühlen und Assoziationen in Bewegung gesetzt. Was ich aus der großen Menge von Möglichkeiten und Ansätzen, etwas zu diesem Thema zu sagen, ausgewählt habe, wird somit viel mit meinem Erfahrungshintergrund zu tun haben und wird daher manch andere spezifischen Erwartungen und Einstellungen nicht treffen, möglicherweise sogar enttäuschen.

Ich möchte mir Gedanken machen über Sexualität beziehungsweise ihre Störungen und über Partnerschaft innerhalb eines bestimmten soziokulturellen Raumes, nämlich des Raumes, in dem sich Therapeuten und ihre Patienten bewegen. Es handelt sich also im wesentlichen um Leute, deren Charakteristik darin besteht, daß sie ihr Leben in der westlichen Industriezivilisation leben und daß sie zur Mittelschicht gehören. Vielleicht erscheint es merkwürdig, wenn ich im Zusammenhang mit Sexualität und Beziehungskrisen plötzlich in die soziologische Terminologie verfalle. Aber mir ist es wichtig, daran zu erinnern, daß unsere Ansichten über Partnerschaft etwas sehr Relatives sind, etwas, das historisch gewachsen ist, und nichts, das in der sogenannten «Natur» der Sexualität und der sogenannten «normalen» Paarbeziehung liegt.

Dazu möchte ich zunächst zwei Beispiele geben. Mein Mann und ich besuchten über mehrere Jahre eine griechische Kneipe in Frankfurt und hatten dadurch einen freundschaftlichen Kontakt zum Wirt gewonnen, der uns viel über seine Familie erzählte, unter anderem auch über seinen siebzigjährigen Vater, den er bewunderte und von dessen Potenz er uns vorschwärmte: Der Vater sei noch wie ein junger Mann. Mehrmals die Woche gehe er zu Frauen und, obwohl er doch so alt sei, komme es ihm schon immer nach einer Minute. Für den Wirt war dies ein Zeichen der noch voll intakten männlichen Potenz seines Vaters, die sich für ihn in dem vergleichsweise raschen Erguß dokumentierte. Da gab es keine Frage nach der Befriedigung der Frau, die offensichtlich für diese Variante sexueller Ideologie keine Rolle spielt.

Das andere Beispiel stammt aus der Südsee: Ein amerikanischer Ethnologe erzählte seinem eingeborenen Gewährsmann, dem Mitglied eines Stammes, der für seine hohe sexuelle Kultur und für jegliches Fehlen sexueller Störungen bekannt war, von den verbreiteten Orgasmusschwierigkeiten amerikanischer Frauen. Der Eingeborene reagierte mit großer Betroffenheit und meinte höchst bekümmert und besorgt, daß diese Frauen wohl schreckliche Kopfschmerzen haben müßten. Es handelt sich hier um ein Volk, das beiden Geschlechtern schon früh eine ausführliche Sexualerziehung angedeihen läßt, etwa adoleszente Knaben von älteren, erfahrenen Frauen über den weiblichen Körper belehren läßt und für das die gegenseitige Befriedigung im Orgasmus das Ziel beider Geschlechter ist (SEAMANN 1972).

Diese beiden Beispiele sollten ein wenig klarmachen, wie unterschiedlich die Einstellung zur Sexualität sein kann. Aber es geht uns hier ja nicht nur um Sexualität. Es geht ja auch um Beziehung. Und was mit Beziehung jeweils gemeint ist, ist in ganz eklatanter Weise ebenfalls unterschiedlich. Der Bauer der traditionellen, vorbürgerlichen Gesellschaft, für den es eine größere Katastrophe war, wenn ihm die Kuh starb, als wenn es die Frau war – denn dies war ökonomisch und existentiell viel bedrohlicher –, hatte dennoch eine Beziehung zu seiner Frau, auf deren Hilfe er innerhalb der traditionellen Ordnung angewiesen war. Nur dürfte die Qualität dieser Beziehung von unseren Vorstellungen sehr weit entfernt sein (SHORTER 1977). Und doch sind auch unsere Vorstellungen über Partnerschaft historisch gewachsene. Das, was wir als «Liebe» bezeichnen, ist, so betrachtet, eine relativ moderne

Erfindung. Was die Griechen der Antike noch von drei verschiedenen Klassen von Frauen, nämlich den Sklavinnen, den Hetären und Ehefrauen erwarteten, forderten die Romantiker von einer einzigen Frau: Sie sollte ihnen sexuelle Befriedigung gewähren, Gefährtin sein und Mutter ihrer Kinder (TAYLOR 1970). Die sogenannte «Liebesehe» ist also etwas vergleichsweise sehr Neues, was mit dem Zusammenbruch der traditionellen Gesellschaft, der Entwicklung des Bürgertums und der zunehmenden Industrialisierung einhergeht. Oder, radikaler ausgedrückt, wie SIGUSCH (1979) es tut: «So verrückt es klingen mag: Kapitalismus und Liebe gehören zusammen. Jedenfalls ist die individuelle Geschlechtsliebe erst mit der Geburt des bürgerlichen Individuums historisch als Möglichkeit aufgekommen ... Bei Jägern und Sammlern, bei Bodenbauern und Viehzüchtern, in der patriarchalischen und in der Sklavenhaltergesellschaft und im Feudalismus hat es sie (die individuelle Geschlechtsliebe) nicht gegeben – als freie Übereinstimmung autonomer Individuen, die Gegenliebe beim geliebten Menschen voraussetzt und die den sexuellen Umgang nur danach bemißt, als ein Menschenrecht beider, des Mannes und der Frau ... Liebesbeziehungen ... auf die sich die Menschen in Altertum und Mittelalter hätten keinen Reim machen können.»

Der Historiker SHORTER (1977) spricht im Zusammenhang mit dieser vor allem das Bürgertum ergreifenden Tendenz zur Liebesehe sogar von der «ersten sexuellen Revolution». Diese Revolution umfaßte in ihrem Kern zunächst eine wesentliche Aufwertung der Frau, verkam jedoch, nachträglich betrachtet, erneut zu einer Institution der Unfreiheit und hat am durchgängigen Merkmal der Rolle der Frau – ihrer gesellschaftlichen Unterdrückung – nur wenig ändern können. Und dennoch: Das romantische Ideal der Liebesehe ist überhaupt der erste Schritt hin auf die Denkmöglichkeit einer gleichwertigen Partnerschaft von Mann und Frau. Daran ändert auch die Tatsache nichts, daß es sich in den seltensten Fällen so verhalten hat und daß die Ansprüche an eine Liebesehe in Kombination mit der außerordentlich prüden viktorianischen Sexualmoral im Grunde beide Partner in der unausweichlichen Enge der immer kleiner werdenden Familie überforderte und lähmte.

Aber wie steht es mit der Sexualität und Paarbeziehungen heutzutage, in einer Zeit also, in der die viktorianische Sexualmoral einen Teil ihrer Einflußkraft verloren zu haben scheint? SHORTER (1977) meint sogar, von einer «zweiten sexuellen Revolution» sprechen zu können. Er verbindet sie mit den fünfziger und sechziger Jahren unseres Jahrhunderts, als überkommene Sexualnormen ihre Gültigkeit verloren und eine größere Liberalität in der Bewertung der Sexualität eintrat. Sexuelle Impulse sollten nicht mehr vorwiegend unterdrückt, sondern gelebt werden. Vorstellungen von offener Partnerschaft, die auf das absolute Treuediktat verzichtete, sollten verwirklicht werden. In Beziehungen wurde plötzlich sehr viel mehr experimentiert, wenn auch häufig in einer die Akteure überfordernden Weise. Gegenseitige Besitzansprüche wurden als unrealistisch betrachtet beziehungsweise als eine Besonderheit bürgerlich-kapitalistischer Beziehungsmuster entlarvt. Sicher ist eine gewisse Lockerung und Veränderung der Sexualmoral ein wesentliches Moment in der Verbesserung von Paarbeziehungen. Ich denke jedoch, daß auch diese zweite sogenannte sexuelle Revolution das Versprechen auf Veränderung nicht recht einlösen konnte. Im Gegenteil, sie drohte zu einem rein quantitativ orientierten Standard von Oberflächensexualität zu werden. Die Palette reicht, um es mit einem Schlaglicht auf bundesrepublikanische Verhältnisse zu charakterisieren, von den von OSWALT KOLLE breitflächig in den Medien angelegten sexuellen Aufklärungskampagnen der deutschen Bürgerbetten bis hin zu dem APO-Spruch: «Wer zweimal mit derselben pennt, gehört schon zum Establishment.» Die Fetischisierung einer derartigen Einstellung zur Sexualität ist noch am ehesten mit dem Konzept der repressiven Entsublimierung MARCUSES zu begreifen. Mit anderen Worten: Die politisch durchaus brisante, der Emanzipation der Individuen ursprünglich einmal dienende Befreiung der Sexualität verkam in kürzester Zeit zu einer neuen Behinderung individueller Freiheit: In den Medien vermarktet, als angeblich allen zugängliche Ware angepriesen, wurde sie zu einer weiteren Variante von Leistungsdruck, der nun sogar Eingang in den Intimbereich fand.

Ist also die Idee von der erfüllenden Beziehung zwischen Mann und Frau eine inzwischen historisch bewiesene schiere Unmöglichkeit, mit der wir uns allmählich abfinden sollten? Und ist es nichts weiter als unverbesserlicher psychoanalytischer Romantizismus, über die Sinngebung von Partnerschaft nachzudenken? Ich gehöre zu jenen, die weiterhin auf die Zweierbeziehung setzen oder, pathetischer ausgedrückt, zu jenen, die auf das Paar hoffen. Ich gehöre noch immer zu jenen, die glauben, daß die Paarbildung große emanzipatori-

sche Kraft haben kann. Sigusch (1979) formuliert dies sowohl für hetero- wie homosexuelle Paare utopistischer, sehr
viel mehr in eine ferne Zukunft projiziert, als ich es tue, dennoch möchte ich seine im positiven Sinne provozierende Ansicht nicht vorenthalten: «Die individuelle Geschlechtsliebe
ist eine Idee, die bisher nicht verwirklicht werden konnte,
weil die eigentliche Menschheitsgeschichte noch nicht begon-
nen hat. Sie ist eine junge, instabile Fähigkeit des Menschen,
derer er in menschlichen Verhältnissen nicht wird entraten
können ... In ihr überwintert Humanität.»

Ich glaube nicht, daß eine Befreiung der Sexualität als Heil-
mittel allein ausreichen würde, das Elend in Paarbeziehungen
zu erleichtern. Und doch scheint mir die Ergründung der Sexualität eine wesentliche Voraussetzung. Obwohl die Beziehung eines Paares noch andere Dimensionen umfaßt, zeigt
sich ihre Eigentümlichkeit vielleicht doch am radikalsten in
der Sexualität. Eine Analyse bringt mit Sicherheit vielfältig
miteinander verwobene individuell-psychische, sozio-öko-
nomische und sozio-kulturelle Bedingungen zutage, was ja
auch dem bewährten Grundsatz der Psychoanalyse von der
vielfachen Determiniertheit der Phänomene entspricht. Bei
den nachfolgenden Überlegungen sollte man im Sinne haben,
daß ich als Psychoanalytikerin nicht anders können werde,
als den individualpsychologischen Aspekt zu betonen. Aber
dennoch halte ich es für wichtig, das notwendige Bewußtsein
für gesellschaftliche beziehungsweise historische Aspekte
nicht zu verlieren.

Nach diesen allgemeiner gehaltenen Ausführungen möchte
ich nun doch wieder zu der Feststellung – oder ist es mehr eine
Frage? – «Sexualstörungen als Ausdruck einer Beziehungskrise» zurückkehren. Prima vista würde ich sagen, selbstverständlich ist das so: Ist eine Paarbeziehung gestört, muß
auch die sexuelle Kommunikation problematisch sein. Denn
schließlich drückt sich in ihr die Spezifität der Beziehung besonders konkret, besonders fühlbar für die Beteiligten aus.
Aber läßt sich wirklich immer die einfache Korrelation aufstellen: gestörte Sexualität – gestörte Beziehung, ungestörte

Sexualität – ungestörte Beziehung? Mir kamen mehr und mehr Zweifel. Zwei Beispiele mögen demonstrieren, daß sich nicht immer eine derart einfache Verbindung herstellen läßt.

Beispiel 1: Eine junge Frau hatte im ersten Jahr ihrer Beziehung zu einem Mann, in dem sie ihre große Liebe sah, keinen Orgasmus. Sie hatte keine generellen Orgasmusschwierigkeiten, wie sie aus früheren Beziehungen wußte. Gerade darum war sie besonders unglücklich darüber, daß es nun bei diesem Mann, in dem sie den Mann ihres Lebens gefunden zu haben glaubte, nicht so recht klappen wollte. Es waren die besten Voraussetzungen vorhanden, das Vorspiel war für beide extrem lustvoll, und doch blieb stets der Orgasmus aus. Beide hatten vor zusammenzubleiben, machten Pläne für eine gemeinsame Zukunft. Sie suchten eine Beratung, weil beiden die Sexualität etwas ungemein Wichtiges war und sie ihre Schwierigkeit auf diesem Gebiet besser verstehen wollten. Im Laufe einiger Gespräche stellte sich heraus, daß der ausbleibende Orgasmus als Schutzmaßnahme zu verstehen war. Vor allem die junge Frau, aber, wie sich später zeigte, auch der Mann waren von ihrer Begegnung so überwältigt, ja erschrocken über die Heftigkeit der Gefühle füreinander, daß ein Orgasmus, womöglich noch ein gemeinsamer, zu große Ängste vor einem Selbstverlust ausgelöst hätte. Versteht man den Orgasmus als eine – wenn auch passagere – Fusion mit dem anderen, dann wird klar, daß die Angst vor einem irreversiblen symbiotischen Ich-Verlust bei diesem Paar zu groß war, als daß es zu einem orgastischen Höhepunkt bei der Frau hätte kommen können. Sie hatte die Aufgabe übernommen, diese Ängste für das Paar abzuwehren. Interessanterweise fiel die Wiedererlangung ihrer vollen Orgasmusfähigkeit mit dem Abschluß ihres Studiums zusammen. Dieser Schritt in eine größere Autonomie stabilisierte ihr Selbst so weit, daß ein Selbstverlust nicht mehr so bedrohlich war und im Orgasmus zugelassen werden konnte. Der Mann schien ebenfalls durch die größere Autonomie der Frau entlastet zu sein. Er konnte nun etwas besser seine passiven Bedürfnisse in die Beziehung einbringen, was insgesamt zu einer größeren Entspannung im Paarsystem führte.

Beispiel 2: Eine Frau lebt in zweiter Ehe ausgesprochen glücklich mit ihrem Mann. Wenn sie die sexuellen Beziehungen zu ihren beiden Ehemännern vergleicht, dann berichtet sie von einer eigenartigen Beobachtung: Die sexuellen Begegnungen mit dem geschiedenen Mann seien «toll, irgendwie glanzvoller» gewesen. Die verschiedensten Positionen hätten sie miteinander versucht, alles sei stets nach raffiniertestem erotischen Know-how abgelaufen, ein perfektes erotisches «Kürlaufen» ohne allzuviel tiefere emotionale Bewegung. Sie sei in ihrer ersten Ehe nie wirklich von einem Orgasmus voll ergriffen gewesen. Sie seien ein «Eiskunstlauf-Paar» gewesen, «unter dem die Eisfläche nie geschmolzen» wäre. Bei ihrem jetzigen Mann dagegen sei das ganz anders. Die sexuellen Begegnungen seien viel unsicherer, oft auch verschämter, da gäbe es keine «Gala-Vorstellungen», aber ihre gemeinsame Befriedigung sei weit größer.

Mit diesen Beispielen wollte ich zeigen, daß es wichtig ist, einen differenzierten Zugang zur Sexualität eines Paares zu finden. Was drückt sich in der so oder so ablaufenden sexuellen Kommunikation wirklich aus? Im ersten Beispiel ist die Beziehung intakt, und die sexuelle Störung tritt auf, gerade weil die Beziehung so besonders positiv erlebt wird. Das zweite Beispiel leitet bereits über zu einem bestimmten Verständnis von Sexualität, das mir besonders am Herzen liegt und über das ich noch ausführlicher sprechen werde: nämlich über die Differenzierung von äußerem, quasi auf der Oberfläche ablaufendem sexuellem Erleben und einem mehr in die Tiefe, sozusagen unter die Haut und noch tiefer in den Körper und damit in die Emotionen hineingehendem Erleben. Was die eben kurz zu Wort gekommene Frau für mein Gefühl mit dem Bild des kürlaufenden Eistanzpaares besonders plastisch schildert, ist eine auch in ihren physiologischen Funktionen perfekt ablaufende Oberflächensexualität. Eine perfekte «performance», die eine innere Beteiligung geradezu ausschließt und in meinen Augen – trotz der intakten physiologischen Funktionen – eine Abwehr sexuellen Erlebens darstellt. Und darüber hinaus gerade in ihrem perfekten Ablauf eine Beziehungsstörung dokumentiert. Das, was ich vorläufig und hilfsweise als Oberflächensexualität bezeichne, entspricht wohl ziemlich genau dem Bild der in unseren Medien propagierten Sexkultur und ist in ihrem Narzißmus ein Spiegelbild der immer weiter platzgreifenden Beziehungslosigkeit unter den herrschenden Lebensbedingungen (MOELLER 1981).

Es wird immer schwerer, sich wert zu fühlen, zu erfahren, daß man Sinnvolles leistet. Ohnmacht, Abhängigkeit, innere Leere und die eigene Bedeutungslosigkeit werden zunehmend mehr erlebbar in einer immer weniger durchschaubaren und dadurch immer bedrohlicheren Welt. Dies sind Bedingungen, die einen gestörten Narzißmus fördern und die Selbstbeziehung stark irritieren. Es ist wohl unmittelbar einleuchtend, daß Sexualität und Selbstbeziehung sowie Partnerschaft und Selbstbeziehung eng miteinander verbunden sind. Ohne hier in eine theoretische Diskussion der verschiedenen Selbstkonzepte einsteigen zu wollen, möchte ich daran erinnern, daß das eigene Körpererleben und die daraus entstehenden Körperrepräsentanzen wesentlich zum Aufbau der je individuellen Selbstrepräsentanz führen, also ein Baustoff für das innere Bild sind, das wir von der eigenen Person haben. Und dabei wiederum ist die psychische Repräsentanz des eigenen Genitales besonders wichtig, so daß man pointiert sagen kann: Das innere Bild, das wir von unserem Geschlecht haben, ist der Kern unserer Person.

Doch zunächst will ich ein weiteres Beispiel bringen, um das eben abstrakt Gesagte zu illustrieren:

Ein Mann, der sich bereits längere Zeit in Behandlung befindet, beginnt zunehmend über seine Reserviertheit beim Geschlechtsverkehr zu klagen. Er habe das Gefühl, beim Samenerguß stets sämtliche Bremsen ziehen zu müssen, alle Muskeln anzuspannen, um zu verhindern, daß bei der Ejakulation mitsamt dem Sperma auch er selbst herausgeschleudert werde. Manchmal käme er auch zu einer Art fadem Orgasmus, ohne zu ejakulieren, oder, umgekehrt, zu einer Ejakulation ohne jede Gefühlsbeteiligung. Er fürchtet, sich selbst zu verlieren, nicht mehr Herr seiner selbst zu sein. Er lebt mit einer Frau zusammen, die sexuell nur manuell und schwer erregbar ist, wodurch jede unmittelbare Heftigkeit ausgeschlossen ist. So schützen sich beide jeweils gegenseitig davor, von ihren Gefühlen davongerissen zu werden. Wird die Beziehung jedoch einmal dichter, tritt bei ihm sofort wieder Angst auf, die er, wie sich zeigt, mit besonders gefühlsleeren Orgasmen in Schach hält oder mit flüchtigen Kontakten zu anderen Frauen, was zu großen Schwierigkeiten in seiner festen Beziehung führt. Eines Tages berichtet er bekümmert darüber, daß seine Partnerin sich geweigert hätte, seinen Hoden zu streicheln und zu küssen und ihn perianal zu streicheln. Er hätte es endlich gewagt, ihr diese Wünsche zu gestehen, nachdem er von einem Kollegen in einem Gespräch «unter Männern» gehört hatte, daß dieser sich gelegentlich von seiner Freundin über das Rektum die Prostata ausstreichen ließ. Das habe ihm Mut gemacht, seinen lang gehegten Wunsch der Partnerin gegenüber zu äußern. Diese habe darauf sehr negativ reagiert, habe ihn weibisch gefunden, es hätte nicht viel gefehlt und sie hätte ihn als «schwul» beschimpft. Ich glaube nicht, daß es sich hier um primär passiv-homosexuelle Wünsche und damit um eine passiv-weibliche Einstellung bei dem Patienten gehandelt hat. Sicher spielt dies auch eine Rolle. Wesentlicher erscheint mir jedoch, daß er sich an sein eigenes Inneres heranzuwagen begann. Hier machte dann seine Partnerin nicht mehr mit. Sie hatten sich ja einmal gefunden und gewählt, um gemeinsam bestimmte sexuelle Ängste abzuwehren. Und nun begann einer, nämlich der Mann, wahrscheinlich unter dem Einfluß der Behandlung, aus diesem System auszusteigen.

Was sind denn nun diese gemeinsam von dem Paar abgewehrten Ängste, die sich ganz offensichtlich sowohl in einer Störung der Sexualität als auch der Beziehung dokumentieren? Die amerikanische Psychoanalytikerin Judith KESTENBERG (1968) hat sich verschiedentlich mit der Entwicklung der männlichen und weiblichen Sexualität beschäftigt und dabei auf die sogenannte «inner genitality» hingewiesen. Sie erinnert daran, daß bei beiden Geschlechtern die Genitalorgane aus äußeren und inneren Anteilen bestehen. Bei der Frau mag dies zunächst sinnfälliger sein. Neben den äußeren, zugänglicheren Anteilen wie Vulva und Klitoris, bei erwachsenen Frauen auch die Brüste, bilden die Vagina, Zervix, Uterus, Tuben und Ovarien als innere Anteile das Gesamt des weiblichen Genitales. Eine zunehmende Entdeckung des inneren Genitales sowie seine Besetzung, also die Errichtung seiner psychischen Repräsentanz, gehört zur Entwicklung der Frau und gelingt, wie wir wissen, durchaus nicht immer. Ich möchte hier nicht mißverstanden werden, etwa in dem Sinne, daß ich hiermit – wie es die klassische Psychoanalyse getan hat – einen Besetzungswechsel von der Klitoris auf die Vagina als Reifebeweis meine. Dies ist unter anderem auch eine Frage der Erfahrung. Sicher ist die innere Repräsentanz, etwa der Gebärmutter bei einer Frau, die ein Kind geboren hat, eine andere, als bei einer Frau, die nie schwanger war oder die schwanger war, aber kein Kind ausgetragen hat. Gemeint ist zunächst einmal grundsätzlich die Ausbildung von psychischen Repräsentanzen, psychischen bewußten und unbewußten Bildern vom eigenen Genitale, und zwar seiner äußeren wie inneren Anteile.

Dies trifft, wenn auch in einer geringeren Tiefendimension, ebenfalls auf den Mann zu. Auch der Mann hat innere Genitalanteile, derer er sich nicht so ohne weiteres versichern kann, wie er dies mit seinem Penis tun kann. Neben Penis und Eichel, Scrotum und den – wie KESTENBERG meint – semiinternen Testikeln, bilden die Prostata, Samenleiter und Harnröhre das Gesamt des männlichen Geschlechtsorgans. Liegt eine übermäßige Betonung des phallischen, also äußeren Anteils vor, dient dies eher der Abwehr der inneren Genitalität. Die mysteriöse Natur vager Prostatasensationen und Sekretionen, verbunden mit einem Druck auf das Rektum, die Erinnerung an Pollutionen und die Unausweichlichkeit von Ejakulationen scheinen in vielen Fällen die innere Genitalität zu etwas sehr Ängstigendem zu machen. Wird die Phallizität besonders hoch besetzt, dient dies der Abwehr eines integrierten Erlebnisses von Männlichkeit (KESTENBERG 1968).

Bei dem eben erwähnten Patienten lag eine sehr starke Abwehr seiner inneren Genitalität vor, die allerdings im Begriffe war, sich aufzulösen. Es ist interessant zu wissen, daß seine Mutter seinen phallischnarzißtischen Anteil sehr stark gefördert hatte. Er sollte auf ihren Wunsch hin Pfarrer werden, also ein Mann, der zwar im phallischen Ornat daherwandeln, aber nur ja keine volle männliche Geschlechtsidentität entwickeln durfte. Der Patient hatte verschiedentlich die Phantasie, ein wandelnder Phallus zu sein. Zu Beginn der Behandlung war er nicht in der Lage, von seiner krampfhaften Phallizität zu lassen. Wie auch seine sexuelle Problematik zeigte, konnte er den passageren Kontrollverlust im Orgasmus nicht aushalten und konnte das passive Ausgeliefertsein an das orgastische Geschehen nicht als ich-syntone männliche Funktion erleben. Das Ausstoßen des Samens, die unwillkürlichen expulsorischen Kontraktionen, führten bei ihm zu dem beängstigenden Gefühl, von Kräften aus dem eigenen Inneren attackiert und überwältigt zu werden. Dies ähnelt sehr den Beispielen von KESTENBERG, die berichtet, wie sich Patienten angstvolle Gedanken über ihr Inneres machen: ob ihre Hoden etwa dazu da seien, als Gewichte den Penis an seinem Platz zu halten, ob es eine Schnürvorrichtung im Inneren des Körpers gebe, die vielleicht an der Wirbelsäule befestigt sei, um den Penis in die richtige Lage zu dirigieren etc. Auch der hier etwas ausführlicher vorgestellte Patient begann zu verstehen, daß ihn sein inneres Genitale ängstigte, daß er alles, was mit unsichtbaren Körperprozessen zusammenhing, fürchtete und daß er aus diesem Grunde Frauen voller Mißtrauen und Angst und mit einer gewissen Entwertungshaltung begegnete. Mit seiner Partnerin war ihm eine sehr treffsichere Wahl geglückt, was die Abwehrseite anbelangt. Denn auch sie wehrte alles im Zusammenhang mit der «inner genitality» Stehende ab, und zwar sowohl bei sich als auch bei ihm. Seine phallisch-narzißtische Fixierung verstärkte ihre ausschließlich nach außen gerichtete Orientierung. Ihr inneres Genitale, ihre Vagina, war geradezu anästhesiert. Als sich die phallisch-narzißtische Fixierung des Patienten aufzulösen begann und er sich seiner inneren Genitalität näherte, reagierte sie sehr abfällig, also mit großer Angst. Denn hier deutete sich ein Umschwung an, eine Veränderung ihres gemeinsamen Paarsystems. Was allmählich mit dem Mann geschah, läßt sich verallgemeinern: Wenn ein Mann seine eigenen inneren Genitalien akzeptiert, dann erlebt er sie projektiv auch bei der Frau als positiv. Er kann ein furchtloses Interesse an ihren inneren Genitalien entwickeln und muß nicht aus Gründen der Abwehr die Klitoris als Penishomolog libidinös besetzen. Er kann die Scheide und die noch tiefer liegenden Genitalanteile als wertvolle Organe erleben, und sein Wunsch nach Penetration wird nicht mit übermäßig destruktiven Impulsen durchsetzt sein (KESTENBERG 1968).

Nach KESTENBERG beginnt sich das psychische Bewußtsein der «inner genitality» bereits in der Kindheit zu formen durch genitale Erregungen, die sich vom Körperinneren aus fortpflanzen. Wenn diese Erregungen zuviel Irritation bedeuten, kann es zu einem besonders starken Bedürfnis nach Externalisierung kommen. Dies wird immer dort auftreten, wo all jene Wahrnehmungen, die mit einer Verstärkung der Tiefensensibilität einhergehen müßten, gehemmt sind. Diese Hemmung verhindert eine Integration, und es kann zu so beunruhigenden Erlebnissen und Phantasien kommen wie dem Gefühl zu platzen, zu explodieren, auszulaufen, leer und tot zu sein. Um sich gegen diese vermeintlichen Angriffe von innen zu schützen, fokussiert das Kind (Junge wie Mädchen) alle Erregung auf die äußeren Genitalien und kann somit die Existenz der inneren Genitalorgane verleugnen. Das Innere wird als gefährlich, dunkel, blutig und voller fremdartiger Angreifer, die nicht herausdürfen, abgelehnt.

Beispiel: Eine Frau kommt zunächst nur durch manuelle Stimulierung an der Klitoris zum Orgasmus. Erst mit der Zeit läßt sie ihren Partner auch in sie eindringen, gelangt aber auf diese Weise nicht zum Höhepunkt. Sie versteht diese Einstellung als Rivalität (im Sinne des Penisneides) zu ihrem Partner: Hände hätte sie ganz genau so wie er, einen Penis dagegen nicht. Daher gönne sie ihm nicht, sie mit seinem Phallus zum Orgasmus zu bringen. Erst nachträglich, nachdem sie es gewagt hat, sich auszutasten und dabei ihren Muttermund erschrocken als «Zerberus» erlebt, versteht sie, daß sie ihr Inneres als etwas sehr Zerstörerisches empfindet. Sie will sich und ihren Mann vor diesem destruktiven Bewohner ihres Inneren schützen. Im Laufe der Behandlung gelingt es ihr mehr und mehr, die vielfältigen inneren Bilder ihres Genitales zu einer Gesamtrepräsentanz zu verschmelzen. Sie befürchtet immer weniger, ihren Mann mit ihrem Körperinneren zu verletzen, und je weniger sie das tut, desto tiefer kann sie ihn – auch emotional – in sich eindringen lassen, ohne sich zerstört zu fühlen. Diese Entwicklung der Frau hatte einen zeitweiligen Rückzug des Mannes zur Folge. Er schlief immer seltener mit ihr, onanierte nachts im gemeinsamen Bett immer so, daß sie es bemerken mußte und rückte deutlich von ihr ab. Alles wies darauf hin, daß beide einmal die Phantasie vom destruktiven Zerberus geteilt hatten, der Mann also zunächst gar nicht interessiert war, bis zur «Pforte der Hölle» vorzudringen. Eine parallel in Gang gekommene Psychotherapie des Mannes beruhigte seine Ängste vor dem als gefährlich erlebten mütterlichen Aspekt seiner Frau doch so weit, daß beide nach einer gewissen Zeit eine vergleichsweise ungestörte sexuelle Beziehung haben konnten und mit dem Wunsch nach einem gemeinsamen Kind die gegenseitige Verankerung ineinander und Verbindlichkeit zueinander symbolisieren konnten.

Die beiden letzten Beispiele sollten zeigen, wie wichtig es für Männer und Frauen ist, auch die innere Genitalität positiv zu besetzen und zu integrieren. Wenn ich nun immer wieder die «inner genitality» von Mann und Frau betont habe, so heißt dies nicht, daß es nicht doch einen fundamentalen Unterschied zwischen den Geschlechtern gäbe. Gewiß ist die weibliche sexuelle Reaktion stärker nach innen orientiert, stärker durchsetzt von viszeralen, innergenitalen Sensationen. Da die physiologischen Reaktionen stets ähnlich sind, ist es vor allem eine Frage der Psyche, wie und wo, also wie sehr über den Körper ausgedehnt, wie tief im Körperinneren empfunden Sexualität erlebt werden kann.

Es mag vielleicht merkwürdig erscheinen, wenn ich soviel über das innerpsychische Erleben der Genitalien gesprochen habe, also ganz eng am Individuum und seinem Körper geblieben bin und gleichzeitig eingangs von kulturellen und historischen Einflüssen gesprochen habe. Das mag als Bruch erscheinen. Ich glaube jedoch, daß es sich gerade hier durchaus um eine Nahtstelle handelt, bei der individuelle und gesellschaftliche Prozesse ineinandergreifen. Wie die genauere Vermittlung stattfindet, kann ich nicht sagen. Ich möchte aber dennoch kurz einige Überlegungen – quasi assoziativ – vorstellen, die meiner Ansicht nach ein Licht auf das Problem werfen: Unsere Zeit ist dadurch charakterisiert, daß sie das Äußere stark betont. Daß die Verpackung das Produkt sei, variiert in anschaulicher Weise den Satz vom Medium, das die Botschaft ist. Um jedoch ein wenig mehr beim Metier zu bleiben: Der typische Herzinfarktpatient, die Managerpersönlichkeit, hat so gut wie keinen Zugang zu den Vorgängen in seinem Körperinneren. Er gibt bis zur Katastrophe keine Körperbeschwerden an. Gleichzeitig steht diese Persönlichkeit, eine wichtige, geradezu idealtypische Figur unserer Kultur, unter stärkstem Zwang, äußerlich zu bemessende Leistungen zu erbringen (RICHTER 1974). Das Unbehagen an derartigen Lebensbedingungen, die eine Integration von Außen und Innen verhindert, meldet sich allenthalben. Die Alternativbewegung ist sicher der kreativste Versuch, diesen Widerspruch anzugehen, während Sekten- und vor allem Drogenboom die pathologischen Varianten darstellen. Ebenfalls spezifisch für die Leistungsgesellschaft ist die ausschließliche Herrschaft des Sekundärprozesses und die Ablehnung allen primärprozeßhaften Geschehens, was zu pathologischen Formen von Pseudoprogression und desintegrierender Regression führt (MOELLER-GAMBAROFF 1980). Der sogenannte Primärprozeß hat eine größere Nähe zu visceralen Sensationen und zu coenästhetischer Wahrnehmung, die ja für das archaische Erleben typisch ist. Wie bereits erwähnt, hat unser Bild von uns selbst seine tiefsten Wurzeln im frühesten Körpererleben. Wird also das Training im Wahrnehmen des Körperinneren aus kulturellen Gründen schon früh behindert, wie auch von FRANK (1977, nicht veröffentlicht) in seinen Ausführungen über die kulturelle Überbetonung des Gesichtssinnes vor der Tiefenwahrnehmung beschrieben, so wird meines Erachtens verständlich, warum es erwachsenen Menschen, Männern wie Frauen, häufig so schwerfällt, einen Zugang zu ihrem Inneren zu finden und damit eine Repräsentanz der «inner genitality» zu entwickeln.

Für mich ergibt sich aus dem Gesagten, daß eine phallische Kultur keineswegs eine männliche Kultur ist, sondern eine ihrer vollen Männlichkeit beraubte; ebenso wie die ausschließlich auf das äußere Genitale konzentrierte (SCHWARZER 1976) Form weiblicher Sexualität eine ihrer integrierten Weiblichkeit beraubte ist.

Eine sexuelle Begegnung kann wohl nur dann zu einem umfassenden Erlebnis führen, wenn ein integriertes Erleben der eigenen Geschlechtlichkeit zu einer tiefgreifenden Erkenntnis des anderen führt. Wenn sich für die Dauer eines zeitlosen Moments Grenzen auflösen, Inneres sich nach außen kehrt und sich verbindet. Dies erst macht die Aufhebung des einen im anderen möglich.

Die Sache mit dem Schmutz

Caroline sitzt auf einem Stuhl mitten im Wohnzimmer. Zum erstenmal seit Tagen fühlt sie sich wieder ruhig und sicher, fast angstfrei. Keiner stört sie. Die Kinder sind in der Schule, der Mann auf der Arbeit. Endlich kein Leben um sie herum, sondern nur noch abgezirkelte Ordnung. Alles steht abgestaubt und blank geputzt auf dem richtigen Platz. Sie verharrt regungslos auf ihrem Stuhl, atmet tief und erleichtert. Auch in den Schränken herrscht dieselbe Ordnung. Alles ist in Reih und Glied, hinter keiner einzigen Schranktür verbirgt sich ein Durcheinander. Tagelang hat sie dazu gebraucht, ihr perfektes Ordnungssystem in allen Orten der Wohnung durchzusetzen. Für eine kurze Spanne Zeit kann sie sich glücklich fühlen: Alles Chaos ist gebannt, die Welt ist durch und durch in Ordnung, nirgendwo Schmutz und Verwirrung. Caroline wird mehrere Stunden so sitzen, selbst ein abgezirkelter, von allem Schmutz befreiter, lebloser Gegenstand.

Es gibt keine Situation, in der Renate nicht wie aus dem Ei gepellt erschienen wäre. Sie wirkt immer so, als hätte sie gerade geduscht und sich die Haare frisch gewaschen und frisiert. Ihre Kleidung ist nie zerknittert oder hätte gar einen Fleck. Die Wahl der Garderobe ist allen Anlässen stets absolut angemessen. Man fragt sich geradezu, ob sie in ihrem Auto nicht doch einen Koffer mitführe, um sich gegebenenfalls umziehen zu können. Aber all das hätte nur die halbe Wirkung, wäre da nicht ihr Make-up, das in seiner Makellosigkeit alles übertrifft. Da gibt es nie einen verschmierten Lidschatten, nie ein unvollkommen abgetöntes Wangenrot. Alles an ihr strahlt Gepflegtheit, Körperfrische, kosmetische Vollendung aus. Kurzum, sie erweckt stets den Eindruck, geradewegs einem Modejournal für höchste Ansprüche entstiegen zu sein. Es paßt zu ihr, daß sie in der Sauna nicht schwitzt und daß sie sich gegen Ende ihrer Schwangerschaft ernsthafte Gedanken machte, was für ein Make-up im Kreißsaal angemessen sei.

Ein bißchen amüsiert sich Gloria inzwischen über sich selbst: Alle vier Wochen, etwa ein bis zwei Tage vor ihrer Periode, wird sie von einem nicht zu bremsenden Putzdrang ergriffen. Dann muß sie mit aller ihr zur Verfügung stehenden Energie die Wohnung putzen, kehren und wischen. Mit besonderer Vehemenz nimmt sie sich dabei des Badezimmers an, das gar nicht sauber genug werden kann. Wehe, es kommt ihr dabei einer in die Quere und stört sie in ihrem Kampf um strahlende Sauberkeit. Dann ist sie tagelang unfreundlich und gereizt. Sie findet ihr Verhalten zwar selber völlig sinnlos, hat aber das Gefühl, wie unter einem Zwang zu sein, gar nicht anders zu können.

Ich habe die Schilderung der drei Frauen bewußt sehr kurz gehalten. Sie sind von Temperament und Charakter her sehr unterschiedliche Persönlichkeiten. Und doch haben sie in gewisser Weise eines gemeinsam: Alle drei spüren den ständigen oder periodisch auftretenden Drang danach, alles von ihnen als schmutzig, unordentlich und unvollkommen Erlebte zu beseitigen, um einen Zustand von Makellosigkeit zu erreichen. Ich gehe davon aus, daß das Verhalten von Caroline, Renate und Gloria, ihr Streben nach perfekter Ordnung und Sauberkeit, unangemessen ist und von daher mehr oder weniger stark durch innere Konflikte bestimmt sein muß. Ich bin sicher, daß ich mit diesem Standpunkt bei mancher Leserin Protest hervorrufen werde, denn schließlich entsprechen die drei Frauen den in unseren Breiten gängigen Standards von Ordnung und Sauberkeit recht gut.

So hat zum Beispiel eine für die BRD repräsentative Untersuchung mit einem psychologischen Test, dem sogenannten Gießen-Test ergeben, daß sich die durchschnittliche Bundesbürgerin als überordentlich und genau einschätzt und daß sie das Gefühl hat, sich im Leben besonders viel Mühe zu schaffen. Insgesamt hat die Umfrage gezeigt, daß die deutschen Frauen eher zu einem – wie es in der psychologischen Terminologie heißt – «zwanghaften» und «überkontrollierten» Verhalten neigen. Spricht man von Zwanghaftigkeit, so stellt sich sofort die Vorstellung von einem besonders peniblen Umgang mit Schmutz ein. Oder anders ausgedrückt: Auf Sauberkeit wird allerhöchster Wert gelegt, während alles Schmutzige ängstlich gemieden wird.

Könnte ein solches Verhalten eventuell auch durch kulturelle Einflüsse bedingt sein? Betrachtet man Werbung und ähnliches auch als einigermaßen gültiges Spiegelbild gesellschaftlicher Rollen- und Wertvorstellungen, dann fällt auf, welch breiter Raum Produkten zur Erhaltung der Sauberkeit beigemessen wird. Dann erscheint die sprichwörtliche Familie «Saubermann» geradezu als Idealtyp menschlichen Verhaltens. Würde man den Weisheiten der Werbeslogans folgen, so wäre das korrekte Sauberkeitsverhalten das glückliche Leben schlechthin. Natürlich darf man nicht vergessen, daß Werbung für die Industrie ein Mittel ist, Bedürfnisse beim Konsumenten zu wecken und zu steuern, um damit den Profit zu erhöhen. Daß sie jedoch im Bereich des Sauberkeitsverhaltens so übermäßig Platz greifen konnte, dürfte an einer besonders großen Resonanzbereitschaft der Konsumenten gerade auf diesem Gebiet liegen.

Ohne gleich in einen historischen Exkurs einsteigen zu wollen, halte ich es doch für überlegenswert, ob nicht eine der kulturellen Wurzeln dieser besonderen Resonanzbereitschaft im Preußentum mit seinen strengen Maßstäben für Pflichterfüllung, Folgsamkeit und Kontrolle, Pünktlichkeit, Ordentlichkeit und Sauberkeit zu suchen ist. Forderungen, mit denen sich – wie die erwähnte Untersuchung zeigt – ganz besonders die Frauen identifizieren. Und muß man nicht über die spezifisch preußische Tradition noch hinausgehen und sehen, daß all jene Nationen, die in ihrer industriellen Entwicklung und damit auch in ihren Werbestrategien am weitesten vorangeschritten sind, durch den puritanisch-protestantischen Geist geprägt sind. Eine Geisteshaltung, die mit ihrer strengen Betonung von Triebaufschub oder gar Triebverzicht erst jene Leistungsmentalität geschaffen hat, durch die industrieller Fortschritt überhaupt möglich wurde, durch die aber auch eine besonders denaturierte Einstellung allem Körperlichen gegenüber entstanden ist. Meinem Eindruck nach wäre ohne diese traditionelle Forderung nach einem «sauberen», möglichst körperfernen Leben eine solche Lawine, in ihrer unüberschaubaren Fülle von Wasch-, Putz-, Spülmitteln, von Desodoranzien und Intimlotionen, von Duft- und Ozonsprays und was es noch alles gibt, um Heim und Herd, um den Körper blitzblank, weiß und rein, geruchlos und keimfrei zu erhalten, nicht über uns hereingebrochen.

Aber was ist denn überhaupt Schmutz? Gibt es in unserem Zivilisationskreis beim heutigen Stand der Hygiene, objektiv betrachtet, noch Schmutz? Eine Ökologin, Dr. JOAN S. DAVIS, schreibt, daß «Schmutz heutzutage nicht länger das ist, was gesundheitlich schadet, sondern ein Überbleibsel an Natur in unserer technischen Gesellschaft, zum Beispiel Vergilbung der Wäsche, Schorfflecken auf Äpfeln, Körpergeruch, verstaubte Möbel etc.». Im Gegenteil, heute bringt der Versuch, diese letzten Reste von Natur zu beseitigen, große Gefahren mit sich, nämlich die mehr oder weniger unsichtbare Umweltverschmutzung. Es klingt absurd, ist aber eine nicht zu verleugnende Tatsache: Die im Dienste einer denaturierten Vorstellung von Sauberkeit und Hygiene eingesetzten chemischen Produkte zerstören unsere Umwelt in einem viel lebensbedrohlicheren Ausmaße, als es der vermeintliche (natürliche) Schmutz je täte.

Vom Ökologischen her betrachtet gibt es also inzwischen viel zu wenig vom sichtbaren guten alten Schmutz und viel zu viel von der unsichtbaren Umweltverschmutzung. Und dennoch sind viele Menschen, besonders aber wohl viele Frauen, besessen vom Kampf gegen den Schmutz, huldigen viele einem völlig übersteigerten Sauberkeitsideal. Wenn es also gar keinen wirklichen Schmutz mehr gibt, aber dennoch ein oft geradezu fanatischer Kampf gegen den angeblichen Schmutz geführt wird, dann kann das nur heißen, daß etwas anderes getilgt werden soll, das man zwar als schmutzig empfindet und auch so benennt, das aber von einem anderen Standpunkt her betrachtet mit Schmutz gar nichts zu tun hat.

Die Psychoanalyse versteht sich als die Wissenschaft vom Unbewußten. Wir versuchen also, mit Hilfe psychoanalytischer Erkenntnisse auch diejenigen seelischen Bereiche zu verstehen, die dem Bewußtsein nicht zugänglich sind. So hat sich gezeigt, daß die Menschen vieles zu Schmutz erklären, was sie aus unbewußten Ängsten heraus ablehnen, entwerten und schlechtmachen müssen. Mit anderen Worten: Wer sich in irrationaler Weise heftig und unnachsichtig für Sauberkeit einsetzt, bekämpft nicht etwa objektiv vorhandenen Schmutz, denn den gibt es ja, wie wir gehört haben, kaum noch, sondern bekämpft etwas, was ihm oder ihr unbewußt angst macht und was psychisch mit Schmutz gleichgesetzt worden ist.

Unsere Kultur ist nach wie vor körperfeindlich. Aller offene Austausch über körperliche Dinge bis hin zur Sexualität sollte darüber nicht hinwegtäuschen. Man stelle sich doch nur einmal vor, was für ein Plastikwesen man wäre, würde man sämtlichen Empfehlungen der kosmetischen Industrie folgen: Der vorgeschriebene Wohlgeruch und die Keimfreiheit sämtlicher Körperfunktionen ist nur mit einer Entkörperlichung gleichzusetzen. Für mich ist diese Sterilität nichts anderes als die alte puritanische Körperfeindlichkeit im neuen Gewande.

Körperfeindlichkeit manifestiert sich in einer Abwertung aller Körpervorgänge und in ihrer Gleichsetzung mit Schmutz. Wenn ein Kind in seinen ersten Lebensjahren erfahren muß, daß seine gesamte Körperlichkeit – und Kinder sind nun einmal für eine recht beträchtliche Zeit vorwiegend physiologische Triebbündel – bei den entscheidenden Pflegepersonen, vor allem der Mutter, auf Ablehnung oder Verachtung trifft, dann prägt dies die spätere Einstellung des Kindes zu sich selbst in ganz fundamentaler Weise. Ein Kind, das in seinen Bedürfnissen zu nuckeln, zu saugen und zu beißen, in seiner Sehnsucht nach Haut- und Körperkontakt, nach Aufgenommen- und Getragenwerden nicht verstanden oder gar abgelehnt wird, ein Kind, dessen Interesse an all den faszinierenden Möglichkeiten des Urin- und Stuhlzurückhaltens oder -loslassens unterbunden wird, dessen Schmutz- und Schmierlust nur bestraft, aber nicht verstanden wird, ein Kind, das mit größter Neugierde den eigenen Körper erforschen will und ein spezielles Interesse an seinem Genitale entwickelt und das in dieser Selbsterkundung gehindert wird, ein solches Kind kann keine ausgewogene, harmonische und befriedigende Beziehung zum eigenen Körper finden. Wenn aber die Beziehung zum eigenen Körper verunglückt, dann werden auch das aus dem Körperleben sich entwickelnde Selbsterleben und das Selbstgefühl gestört sein.

Wenn die Erziehung eines Kindes nur darin besteht, von ihm einen möglichst frühen Verzicht auf all diese Triebregungen oraler, analer und genitaler Art (dies ist die zeitliche Abfolge der psychosexuellen Entwicklung, wie die Psychoanalyse sie versteht) zu fordern, dann wird es später, als Erwachsener, bei einer Mobilisierung dieser Triebimpulse hauptsächlich mit Angst und Abwehr reagieren. Der Erwachsene wird versuchen, die Kontrolle über diese Triebregungen zu behalten. Er wird überall dort, wo er sich besonders bedroht fühlt, zu irrational erscheinenden Kontrollmaßnahmen greifen, um dem Gefühl von hilfloser Angst, von Verachtet- und Abgewertetsein zu entgehen.

Ein geringes Selbstwertgefühl ist auch für die meisten Frauen charakteristisch. Zum einen mag das an der sozial tatsächlich abgewerteteren Position der Frau liegen. Man denke nur an die niedrigeren Löhne bei gleicher Arbeitsleistung und vieles andere mehr. Aber auch der weibliche Körper unterliegt einer größeren Abwertung: Die spezifischen physiologischen Fähigkeiten der Frau wie Menstruation, Empfängnis, Schwangerschaft, Geburt, Stillen, ursprünglich ein Ausdruck weiblicher Macht, sind im Laufe der Geschichte sehr oft zur Quelle ihrer Ohnmacht und Rechtlosigkeit geworden. Die vielfältigen Menstruationsrituale anderer Kulturen zeigen immer wieder, daß die Frauen wegen ihrer

Fähigkeit zum «magischen Blutvergießen» ursprünglich eine mächtige Position innehatten. Erst später, nachdem die weibliche Macht gebrochen war – die Hintergründe dieser frühgeschichtlichen Umwälzungen sind bis heute nicht ausreichend bekannt –, wurde diese Fähigkeit zu etwas Unreinem erklärt. Von nun an wurde die menstruierende Frau wegen ihrer «Unreinheit» gemieden. Dieselbe Angst kann man heutzutage auch bei uns immer noch finden. Wir gehen damit nur anders um. Bei uns wird alles getan, um der Frau eine total unauffällige Menstruation zu ermöglichen, vielleicht besser: aufzuzwingen. Ist sie erst mit dem richtigen Tampon, der richtigen Binde versehen, dann sind die «kritischen Tage» wie weggezaubert, sie werden zu einem pflegeleichten Vorgang, der möglichst ignoriert werden soll.

Die Gleichsetzung von weiblicher Sexualität mit Unreinheit ist ein Phänomen, das also nicht nur in der islamischen oder anderen exotischen Kulturen auftritt, sondern auch bei uns gang und gäbe ist. So klingt beispielsweise in Schimpfworten wie «Schlampe» oder «Dreckstück» immer auch Sexuelles an, allerdings eine abgewertete, zu Schmutz gemachte Sexualität. Wir vergessen dabei nur zu oft, daß diese Entwertung, diese Gleichsetzung mit Schmutz aus Abwehr geschieht, aus einer Angst vor der von beiden Geschlechtern als übermächtig erlebten weiblichen Sexualität.

Doch nach all diesen abstrakten Ausführungen möchte ich schließlich noch einmal zu den drei eingangs geschilderten Frauen zurückkommen. Vom Psychodynamischen her verkörpern sie ganz unterschiedliche Positionen. Dabei erscheint Caroline als die Gefährdetste. Sie versucht mit einer unmenschlichen Ordnung ihr inneres Chaos in den Griff zu bekommen. Ihre Wohnung, die Einrichtungsgegenstände und der Inhalt der Schränke symbolisieren eine erstrebte innere Verfassung. Wenn sie äußerlich peinlichste Ordnung und Sauberkeit einführt, glaubt sie, auf magische Weise ihren inneren beängstigenden Tumult unter Kontrolle zu haben. Schon das kleinste Durcheinander mobilisiert ihre Angst vor

Ich-Zerfall und Auflösung. Ihre Form der Ordnung und Sauberkeit kommt einer Versteinerung gleich. Leblosigkeit ist der Preis, den sie zahlt, um sich einigermaßen angstfrei fühlen zu können. Vom psychotherapeutischen Verständnis her ist Carolines Abwehr mit Hilfe der abgezirkelten und perfekten Ordnung und Sauberkeit allerdings progressiv. Denn sie wehrt sehr frühe Ängste, die der oralen Entwicklungsstufe zugehören, mit analem, also entwicklungspsychologisch späterem Kontrollverhalten ab.

Renate ist beispielhaft für eine sehr weitgehende Identifikation mit den Forderungen nach übergroßer körperlicher Sauberkeit, die ihre Mutter stets an sie gestellt hat. Ihre Sauberkeitserziehung setzte früh ein und war streng, so daß Renate als kleines Mädchen wegen ihrer sie häufig überraschenden und sich ihrer Willkür zunächst entziehenden Verdauungsvorgänge regelmäßig beschämt und bestraft wurde. Die Vorstellungen ihrer Mutter von Sauberkeit beschränkten sich auch nicht nur auf die Ausscheidungen der kleinen Tochter, sondern erweiterten sich auf sämtliche Lebensbereiche des Kindes. Renate durfte sich beim Essen nicht beschmieren, beim Spielen nicht beschmutzen, beim Herumtoben nicht die Kleider in Unordnung bringen. Diesen Verboten ist Renate absolut gefolgt. Noch als erwachsene Frau entspricht sie, ohne daß es ihr bewußt wäre, genau den Vorstellungen ihrer Mutter von einer Tochter, die mehr Puppe als Mensch ist. Diese maskenhafte Starrheit und puppenhafte Vollkommenheit machte Renate zu einer Erscheinung, die man – je nach Geschmack – fasziniert oder mit einem eher unheimlichen Gefühl zwar ansehen mag, bei der man aber wohl nie auf die Idee käme, sie anfassen zu wollen. Und vor dem Angefaßtwerden hat Renate wohl selber die größte Angst. Unbewußt fürchtet sie, dann könnte offenbar werden, daß auch ihr Körper Verdauungsrhythmen unterliegt, Geruchsstoffe entwickelt, Schweiß produziert und von weiteren physiologischen Vorgängen bewegt wird. Und das will sie für alle Zeit vermeiden, je wieder wegen einer ihrer Körperfunktionen beschämt oder gar verachtet zu werden.

Bei Gloria ist der Zusammenhang von übertriebenen Sauberkeitsimpulsen und Menstruation sehr deutlich. Offenbar erlebt sie ihre Periode als etwas Unreines, gegen das sie sich gleichsam mit einem Sauberkeitsritual schützen muß. Sie hat ihre Wohnung, speziell das Badezimmer, unbewußt mit ihrem Genitale gleichgesetzt. Die Putzorgie, die sie periodisch veranstaltet, symbolisiert quasi eine rituelle Säuberung ihrer Scheide. Gloria, eine aufgeklärte, lebenslustige Frau, hat wegen ihrer sexuellen Wünsche und Aktivitäten unbewußt Schuldgefühle und erlebt, sozusagen in einem regressiven Schritt vom Genitalen zum Analen, die Sexualität, vor allem aber die Menstruation, als etwas Unreines, dem Stuhlgang Vergleichbares. Wird sie nun während der kritischen Zeit im Putzen gehindert, gerät sie leicht aus dem Gleichgewicht und wird äußerst gereizt, weil sie dann keine Möglichkeit mehr hat, sich mit Hilfe des Putzrituals von ihren Schuldgefühlen zu befreien. Je mehr sie sich diese Gleichsetzung von Sexualität mit Schmutz einerseits und ihre Schuldgefühle wegen sexueller Wünsche andererseits bewußt machen konnte, desto weniger heftig wurden ihre zyklischen Putzexzesse.

Mit Hilfe der drei Frauen habe ich versucht, deutlich zu machen, daß die Einstellung zu Schmutz und Unordnung beziehungsweise Sauberkeit und Ordnung sehr eng verknüpft sein kann mit dem Selbsterleben eines Menschen. Auf der unbewußten Ebene kann eine unordentliche und schmutzige Wohnung zum symbolischen Ausdruck für einen schmutzigen und entwerteten Körper stehen. Und natürlich auch umgekehrt: Eine besonders blitzblanke Umgebung kann den manchmal geradezu verzweifelten Versuch darstellen, sich selbst von allem Schmutzigen und Verbotenen reinzuwaschen. Daß es sich dabei immer wieder auch um sexuelle Vorstellungen handelt, zeigt unter anderem das Dogma von der Unbefleckten Empfängnis Mariens, das besagt, Maria sei von ihrer Mutter Anna unbefleckt, in Reinheit, empfangen worden. Auch hier zeigt sich – innerhalb der katholischen Kirche –, wie die beängstigende Sexualität mit Verunreinigung, mit Beflecken, gleichgesetzt worden ist. Daraus ist der unheilvolle Einfluß einer sehr unmenschlichen Gegensatzbildung entstanden: rein und keusch gegenüber liederlich sexuell und schmutzig. Mit dieser Einstellung quälte sich Irene lange Jahre herum. Sie neigte zu depressiven Verstimmungen und brach während solcher Phasen fast zusammen unter ihren Selbstvorwürfen. Wenn sie ganz besonders depressiv war, hörte sie auf, sich zu pflegen, wusch sich nur noch selten und ließ ihre Wohnung total verschlampen. Die Unordnung und der Schmutz erfüllten sie unbewußt geradezu mit einem Triumph: So konnte jedermann sehen, was für eine schlechte Person sie war. Eine liederliche Schlampe, die nur die Verachtung der Welt verdiente.

Ich glaube nicht, daß Caroline, Renate, Gloria und Irene Extrembeispiele sind, die keinerlei allgemeine Gültigkeit hätten. Meiner Meinung nach zeigen sie deutlich, welche unbewußten Verknüpfungen zu Fragen der Sauberkeit bei uns allen bestehen können. Unser Umgang mit Schmutz ist zum einen geprägt durch unseren kulturellen Hintergrund, zum anderen sehr stark durch unsere Lebensgeschichte, die uns dazu verhelfen kann, uns über allzu strenge gesellschaftliche Forderungen hinwegzusetzen oder ihnen geradezu hörig zu werden. Mir scheint, eine Balance zwischen den beiden Polen läßt sich nur individuell finden; unser Umgang mit Schmutz ist immer ein sehr persönlicher, unsere Einstellung zur Sauberkeit kann viel über uns aussagen.

Flucht in die Abhängigkeit?

Von außen betrachtet erscheint Carolas Problem zunächst vollkommen absurd: Ihr macht die Entdeckung ihrer Eigenständigkeit zu schaffen. Seit einiger Zeit, ohne daß sie sagen könnte, warum und wieso, erlebt sie sich selbst fundamental neu, durch und durch als eigenständiges Wesen. Dieses ungewohnte Gefühl irritierte sie so sehr, daß sie ernsthaft an die Möglichkeit einer Psychotherapie zu denken begann.

Aber wieso? In Ihrem Leben hatte sich absolut nichts verändert. War sie denn nicht schon längst eine selbständige Person, was gab es in dieser Richtung noch zu entdecken? Die siebenunddreißigjährige, überaus erfolgreiche Journalistin, mit Ehemann, Kind, Haushälterin, gelegentlichen Liebhabern hatte es doch anscheinend längst geschafft, das zu sein, was im allgemeinen als «emanzipierte» Frau gilt. Die Bewunderung und der Neid mancher Freundin schienen dies nur zu bestätigen.

Ihre äußeren Erfolge hatten Carola selbst jedoch immer nur das Gefühl gegeben, eine Maske der Emanzipiertheit zu tragen. Dahinter vermutete sie das kleine, hilflose Mädchen. Ihre Beunruhigung war groß, als sie hinter dieser Maske etwas völlig anderes entdeckte, ein Wesen nämlich, das ganz und gar bereit war, alle Verantwortung für sich selbst zu tragen. Angst machte ihr dabei nicht so sehr die Einsamkeit, die damit wohl verbunden sein kann, sondern die Überzeugung, durch ihr neues Selbst – vielleicht endlich ihr wahres – ihre Ehe zu gefährden. Ihre eigene Individuation schien ihr unvereinbar mit der Beziehung zu ihrem Mann. Bisher hatte sie ihren Werdegang ganz in Abhängigkeit von ihm interpretiert: Hatte sie sich nicht vor allem seinen Vorstellungen entsprechend im Beruf engagiert, hatte er sie nicht geradezu in eine Karriere gedrängt? Er liebte selbständige Frauen. Hatte sie sich nicht deswegen zur erfolgreichen Karrierefrau stilisiert? Mit ebensolcher Begeisterung wäre sie vielleicht auch eine brave Hausfrau geworden, wenn das seinen Idealen entsprochen hätte.

Und wie war das mit ihren Liebhabern? Auch da meinte sie, sie habe nie so genau unterscheiden können, ob sie primär dem Ehemann zuliebe dann und wann einen Seitensprung riskiert hätte, da dies in seinen Augen zu einer emanzipierten Frau selbstverständlich dazugehörte, oder ob sie es aus einem eigenen Wunsch heraus getan hätte. Und wenn sie es recht betrachtete, dann hatte sie sich ihren Liebhabern gegenüber ebenso verhalten. Sie hatte sich immer dem Bild, das die Männer jeweils von ihr hatten, angepaßt. Und das nicht etwa mit Groll, sondern mit Leidenschaft. Das war für sie der Inbegriff von Liebe. Und nun dieses! Plötzlich zu erleben, daß sie nicht mehr aus Anpassung autonom zu sein vorgab, sondern daß sie wirklich autonom war, ganz sie selbst war und gar nichts anderes mehr sein konnte. Sie begann, sich verzweifelt zu fragen, ob sie in dieser Verfassung überhaupt noch fähig sei zu lieben.

Daß Frauen Abhängigkeit mit Liebe verwechseln, ist ein alter Hut. Daß auch jene Frauen, die sich bereits ein Stück Selbständigkeit erkämpft haben, noch immer in ein Netz widerstreitender Gefühle von Abhängigkeit und Autonomie verstrickt sind, zeigt das Beispiel von Carola.

Für gewöhnlich wurde und wird die Abhängigkeit als Domäne der Frauen angesehen. Zum traditionellen Bild hat schon immer dazugehört, die Frau zunächst von ihrer Familie, später abhängig von ihrem Mann zu betrachten.

Selbst eine so aufklärerische Wissenschaft, wie es die Psychoanalyse sicher in weiten Bereichen ist, hat zunächst nur wenig zur Relativierung dieses Bildes beigetragen. Im Gegenteil, folgt man der klassisch-psychoanalytischen Anschauung, dann zeigt sich, wie sehr sie die Frau in einer abhängigen und zweitrangigen Position festzuschreiben versucht hat. SIGMUND FREUD, dem wir doch umwälzende Erkenntnisse über das menschliche Seelenleben verdanken, kam, was Frauen betrifft, zu eigentümlich unangemessenen Aussagen. Letztlich hielt er Frauen für infantil, narzißtisch, zu keiner echten Sublimierung und auf Grund ihrer Über-Ich-Schwäche zu keinen wertvollen Kulturleistungen fähig und sprach ihnen ab dem dreißigsten Lebensjahr verglichen mit einem gleichaltrigen Mann jede weitere Entwicklungsmöglichkeit ab. Man muß allerdings einräumen, daß er die Vorurteile wiederholte, die seiner kulturellen Epoche entsprachen, und daß er in gewisser Weise eine genaue Beschreibung der Frau der viktorianischen Ära gab, dabei jedoch verhängnisvollerweise kulturelle Bedingtheit mit Natur verwechselte.

Seine theoretischen Versuche, sich dem «Geheimnis des Weiblichen» zu nähern, von dem er zugab, es nicht enträtseln zu können, ließen einen Nährboden entstehen, auf dem selbst die Frauen unter den Psychoanalytikern, vor allem HELENE DEUTSCH, MARIE BONAPARTE und JEANNE LAMPL DE GROOT, zu ausgesprochen misogynen Aussagen kamen. Trotz einer heftigen Kontroverse innerhalb der psychoanalytischen Bewegung während der zwanziger und dreißiger Jahre um den Stellenwert der Frau, die sich auf seiten des proweiblichen Lagers vor allem mit dem Namen von KAREN HORNEY verbindet, zementierten die Publikationen der genannten Schülerinnen FREUDS die psychoanalytischen Vorstellungen über die Frau für Jahrzehnte. Von daher ist es nur allzu verständlich, wenn die Frauenbewegung der Psychoanalyse ablehnend gegenübertrat. Und umgekehrt mußte eine derart frauenfeindliche, repressive Theorie ihrerseits die Befreiungsversuche von Frauen als pseudomännliches, einzig vom Penisneid getriebenes, phallisches Gehabe disqualifizieren.

Aber die Zeiten haben sich geändert. Jedenfalls bin ich so optimistisch zu behaupten, die Psychoanalyse habe ihre Frauenfeindlichkeit weitgehend aufgegeben. Aktivität und Expansivität, Selbstverwirklichungswünsche jenseits von Heim und Kindern werden begrüßt und eher ermutigt als denunziert.

Analytiker beginnen zu diskutieren, ob nicht die ortho-

147

doxe Hypothese von der passiven, eher kindlich als weiblich zu nennenden Frau eine großartige unbewußte Abwehrformation gegen eine übermächtig erlebte Mütterlichkeit darstellt. Denn wenn ich das, was mir angst macht, klein mache und entwerte, verliert es zumindest seinen manifest bedrohlichen Charakter.

Aber gerade auch die Imago der allmächtigen Mutter, die durch die vermehrte Hinwendung der Psychoanalyse zu den Bedingungen der präödipalen Zeit, also zu den Interaktionen der frühen und frühesten Kindheit, eine verstärkte Beachtung fand, läßt sich unversehens als Unterdrückungsinstrument gegen die Frau verwenden. Je mächtiger sie gemacht wird, desto verheerender kann sie wirken, desto mehr Schuld kann man ihr zuweisen. Wenn das Gedeihen von Kindern einzig von den Müttern abhängig sein soll, wenn sie allein es sind, die aus sich heraus die Atmosphäre schaffen müssen, die ihren Kindern zuträglich ist, dann stellt dies eine grandiose Überforderung dar. Im inzwischen überholten Konzept der schizophrenogenen Mutter, an deren alleinigem Versagen die Ursache psychotischer Erkrankung festgemacht wurde, fand diese Form von Sündenbockmechanismus ihren Höhepunkt.

So schwankt denn das Bild der Frau zwischen Hilflosigkeit und Omnipotenz, zwischen töchterlicher Abhängigkeit und mütterlicher Allmacht. Da fällt es schon schwer, die eigene Position irgendwo in der Mitte dieser beiden Extreme zu finden.

In «Emanzipation macht angst» habe ich zur Situation der Frau geschrieben, daß der Weg von Frauen in die Selbständigkeit nicht etwa schnurgerade sei, wenn erst einmal die äußeren Umstände positiv verändert seien, sondern daß in den meisten Fällen Konflikte emotionaler Art, die aus Erlebnissen der frühen Kindheit resultierten, Frauen daran hinderten, ihre potentielle Autonomie unambivalent, angst- und schuldfrei zu realisieren.

Die Resonanz war damals deutlich zwiespältig: Zustimmung einerseits, andererseits ausgesprochene Ablehnung von

seiten derjenigen Teile der Frauenbewegung, die den Wider-
sacher weiblicher Emanzipation ausschließlich in einem
mächtigen Außenfeind entdeckten, der scheinbar in allen
Männern dingfest gemacht werden konnte. An dieser Einstellung, wenn nicht gar Ideologie, hat sich so manches geändert. Die Frauenbewegung hat sich weitgehend dazu
durchgerungen, die Behinderung von Frauen nicht nur
durch äußere, gesellschaftliche Benachteiligung gegeben zu
betrachten, sondern sie konfrontiert sich auch mit den inneren, psychischen Barrieren. Mehr und mehr gerät ins Blickfeld, daß Frauen sich selbst ebenso einschränken, wie es das
patriarchalische System durch seine äußeren Bedingungen
tut. Diese sicher schmerzliche Erkenntnis ist insofern ein
progressiver Schritt, als dadurch eine die Emanzipation
letztlich behindernde Abwehr durchbrochen wird: Denn solange alle Aufmerksamkeit und Energie darauf verwandt
werden, nur den Außenfeind zu bekämpfen, solange bleiben
die inneren, emotionalen Fallstricke, die die eigene Befreiung knebeln, unentdeckt und verlieren nichts von ihrem geheimen, aber um so stärkeren Effekt.

Zwei Neuerscheinungen, «Der Cinderella-Komplex» von
COLETTE DOWLING und «Die furchtbare Wahrheit» von
MARIA MARCUS, sprechen offen die in vielen Frauen wirk-
samen Abhängigkeitsbedürfnisse und masochistischen
Wünsche an. Interessanter erscheint mir C. DOWLINGS
Buch, das die These vertritt, auch beruflich durchaus erfolgreiche, selbständige Frauen würden sich auf Grund eines fa-
talen Automatismus schnurstracks in abhängige, kindliche
Wesen verwandeln, sowie sie sich enger mit einem Mann zu-
sammentäten. Sie beschreibt dies an Hand ihrer eigenen Lebensgeschichte und findet in empirischen Untersuchungen
sowie in Gesprächen mit Psychotherapeuten und betroffenen Frauen immer wieder ihre Vermutung bestätigt, daß
Frauen sich geradezu in die Abhängigkeit flüchten, um den
Frösten der Autonomie und Selbstverantwortung und dem
Verdacht der Unweiblichkeit zu entgehen, weil nach wie vor
die Ansicht vorherrsche, nur zu einem Aschenputtel käme

149

der Prinz. Und sich wie ein Aschenputtel zu verhalten hat natürlich masochistische Aspekte. In ihrem für mich etwas wirren und überlauten, aber zweifellos sehr mutigen Buch verkündet MARIA MARCUS uns ihre furchtbare Wahrheit: Wir sind alle Masochistinnen. Das hat jedoch den Vorteil, daß sie das, was häufig sein mag, aber laut Frauenbewegung lange Zeit nicht sein durfte, ausspricht und damit in die Auseinandersetzung zieht, ebenso wie es COLETTE DOWLING mit unseren Wünschen nach Abhängigkeit tut.

Dennoch teile ich C. DOWLINGS These nur bedingt, weil sie mir lediglich eine Seite der Medaille zu beschreiben scheint: Sicher steckt in fast allen von uns die Neigung des Cinderella-Aschenputtels, das sich nichts anderes wünscht, als mit reizend hilfloser Geste sein Licht unter den Scheffel zu stellen, um damit seine bezaubernde Weiblichkeit zu beweisen und gleichzeitig die Macht der Ohnmächtigen zu entfalten.

Aber wir alle haben mindestens ebensosehr die Sehnsucht nach Freiheit und Selbstverwirklichung. Daß wir nichtsdestotrotz eher in die Abhängigkeit rutschen, uns eher bei selbständigen Schritten behindern, ist dabei ein beeindruckendes und bedrückendes Phänomen.

Worin könnten also die Gründe dafür zu sehen sein, daß ein passiv-abhängiges Verhalten noch immer für Frauen so charakteristisch ist und den scheinbar problemloseren Lebensentwurf darstellt?

Ich halte bei dieser Frage für besonders wesentlich, wieweit sich eine Frau aus der Beziehung zu ihrer Mutter lösen konnte. Die Schwierigkeit, kindliche Interaktionsmuster zu verwandeln und nicht bis ins Erwachsenenleben hinein zu konservieren, stellt sich natürlich für Männer ebenso wie für Frauen. Dennoch gibt es spezifische Unterschiede. Söhne sind von Anfang an auf Grund ihres Geschlechts der andere, das Gegenüber, während die Geschlechtsgleichheit von Tochter und Mutter die Töchter vor die Aufgabe stellt, gerade in der Gleichheit ihre Andersartigkeit zu erwerben. Zu welchen Komplikationen dies in der Auseinandersetzung und Identitätsfindung von Frauen führen kann, ist durch einen Boom von Veröffentlichungen zu diesem Thema bis hin zu einer *Spiegel*-Titelgeschichte ins Bewußtsein gezogen worden.

Aber wenden wir uns den Bedingungen in der Familie zu. Die Familie ist der Ort, an dem gesellschaftliche Strukturen in innere Strukturen umschlagen. Es sind also die psychosozialen Bedingungen in der Familie, die die Erlebnisse der frühen Kindheit bestimmen und maßgeblich an der Ausformung der späteren erwachsenen Persönlichkeit beteiligt sind. Obwohl unsere Gesellschaft noch immer patriarchal geprägt ist, lassen uns unsere ersten sozialen Erfahrungen ein Matriarchat erleben. Denn unsere frühesten Erfahrungen machen wir mit der Mutter. Die Mutter-Kind-Dyade ist lebensgeschichtlich höchst bedeutsam. In einem Zustand großer Hilflosigkeit und Angewiesenheit wird die Mutter vom Kind als allmächtig erlebt. Von ihr hängen Bedürfnisbefriedigung, Geborgenheit und Zufriedenheit ab. Aber diese frühe Mutter kann auch Angst und Schrecken induzieren, wenn sie ihrerseits die für einige Zeit unerläßliche Symbiose mit dem Kind nicht angemessen leben kann, sei es, daß sie das Kind allzusehr frustriert, sei es, daß sie das Kind im weitesten Sinne des Wortes überfüttert. Und dies wiederum ist abhängig von den psychosozialen Bedingungen, die auf die Mutter wirken: ihre ökonomische Situation, die Qualität der Beziehung zum Vater des Kindes, Erinnerungen an die eigene Kindheit mit der eigenen Mutter und die damit verbundenen Einstellungen zur Mutterrolle. Diese Faktoren beeinflussen die Mutter ebensosehr, wie es die Bedürfnisse des Kindes tun. Wenn sie sich adäquat auf das Kind einstellen kann, wird es von ihrer sogenannten «Allmacht» profitieren. Ist sie jedoch auf Grund der eigenen Verfassung auf die Hilflosigkeit und Verfügbarkeit des Kindes angewiesen, wird sie es nicht aus der Symbiose entlassen wollen. Daß dies gerade auf Mütter, die sich unterdrückt, ohnmächtig und wertlos fühlen, häufig zutrifft, ist leicht einzusehen. Gefühle von Ohnmacht und Wertlosigkeit gehen Hand in Hand mit Depression. Nirgendwo kann dies so gut in Macht gewendet werden, nirgendwo kann Unsicherheit so wirkungsvoll Abhängigkeit erpressen wie in der Familie.

Eine Gesellschaft, die Frauen unterdrückt und entwertet, erzwingt geradezu diese Formen negativen Matriarchats. Und mir scheint, solange wir uns mit diesem Erbe herumschlagen, wird die Ablösung von den Müttern so überaus schuldbeladen erlebt und daher häufig ganz vermieden. Eine Symbiose, deren Klammern aus dem Erz der Depression und der Ohnmacht bestehen, läßt sich nicht entflechten, sondern nur sprengen. So mag es dann wohl häufiger sein, daß Frauen ihre aggressiven Energien, die eine Entfernung ermöglichen würden, als zu destruktiv erleben und sie eher gegen sich selbst oder gegen die internalisierte Mutter wenden nach dem Motto: Geschieht meiner Mutter ganz recht, wenn mir die Hände frieren ... oder, mehr am Thema: Geschieht meiner Mutter ganz recht, wenn ich ein Aschenputtel bin.

Mir liegt daran zu betonen, daß es hier nicht um persönliche Schuldzuschreibungen geht. Es geht hier um ein gesellschaftlich vermitteltes Phänomen, das sich in der Psyche niederschlägt. Trotz ihrer patriarchalischen Züge beutet unsere Zivilisation schon längst Männer wie Frauen aus. Nur daß die Männer ihre Gefühle von Ausgeliefertsein und Unwert an ihre Frauen weitergeben können, da diese in den meisten Fällen in der sozial schwächeren Position sind. So werden die objektiv Schwächeren in ihrem prägenden Einfluß auf die Kinder über den Weg der Ohnmacht zu den Mächtigen. Das sogenannte Matriarchat existiert somit primär in der Phantasie. Aber wenigstens das hat die Psychoanalyse zweifelsfrei deutlich machen können: Der Macht der Phantasie sind keine Grenzen gesetzt.

Sind die Ehefrauen erst einmal in der Rolle der Gekränkten und ist ein derartiges Matriarchat etabliert, sind auch die Väter in besonderer Weise davon betroffen. Ihre Position verändert sich qualitativ: Sie werden zu Söhnen, die sich häufig mit den eigenen Kindern gegen die negative mütterliche Macht verbünden. Das sind Väter, die an der Abhängigkeit der Tochtergeliebten interessiert sind, da sie schon längst keine partnerschaftliche Beziehung mit der Ehefrau zu leben imstande sind. Dadurch entstehen ödipale Bindungen derartig fixierter Art zwischen Vätern und Töchtern, daß eine Überwindung der töchterlichen Haltung auch durch die Beziehung zum Vater zumindest erschwert ist.

Ich schätze es an sich nicht, solche globalen Feststellungen – auch wenn sie manchmal nötig sind – zu treffen, und glaube, daß wirklich angemessene Aussagen nur bei der Betrachtung eines konkreten Beispiels möglich sind. Darum wende ich mich noch einmal Carola zu. Bei ihr zeigte sich in wenigen Gesprächen – sie meint schon längst nicht mehr, sich einer Psychotherapie unterziehen zu müssen –, wie sehr sie sich in doppelter Weise sowohl an die Mutter als auch an den Vater gebunden fühlte und wie sehr ihr Mann für sie die beiden Elternfiguren repräsentierte. Indem sie sich an ihn wie eine brave Tochter anpaßte, konnte sie dem Konflikt entgehen, in den sie durch ihre Selbständigkeitsbestrebungen geraten wäre, die ihren Wunsch nach Auflösung der Symbiose und Überwindung der libidinös-töchterlichen Haltung verrieten. Sie vermied dadurch Schuldgefühle gegenüber den Eltern. Darüber hinaus delegierte sie ihre eigenen Wünsche nach Autonomie an ihren Mann: Der schrieb ihr vor, was sie selber in ihrem innersten Herzen tun wollte. Selbst ihre Liebhaber wählte sie – wie sich bald zeigte – unbewußt immer so aus, daß sie mit deren Hilfe all jene Seiten leben konnte, an deren Realisierung ihr selber lag. Das Bild, das jene vermeintlich von ihr hatten, entpuppte sich als ihr eigenes Bild von sich selbst, für das sie jedoch nicht einzustehen gewagt hatte. Als sie endlich soweit war, die Verantwortung für sich zu übernehmen, kollidierte dies mit ihren Anschauungen über Liebe und Partnerschaft.

Nirgendwo stellt sich ein Abhängigkeitsgefälle so rasch ein wie in intimen Beziehungen. Denn hier werden Erlebnisse aus der frühesten Kindheit, unbewußte Erinnerungen an die intimste aller Beziehungen, die Mutter-Kind-Symbiose, mobilisiert. Das kann zu einem derartigen Sog führen, daß die Paarbeziehung nur mehr zu einem Abklatsch der kindlichen

Konstellation mit einer allmächtigen Figur einerseits und einem ausgelieferten Wesen andererseits wird. Natürlich werden auch Gefühle aus der ödipalen Dreieckssituation aktualisiert. Der eine wird zur übermäßig idealisierten Elternfigur, der andere zum sich in Sehnsucht verzehrenden Kind.

Das gilt für beide Geschlechter. Zu einem wirklichen Problem wird es erst dann, wenn das Gefälle einseitig festgeschrieben ist, wenn immer derselbe Partner sich ausgeliefert fühlen muß und immer der andere auf die kontrastierende Rolle angewiesen ist. Ich sage bewußt angewiesen, weil es sich häufig zeigt, daß gerade diejenigen, sei es nun Mann oder Frau, die die Rolle des Fernen oder des Starken übernehmen, selber große Ängste vor den eigenen Abhängigkeitsimpulsen haben und diese in der Identifikation mit dem mächtigen Elternteil der symbiotischen oder ödipalen Zeit in ihren erwachsenen Beziehungen abwehren.

Bliebe das Gefälle in beide Richtungen mobil, könnten sich die Partner wechselseitig, je nach Bedürfnislage und Bedürftigkeit, in die Abhängigkeit hinein-, aber auch wieder herausbegeben. So könnte man von einer *Fähigkeit zu Abhängigkeit* sprechen und müßte nicht nur die Flucht in die Abhängigkeit oder die Angst vor Abhängigkeit beschreiben.

Nirgendwo werden Abhängigkeit und Anpassung aber auch so sehr als das tragende Fundament angesehen wie in intimen Beziehungen. Dabei gerät häufig aus dem Blickfeld, daß etwas anderes sehr viel wichtiger sein könnte: nämlich die Bereitschaft, sich selbst und dem anderen die Individuation zu gestatten. So als dürfte Liebe nichts mit Abgrenzung zu tun haben. Doch erst durch die Entstehung eines Ich und eines Du ist ein gegenseitiges wahres Erkennen möglich, ein Erkennen, das zu einer Verschmelzung im Wir führt, zu der Fähigkeit, sich im anderen zu verlieren, aber auch sich selbst immer wieder neu zu finden.

Ob wir unseren Kindern das schon mit auf den Weg geben können? Ich hoffe es!

Frauengruppen und ihre Bedeutung für die weibliche Sozialisation

Ich möchte hier von einer Frauengruppe berichten, die ich über dreieinhalb Jahre als psychoanalytisch-therapeutische Gruppe geführt habe. Ich war auf die Idee gekommen, eine reine Frauengruppe anzubieten, weil ich mich in der Zeit vermehrt mit der meines Erachtens unzureichenden, wenn nicht gar sexistischen psychoanalytischen Theorienbildung über weibliche Entwicklung und mit feministischer Literatur beschäftigte. Überall entstanden die sogenannten «Consciousness raising groups», Frauen-Selbsthilfegruppen, Selbstuntersuchungsgruppen und feministische Therapieversuche. Überall gab es plötzlich Frauengruppen, warum nicht auch eine rein psychoanalytische?

Getragen wurde das Ganze von einer Sympathie für die Frauenbewegung, ohne daß ich je aktiv in der Bewegung engagiert gewesen wäre. So war die Gruppe auch nicht mit feministischen Zielsetzungen angekündigt; die Selektion entsprach der normalen Praxis. Vorab möchte ich noch kurz einige Daten über diese psychoanalytische Gruppe nennen:

Die Gruppe bestand aus zehn, später aus neun Frauen, mich selbst mitgerechnet. Bis auf zwei Frauen waren sie alle Kassenpatientinnen. Das begrenzte die Gruppe auf 120 Sitzungen (dreieinhalb Jahre). Es gab eine gewisse Fluktuation. Zu verschiedenen Zeitpunkten hatten einige Frauen die Gruppe verlassen, andere waren hinzugekommen. Nach etwa zwei Jahren waren noch fünf Frauen der ersten Stunde dabei sowie drei neue. Die letzten eineinhalb Jahre blieb die Gruppe in ihrer Zusammensetzung stabil.

Insgesamt haben dreizehn Frauen an der Gruppe teilgenommen. Davon waren acht verheiratet, eine geschieden, von den drei ledigen lebten zwei in fester Partnerschaft. Sieben Frauen hatten Kinder (zwei Kinder maximal). Das Durchschnittsalter lag etwas über 28; die Jüngste war 21, die Älteste 34.

Die meisten Frauen kamen, wenn sie nicht über eine sehr ausge-
stanzte Symptomatik klagten, mit einem eher diffusen Anliegen in
die Praxis: Es war das Gefühl, nicht so recht zu wissen, was sie mit
ihrem Leben machen sollten, oder die beunruhigende Frage danach,
wer oder was sie überhaupt seien. Fast alle klagten über depressive
Verstimmungen, weil sie nichts so recht mit sich anzufangen wußten.
Ich bekam allmählich das Gefühl, daß Frau-Sein zunächst einmal
heißt: Ich weiß nicht, wer ich bin und: Gibt es einen Weg, das überhaupt herauszufinden?

Um einen Eindruck von der Arbeit mit der Frauengruppe zu
vermitteln, scheint es mir wichtig, die verschiedenen Phasen
dieser Gruppe zu schildern. Ich hoffe dabei auch die spezifischen Themen herausstellen zu können, denen sich Frauen
konfrontiert sehen und deren Bewußtwerdung und Bearbeitung ein wesentliches Moment in der weiblichen Sozialisation sein dürften.

Phase I: *Anfangsschwierigkeiten und regressiver Sog*

Das Besondere zu Beginn der Gruppe war die Tatsache, daß
ich im vierten Monat schwanger war, was für die meisten
Frauen eine Überraschung war, da die Erstinterviews zum
Teil sehr lange zurücklagen. Scharfäugig wurde meine eigentlich noch recht unauffällige Schwangerschaft im Gegensatz
zu allen anderen Gruppen, die erst sehr viel später darauf aufmerksam wurden, sofort registriert. Und sie löste natürlicher-
weise Beunruhigung aus: Wie lange würde ich der Gruppe
überhaupt zur Verfügung stehen? Nachdem ich klargemacht
hatte, daß es eine zweimonatige Unterbrechung geben, ich
aber in jedem Fall mit der Gruppe weiterarbeiten würde,
wurde diese Lösung allgemein akzeptiert. Übrigens sehr viel
weniger ambivalent, wie mir schien, als in den anderen Gruppen. Hinsichtlich meiner Schwangerschaft kam mir in der
Frauengruppe die größte Solidarität entgegen, an deren Au-
thentizität ich auch nicht zweifelte. Die Tatsache meiner
Schwangerschaft konnte in dieser Gruppe quasi als ein Teil
des Settings mit ins Arbeitsbündnis aufgenommen und akzeptiert werden.

Im nachhinein erscheint mir meine Schwangerschaft (auch hinsichtlich der Frauengruppe) ein besonders glücklicher Umstand gewesen zu sein. Denn sie garantierte, wenn auch in indirekter Weise, die Präsenz des Vaters in der Gruppe. Wieso erscheint dies als wichtig? Die Gruppe regredierte in einem unvorstellbaren Maße, und zwar derart, daß ich in der Gegenübertragung oft das Gefühl hatte, vollständig von dem regressiven Druck aufgesogen zu werden, zu verstummen, keine Deutungen mehr zustande zu bringen, alles fatalistisch dahintreiben zu lassen, nichts mehr zu strukturieren.

Die Sitzungen waren binnen kurzem charakterisiert durch tiefes Mißtrauen gegeneinander, das aber nicht verbalisiert werden konnte. Dann breitete sich entweder eine derartige Lähmung aus, daß ich den Tag verwünschte, an dem mir die Idee zur Frauengruppe gekommen war, weil ich sicher war, diese Atmosphäre nicht durchhalten zu können. Oder aber es entwickelte sich als Abwehr gegen das Mißtrauen eine Kaffeekränzchen-Stimmung, in der, überspitzt dargestellt, nur noch Küchenrezepte und Strickmuster ausgetauscht wurden.

Nun könnte man sagen, daß meine Schwangerschaft das Bild der frühen präödipalen Mutter stark mobilisierte und die üblichen Abhängigkeitswünsche und Ängste, die ja in jeder Gruppe die Anfangsphase charakterisieren, noch verstärkte. Das glaube ich jedoch nicht. Vielmehr glaube ich, daß der starke regressive Sog, von dem auch ich mich in besonderem Maße immer wieder ergriffen fühlte, ein Charakteristikum von analytischen Frauengruppen sein dürfte. Ich habe darüber mit zwei Kolleginnen gesprochen, die ebenfalls Erfahrungen mit derartigen Frauengruppen haben. Sie haben ähnliches beobachtet und als typisch erlebt: regressiver Sog, Lähmung, Passivität beziehungsweise Kaschierung dieses Zustandes durch oberflächliches Geplauder wie beim Friseur. Die Bearbeitung dieser regressiven Phänomene ist sehr ängstigend, doch die Präsenz des väterlichen Phallus wirkte letzten Endes offenbar angstmindernd, denn die Gefühle, die in der Gruppe mit «Loch Ness» umschrieben waren, konnten letzten Endes doch aufgelöst und der Bearbeitung zugeführt werden. «Loch Ness» stand für die Angst vor einem großen mütterlichen Ungeheuer, für das Grauen vor meiner verschlingend erlebten Gegenwart, vor der als «schwarzes Loch» erlebten Gruppe als Ganzes und für das Unbehagen der Frauen hinsichtlich ihrer eigenen weiblichen Identität. Wer war «Nessie»? Wie könnten sie sich vor «Nessie» schützen?

Mit meiner zunehmenden Schwangerschaft änderte sich jedoch einiges. Die Frauen begannen, sehr viel über ihre Körper zu sprechen. Über Brüste, Bäuche, Pos. Einerseits konnten sie sich mit mir identifizieren, andererseits hatten sie einen großen Zorn auf mich. Neid auf meine Schwangerschaft, auf das Baby wurde deutlich. Vor allem eine Frau machte sich da zum Sprachrohr der Gruppe und bemerkte immer wieder feindselig, wie sehr ich meinen Bauch schmücke mit Ketten und Tüchern, wie aufdringlich schwanger ich sei. Andere phantasierten, wieviel mehr ich mich ums Baby als um die Gruppe kümmern würde. Aber am größten dürfte die Angst, fallengelassen zu werden, gewesen sein. Denn diese Angst wurde agiert. Eine der Frauen, die jüngste, aus einem subproletarischen Milieu stammend, also diejenige mit der größten sozialen Distanz, verließ die Gruppe mit der Begründung, sie fühle sich nicht aufgehoben und könne daher ihre Probleme nicht besprechen. Ich hatte in gewisser Weise mitagiert. Ich hatte nämlich gerade für diese Frau noch kein Gutachten für die Kasse geschrieben. Mithin war sie tatsächlich nicht so sicher gehalten in der Gruppe, obwohl es auf Grund ihrer Problematik keinen Zweifel gab, daß das Gutachten positiv beschieden würde. Aber wie dem auch sei, was die Realebene betrifft. Durch die sieben anderen Gutachten, die ich in einem Rutsch geschrieben hatte, waren die Mutterbänder etwas ausgeleiert. Die Frauen triumphierten, der Beweis war erbracht, daß ich eine schlechte Mutter war, die nicht alle Kinder halten kann. Aber sie bekamen auch Schuldgefühle: Sie hatten eine der ihren abgetrieben. Die Angst wuchs. Würde es eine glückliche Geburt geben oder eine Reihe destruktiver Fehlgeburten? Es war schwer, mit Deutungen an die Gruppe heranzukommen. Aber ich denke, eines wurde immerhin klar, die Frauen spürten, daß sie sich alle darauf eingelassen hatten, sich selbst noch einmal, und dieses Mal aus eigener Kraft, auf die Welt zu bringen.

«Wir treiben alle in einer dunklen Flüssigkeit», sagte einmal eine von ihnen. In keiner Gruppe je vorher, zur selben Zeit oder später habe ich so stark die Gruppe als Körper erlebt, als Bauch, als Uterus, nirgendwo den Geschmack von Fruchtwasser und Blut geradezu auf den Lippen gehabt.

Trotz aller Ängste, trotz aller destruktiven Phantasien entließen sie mich zwei Wochen vor der Entbindung in die zweimonatige Pause mit diesem Stück freundlicher Solidarität, das mir schon zu Beginn der Gruppe aufgefallen war. Das gab mir auch einen gewissen Rückhalt. Es war mein erstes Kind. Ich fühlte mich eingebunden in den Schatz der Erfahrungen mit Geburt und Kindern, den mir die Frauen der Gruppe entgegenbrachten.

Auch das wieder eine Besonderheit dieser Gruppe. Immer wieder einmal das Gefühl starker wechselseitiger Identifikation und ein Gefühl natürlicher Verbundenheit jenseits des therapeutischen Prozesses, der ja oft ungeheuer zäh, mühselig, lähmend, frustrierend war und so manches Mal voller Wut meinerseits: Was strenge ich mich für diese Weiber bloß an? Die Mutter-Tochter-Interaktion lief auf vollen Touren, wobei in der Gegenübertragung die Gruppe als Ganzes für mich sicher auch manchmal Züge einer depressiven Mutter annahm, die der Tochter nur noch wenig Luft zum Atmen läßt.

Phase II: *Idealisierung und negative Mutter-Übertragung*

Phase II setzt ein nach meinem Mutterschaftsurlaub. Alle sind beruhigt, daß das Baby, das auch noch ein Mädchen ist, heil auf die Welt gekommen ist. Daß ich stille, wird mit Wohlwollen notiert. Überhaupt wird zunächst alles Positive an mir hochgelobt bis hin zu einer schwindelerregenden Idealisierung. Ich bereite mich innerlich auf den Absturz, die Entwertung vor.

Aber zunächst muß die Gegenwart einer neuen Frau verarbeitet werden. Olga schlägt ein wie eine Bombe. Sie ist eine auffällig schöne Frau und zudem sehr extrem in ihrer Aufmachung – sie wirkt von ihrer Erscheinung her wie ein Fotomodell, aber aus der *Vogue*, nicht aus der *Brigitte*. Sie verhilft der Gruppe zu einer offeneren Rivalität der Frauen untereinander, jedoch noch nicht zu mir, und erhöht durch ihre Erscheinung das Verständnis für die Bedeutung von Kleidung und Make-up, also des Sich-zurecht-Machens als ein vielschichtiges Sich-Zeigen und Sich-Verbergen, was für alle eine große Rolle spielt. Außerdem wurde den Frauen an Olgas nie versiegendem Tränenfluß klar, wie sehr Weinen, ein sehr weibliches Mittel, dazu benutzt werden kann, sich die Umwelt vom Leibe zu halten, obwohl es zunächst wie ein Appell um Zuwendung erscheint.

Stellvertretend für den Rest liefern sich Olga und Viola heftige Kämpfe. Daß letzten Endes bei diesen rivalisierenden Auseinandersetzungen auch ich gemeint sein könnte, wird durch eine Unternehmung Violas deutlich. Viola nimmt, ihren eigenen Wert masochistisch unterschätzend, eine Stelle als Putzfrau an. Als sie zum erstenmal ihrer zukünftigen Chefin gegenübersteht und ihr diese Anweisungen zum Saubermachen gibt, wird Viola von einer unendlichen Wut ergriffen. Am liebsten würde sie der Frau den nassen Wischlappen um die Ohren hauen. Sie verläßt voller Zorn, ohne jede Begründung und ohne die Arbeit zu verrichten, die Wohnung ihrer Arbeitgeberin. Nie wieder will sie sich vor einer anderen Frau derart erniedrigen. Es wird deutlich, daß eigentlich nur der Therapeutin, bei der sie ein solches Gefälle erlebte, der nasse Putzlappen galt und daß sie ihre Auseinandersetzung mit mir in dieser Weise außerhalb der Gruppe agierte.

Eine der Frauen, Karin, wird schwanger. Sie hat bereits eine schulpflichtige Tochter, aber mein Beispiel habe ihr Mut gemacht, trotz der begonnenen Abendschule ein weiteres

Baby zu bekommen. Wieder geht diese freudige Bewegung durch die Gruppe, mit der Schwangerschaften begrüßt werden. (Insgesamt hat es in dieser Gruppe sechs Schwangerschaften gegeben.) Als Karin dann ihr Baby verliert, läßt sich die Idealisierung meiner Person nicht mehr aufrechterhalten. Ich sei es, die als Therapeutin die Frauen derart verunsichere, daß es sogar zu Fehlgeburten käme. Ich bin in der Übertragung zur feindselig eindringenden Mutter geworden, die das Körperinnere ihrer Töchter zerstört. Im Zusammenhang mit dieser Thematik offenbart Olga der Gruppe ihr Geheimnis: Sie fühlt sich durch eine Narbe im Gesicht zerstört. Eine Narbe, die durch Unachtsamkeit ihrer Mutter entstanden sei und die ihr subjektiv das Gefühl gibt, entstellt zu sein. Eine Narbe, die niemandem aufgefallen war, da Olga sie unglaublich geschickt unter Make-up und Frisur zu verbergen wußte. Bald nachdem sie dieses Geheimnis gelüftet hatte, verließ Olga die Gruppe. Begründet war dieser Schritt mit der Versöhnung mit ihrem Mann, zu dem sie, auch wegen des gemeinsamen Kindes, zurückkehren wollte und der in einer anderen Stadt lebte. Der tiefere Grund dürfte jedoch gewesen sein, daß sie uns ihr häßliches Gesicht gezeigt hatte. Häßlich auch im Sinne von Haß. Sie mußte vor den gleichzeitig aufgebrochenen Schuldgefühlen fliehen und begab sich zu ihrem Mann, der sie immer wieder schlug. Dies war der kritischste Zeitpunkt in der Gruppe. Die negative Mutter-Übertragung war voll im Gange, die Projektion der eigenen Destruktivität auf mich war mächtig. Olga hatte durch ihre Offenbarung gewissermaßen die Projektion rückgängig gemacht. Es wurde den Frauen immer deutlicher, daß der Haß ihnen allen im Gesicht stand. Olga mußte gehen, sowohl aus individuellen Motiven als auch für die Gruppe als Ganzes. Die Schöne, die sich als häßlich entpuppt hatte, mußte vertrieben werden. Dies war ein typischer Versuch, Destruktivität abzuspalten, der jedoch immer noch nicht ausreichte.

Eine weitere Frau verließ die Gruppe: Maria, die wahrscheinlich Gefährdetste von allen, die möglicherweise eine präpsychotische Konstitution hatte. Wahrscheinlich hatte sie am meisten die Implosion in der frühen Symbiose zu befürchten, in der glückverheißende Nähe, verglühende Dichte, Zerstörungswut untrennbar verbunden sind. Sie fühlte sich zunehmend schlecht von mir behandelt, klagte über zuwenig Zuwendung und Aufmerksamkeit, obwohl sie diese auch gerade vermied, und führte ständig den Nachweis, was ich für eine schlechte Mutter sei. Wie sehr Liebe und Haß bei diesen frühen Interaktionsformen beieinander liegen, zeigt die Tatsache, daß ich gerade für Maria von Anfang an eine besonders große Zuneigung empfunden hatte und daß sie ganz offensichtlich diese Nähe sprengen mußte.

Als dann noch Zita wegging – sie hatte die objektivsten Gründe: sie erhielt eine feste Lehrerstelle außerhalb Hessens –, war die Gruppe zu einem Skelett abgemagert. Der Gruppenkörper zeigte sich in seiner Hexenhaftigkeit. Der Haß auf die negative Mutter beziehungsweise der Haß in ihr, was ja zwei Seiten ein und derselben Medaille sind, hatte die Gruppe ausgemergelt.

Phase III: *Die Suche nach dem Vater*

Nach und nach bekam die Gruppe sozusagen wieder Fleisch auf die Rippen. Drei neue Frauen kamen hinzu. Eine neue Phase begann, die charakterisiert war durch die Suche nach dem Vater, der als Schutz gegen die Mutter dringend gebraucht wurde.

Als Höhepunkt dieser Suche nach dem väterlichen Element entstand eine Situation in der Gruppe, deren Vielschichtigkeit mich atemlos machte. Katja, eine der neuen Frauen, berichtete, erst nach dem Tode ihrer Mutter erfahren zu haben, daß sie das uneheliche Kind eines Besatzungsoffiziers sei. Das Geheimnis ihrer Herkunft habe die Mutter mit ins Grab genommen.

Ruth, der ihr Frauenarzt gesagt hatte, sie könne erst nach einem operativen Eingriff Kinder bekommen, wurde von einem Mann schwanger, bei dem sie zum erstenmal in ihrem

Leben voll erlebnisfähig war und der sich weigerte, die Vaterschaft anzuerkennen.

Anna berichtete von der Zeugungsunfähigkeit ihres Mannes, die sie bis dahin verschwiegen hatte. Sie trage sich mit dem Gedanken an künstliche Befruchtung, könne dabei aber die Vorstellung nicht aushalten, nicht zu wissen, wer der Vater sei. Sie verliebte sich in einen Mann, wurde schwanger, trennte sich von diesem Geliebten, ohne ihm etwas von ihrer Schwangerschaft mitzuteilen, und beschloß, das Kind gemeinsam mit dem Ehemann großzuziehen.

Der Vater blieb für die gesamte Gruppe eine ferne Gestalt. Entweder er verleugnete seine Vaterschaft, oder er war unerreichbar, mit unbekanntem Ziel über den Ozean verschwunden, oder er durfte an seiner Vaterschaft nicht teilhaben. Die Gruppe klagte und trauerte. Als konsequentes Thema schloß sich der Bericht Ursulas über ihre unerreichbare große Liebe an – ein Mann, der wie ein Komet immer wieder in ihrem Leben für kurze Augenblicke erschien. Wir lernten von ihr alle etwas über das Gefangensein in einem ausweglosen Gefühl und vielleicht auch darüber, daß die Hoffnung auf Liebe nicht aufgegeben werden darf, weil sonst das Leben nicht mehr lebenswert wäre. Sie repräsentierte für die Gruppe die Sehnsucht nach der absoluten Liebe, und gleichzeitig machte sie die Unmöglichkeit der Realisation einer solchen Liebe deutlich. «Es hat sich dieses innere Band nicht gelockert, obwohl wieder und wieder daran gezogen wurde, doch die Lockerung wurde nicht erreicht. Der Schmerz der Verstrickung war der Preis des Versuchs der Lockerung.»

Dann kam mein Privatleben sehr stark ins Zentrum des Interesses. Alles, was über meinen Mann in Erfahrung zu bringen war, wurde in Erfahrung gebracht. Ursula überlegte einige Zeit, ob sie sich eventuell um eine Sekretärinnenstelle bei ihm bewerben sollte, andere kannten sich plötzlich in seinen Publikationen aus. Die Frauen machten sich Gedanken über unser Sexualleben. Als sie meine zweite Schwangerschaft entdeckten, war der Vater wenigstens zu Muttern – und damit zu allen – heimgekehrt. Ödipale Rivalität und offensichtliche Freude darüber, daß es in der Familie Mutter *und* Vater gab, hielten sich die Waage. Die Gruppe verließ die depressive Position.

Phase IV: *Ende der Gruppe*

Die Endphase setzte ein, nachdem vier Frauen, ich war die letzte in der Serie, Kinder geboren hatten. Diese Phase war gekennzeichnet durch ein neues gegenseitiges Verständnis und das Gefühl, sehr viel partnerschaftlicher miteinander umgehen zu können. Sie waren gute Freundinnen geworden, die auch wieder Kaffeekränzchen veranstalteten, aber diesmal mit Tiefgang. Sie gingen nicht mehr übervorsichtig und eher hinterhältig miteinander um, sondern sie konnten Auseinandersetzungen auch direkt und aggressiv miteinander führen. Es kamen so wichtige Themen auf wie die Frage nach der Macht der Frauen, ausgehend vom Biologischen, dem Kinderkriegen bis hin zu familiären und sozialen Bezügen. Oder: die Schwierigkeit von Frauen, zu ihrer Macht zu stehen, und die übliche Lösung, die Macht nur in ihrer Negativform zu leben: als hysterische Furie, als Putzteufel, als phobisch ans Haus Gefesselte, als Tränenüberströmte oder still vorwurfsvolle Depressive etc., etc.

Die Frage nach der eigenen Triebhaftigkeit wurde neu gestellt. Ob sie es wagen würden, die Ängste vor der eigenen Entfesselung anzusehen. Vor ihren verzerrten Gesichtern beim Orgasmus und beim Gebären, wie ELLEN REINKE-KÖBERER es sagt.

Zu sich selbst zu stehen, das machte angst. Sie entdeckten, daß sie lange Zeit gar nicht hatten selbständig sein wollten, daß sie es mit Alleinsein, Isolation verwechselt hatten und daß sie sich über so gut wie alles Schuldgefühle machten, was mit Autonomie zu tun hatte. Aber sie entdeckten auch, daß sie mutiger geworden waren, daß Ängste sich verwandeln lassen oder sich zumindest mit den Ängsten leben läßt. Erst jetzt, beim Schreiben, habe ich gemerkt, wie dankbar ich diesen Frauen bin.

Soweit also der Versuch, möglichst knapp den Ablauf in dieser spezifischen Gruppe zu skizzieren. Wesentliche Punkte oder besser: Charakteristika habe ich dabei besonders betonen wollen:

1. Der regressive Sog in einer reinen Frauengruppe ist besonders groß und auch für die Therapeutin ein Problem. Der Sog zurück in den Schoß der archaischen Mutter kann über längere Zeit die Arbeit lähmen und Weiterentwicklung verhindern. Eine Möglichkeit, sich dagegen zu wappnen, ist die Co-Therapie. Zwei Therapeutinnen bieten sozusagen vom Setting her schon die frühe Triangulierung an. Selbst wenn sie nicht die Rollen von Mutter und Vater zugeschrieben bekommen, können sie doch wenigstens in unterschiedliche Aspekte der Mutter aufgeteilt werden und können daher nie zu einem so mächtigen Objekt wie eine einzelne Therapeutin werden. So könnte die eine fern, streng, aber zuverlässig sein, die andere nah und warm, aber kann man sich auf sie verlassen?

Eine weitere Möglichkeit dürfte sein, die Sitzungen in regelmäßigen Abständen zu besprechen, nicht unbedingt im Sinne einer Supervision, mehr im Sinne eines dritten, strukturierenden Elements – schließlich läßt sich ja nicht generell empfehlen, daß Therapeutinnen schwanger werden, um das väterliche Element in die Gruppe zu tragen.

Ich glaube auch, daß dieser regressive Sog sich besonders stark in einer psychoanalytischen Gruppentherapie mit Frauen einstellt. In einer solchen Gruppe ist die Anfangsphase ja maximal offen, durch keinerlei Zielsetzungen festgelegt wie in vielen anderen Frauengruppen. Da bietet das Programm – etwa: zu lernen, sich durchzusetzen – bereits ein entscheidendes Stück Struktur. Noch mehr dürfte dies der Fall sein in ideologisch festgelegten Gruppen, etwa feministischen Gruppen, deren deklariertes Ziel es ist, den Kampf um die Verbesserung der Situation der Frau zu führen. Die deklarierte Aufgabe legt sich dann darüber als strukturierender Raster. Ich möchte nicht falsch verstanden werden: Mir liegt nicht im entferntesten daran zu sagen, psychoanalytische Gruppentherapie mit Frauen wäre die einzige Methode der

Wahl. Ich will sagen, wenn man sich für diese Methode entscheidet, bei der nur äußerst wenig vorgegeben ist, dann muß man mit regressiven Prozessen rechnen, die stärker sind als in gemischten Gruppen und die vor allem auch die Therapeutin affizieren.

2. Man sollte nicht verblüfft sein, daß aus diesem Grunde das männliche Element als strukturierendes und von der Mutter erlösendes Element dringend gesucht wird. In mehreren anderen, mehr gruppendynamisch orientierten Frauengruppen und in der Arbeit mit Studentinnen habe ich das nicht so sehr erlebt. Da konnten sich die Frauen ausschließlich mit sich selbst beschäftigen, der Vater war als Stütze im Hintergrund nicht erforderlich. Das sind dann auch eher die Gruppensituationen, in denen die Probleme der individuellen Lebensgeschichte im Zusammenhang mit der allgemeinen Situation von Frauen in unserer Gesellschaft gesehen werden.

Haben Frauengruppen eine besondere Relevanz für die weibliche Sozialisation?

Die Antwort ist spontan klar: Natürlich haben sie eine Relevanz. Eigentlich banal. Jede Form von Gruppenprozeß stellt in meinen Augen eine wichtige Erfahrung dar. Aber ich meine auch, daß es bei Frauen noch eine besondere Bewandtnis mit Gruppen hat. Und zwar hat das mit der Polarität von Öffentlichkeit und Privatheit zu tun. Zur traditionellen Frauenrolle gehört ja im wesentlichen, daß sie im privaten Rahmen gespielt wird. Öffentlichkeit jenseits der Familiengruppe hat es für Frauen zumindest seit der Errungenschaft der städtischen Kleinfamilie nicht gegeben.

Daher erscheint mir jede Öffnung dieses gerade Frauen in der Isolation haltenden Settings von überaus großer Wichtigkeit. Jede Art von Gruppe dürfte aus diesem Grunde für Frauen wesentlich sein, weil sie herausführt aus der Isolation.

Und all jene Gruppen, in denen der Frau die Textur ihrer Privatheit und Intimität durch Veröffentlichung transparenter wird, verhelfen dazu, traditionelle Rollengrenzen zu überschreiten.

Es hat Zeiten gegeben, in denen Frauen in der Gruppe auf ihre Rolle vorbereitet wurden. Gemeinsam lernten sie, was es in ihrer jeweiligen Kultur heißt, eine Frau zu sein. Diese Art von Frauenhäusern oder dörflichen Spinnstuben haben wir nicht mehr. Wir müssen ja im Gegenteil herausfinden, wie sich Frauen neu definieren können. Die große Möglichkeit von Frauengruppen heute ist, daß sie eingefahrene Ansichten über das sogenannte Frausein sprengen und dazu verhelfen können, inhaltsleere Rollen abzuwerfen und das dahinter verborgene Selbst zu leben.

Ich will nur einige der Fragen, die in meiner Arbeit mit Frauengruppen immer wieder als wesentlich auftauchten, erwähnen, um damit in groben Zügen die Thematik zu skizzieren, mit denen Frauen sich auseinandersetzen.

Am meisten hat mich in diesem Zusammenhang beeindruckt, wie groß die Angst der meisten Frauen ist vor der Möglichkeit von Autonomie und Selbständigkeit und wie sehr sie davor zurückschrecken, zu ihrer Macht zu stehen.

Warum haben wir so große Angst vor unserer Autonomie und Selbständigkeit? Warum können wir so schlecht zu unserer Macht stehen, so daß sie meist nur in Negativformen – etwa Krankheit – erscheint. Warum haben wir so große Angst vor der Freiheit und dem Alleinsein? Wird unser Wert nur durch den Mann, an den wir uns anlehnen, bemessen?

Bedeutet Weiblichkeit immer, nur Weibchen sein, das Kindchenschema herauskehren, um sich an einem Sugar Daddy festzuhalten? Oder das Gegenteil davon, die Mondgöttin mit Heros im Gefolge, die Männer aufrichten oder vernichten kann. Wieweit können wir es wagen, unseren Partnern gegenüber abgegrenzt zu bleiben, um dann auch verschmelzen zu können und sich selbst dennoch immer wieder zu finden.

Was bedeutet Mütterlichkeit? Aufopferung? Narzißtische Aufwertung? Das stärkste Erleben unserer selbst? Endgültige Begegnung mit der eigenen Mutter und damit deren volles Erkennen? Kann es Flucht vor sich selbst sein, Rückzug vor anderen Formen der Selbstverwirklichung?

Was bedeutet Schönheit? Wollen wir damit anziehen oder abweisen? Sind wir schön, wenn wir uns selbst lieben oder wenn wir geliebt werden?

Wie gehen wir mit unserer Sexualität um? Dürfen wir eine eigene Sinnlichkeit haben, oder wird diese nur durch den Partner bestimmt? Was macht es uns so schwer, aktiv in der Sexualität zu sein?

All diese Fragen und noch viele andere mehr tauchen in Frauengruppen immer wieder auf. Die Chance dieser Gruppen besteht darin, daß sich jede Frau aus der Fülle der Fragen die auf sie zutreffenden aussuchen kann. Sie wird dann immer zwei Antworten finden müssen: eine darauf, wie sie es bisher mit dem Problem gehalten hat, und die zweite darauf, wie sie sich für die Zukunft entscheiden will. Umfaßt die zweite Antwort eine Veränderung des Bisherigen, findet sie dafür wiederum Rückhalt in ihrer Gruppe.

Das emotionale Erleben
von Generativität

Am 19. April 1982 konnte man in der *Frankfurter Rund-schau* lesen, das erste deutsche Retortenbaby habe in der Frauenklinik der Universität Erlangen-Nürnberg gesund das Licht dieser Welt erblickt.

Sind wir dabei, unsere Fortpflanzungsfunktionen allmählich medizinisch in den Griff zu bekommen? Ist es nicht nur noch eine Frage der richtigen Technologie, glückliche Kinder in die Welt zu setzen oder glücklich keine Kinder in die Welt zu setzen?

Es entsteht ein zwiespältiges Bild. Einerseits kann man mit Erleichterung feststellen, um wievieles Aufklärung im Bereich der Sexualität, der Verhütung, der Familienplanung leichter zugänglich ist als noch vor einigen Jahren. Die Kehrseite scheint mir jedoch der unübersehbare, durchaus unserer Zivilisation angepaßte Trend zur Funktionalisierung dieses ganzen Bereiches zu sein. Besonders eindrücklich ist mir in Erinnerung, wie in der Zeitschrift *Eltern* vor einiger Zeit mehrere strahlende Elternpaare berichteten, wie sie nach einer von der Zeitschrift vorgeschlagenen Methode erfolgreich die gezielte Zeugung von Söhnen beziehungsweise Töchtern betrieben hatten. Was mir dieses Unternehmen so unsympathisch machte, war nicht so sehr der Versuch, beim Schicksal mit Regie führen zu wollen, sondern die fortschrittsgläubig-mechanistische Konzeptualisierung der eigenen Generativität.

Ich gebrauche hier zum erstenmal den Begriff Generativität. Er ist für mich insofern der weitere Begriff, als er neben der biologischen, neben der physiologischen Fortpflanzungsfunktion auch deren psychische Repräsentanz im Bewußtsein und im Unbewußten umfaßt. Es ist ein Begriff, der sich speist aus individuellen Gefühlen und kulturellen Einstellungen, wenn nicht gar Ideologien.

Hier möchte ich mich vor allem mit solchen Fragen befassen, die sich auf die emotionale Bedeutung der Generativität, also auf das psychische Erleben von Empfängnis, Zeugung, Schwangerschaft und Geburt beziehen.

Wenn wir an die ungeheure Emotionalität und politische Brisanz denken, die die Diskussion um die Legalisierung des Schwangerschaftsabbruchs hervorgerufen und klargemacht hat, dann zeigt sich sehr deutlich, wieviel Irrationales im positiven wie im negativen Sinne sich mit dem Bereich der Generativität verbindet, wie libidinös besetzt, wie angstbesetzt und wie haßbesetzt dieser ganze Komplex ist und wie sehr eine sterile, funktionalistisch-mechanistische Einstellung ebenso wie eine konservativ-mystifizierende als Abwehrmaßnahme zu verstehen ist.

«Klassische» psychoanalytische Ansichten

Wenn man die klassisch-psychoanalytische Literatur zum Thema Generativität betrachtet, so fällt meines Erachtens auf, daß dieses Thema zwar implizit in den Arbeiten über die Entwicklung der kindlichen Sexualität, vor allem der weiblichen, mitschwingt, aber seltener unter dem Aspekt des Paares, also der Elternschaft, behandelt wird. ERIKSON bildet hier eine Ausnahme. Er beschreibt in «Identität und Lebenszyklus» (1959) durchaus beide Partner:

In der Phase des frühen Erwachsenenseins sucht die junge Frau die Intimität mit einem neuen permanenten Objekt, aber zunächst sind beide Partner noch nicht bereit für eine trianguläre Beziehung. Erst wenn sie erleben, daß sie nicht Vater und Mutter füreinander sein können und die daraus folgende partielle Desillusionierung verarbeitet haben, entsteht eine neuerliche Suche nach der idealen Nähe. Indem ein Kind geplant wird, erneuert die junge Frau ihre Position als potentielle Mutter. Indem er dem Wunsch nach einem Kind zustimmt, übernimmt der Ehemann die Rolle des männlichen Beschützers und kann seinen eigenen Wunsch, Mutter zu sein, sublimieren. Die neue Schwangerschaft ist ein gemeinsames Unternehmen, obwohl die Rolle der Frau zentral ist, während der Mann ihre neue Entwicklung begleitet und unterstützt. Soweit ERIKSON.

Insgesamt hatte ich jedoch den Eindruck, daß in der Literatur Generativität geradezu gleichgesetzt wird mit Schwangerschaft und Mutterschaft. Das ist auf der archaischen Wahrnehmungsstufe sicher richtig. Dennoch mag es im Hinblick auf die patriarchalische Ausrichtung der klassischen Psychoanalyse zunächst Verwunderung auslösen, wie wenig das Vaterwerden, die Vaterschaft als komplexes emotionales Phänomen, Beachtung findet. Oder ist gerade dies besonders typisch für eine patriarchalische Haltung? Es tut sich ein eigenartiger Widerspruch auf. Einerseits ist Generativität geradezu identisch mit Schwangerschaft und Mutterschaft, die Frau hat also quasi den gesamten Raum besetzt; andererseits postuliert die klassische Psychoanalyse, daß am Wunsch der Frau nach einem Kind nichts primär Weibliches sei. Der Kinderwunsch wird als abgeleitetes sekundäres Phänomen, als die Modifizierung der Sehnsucht nach dem väterlichen Penis gesehen. Das Kind wird lediglich als Penis-Substitut betrachtet.

Vor allem HELENE DEUTSCH, die man geradezu eine «Kollaborateurin» (KESTENBERG 1977) des patriarchalischen Denkens FREUDS bezeichnen könnte, hat in ihrem Standardwerk über die «Psychologie der Frau» (DEUTSCH 1948) den Frauen eine primäre, spezifisch weibliche Sexualentwicklung abgesprochen und damit über viele Jahre eine sehr spezielle Auffassung von Weiblichkeit festgeschrieben. Obwohl es schon in den zwanziger und dreißiger Jahren heftige Kontroversen bezüglich einer solchen, Frauen nicht gerecht werdenden Theorie gab, die sich vor allem mit dem Namen von K. HORNEY, M. KLEIN, E. JONES verbindet, sahen sich Psychoanalytikerinnen wie THERESE BENEDEK (1970) und JUDITH KESTENBERG (1977) noch in den siebziger Jahren unter dem Druck, betonen zu müssen, daß Schwangerschaft nicht generell als Substitut für den fehlenden Penis erlebt wird und eine erwachsene, eigenständig innergenitale Phase mit Wurzeln in den vorangegangenen inner-genitalen Phasen der frühen Kindheit und Adoleszenz sei.

JANINE CHASSEGUET-SMIRGEL (1976) hat sehr überzeugend

dargestellt, daß die klassische Lesart der psycho-sexuellen Entwicklung beider Geschlechter, für die der phallische Monismus charakteristisch ist, eine Abwehrformation gegen die frühe Mutter-Kind-Interaktion darstellt. Ihre Hypothese lautet: Der phallische Monismus soll eine narzißtische Wunde auslöschen, die wir alle davongetragen haben und die aus der Hilflosigkeit der frühen Kindheit stammt.

Ich würde es mir allerdings zu leicht machen, wenn ich behauptete, an dieser Form der Diskussion habe sich nichts geändert. Ganz wesentliche Aspekte sind ja durch das Konzept des Gebärneides, wie es vor allem BETTELHEIM (1975) und REIK (1946) ausgeführt haben, hinzugekommen.

Autoren wie CHERTOK u. a. (1969), JESSNER u. a. (1970) und KESTENBERG (1977) haben in systematischer Weise die verschiedenen Phasen der emotionalen Verarbeitung der Schwangerschaft bei Frauen beschrieben. In diesem Zusammenhang sei auch vor allem auf die Arbeiten von HANS MOLINSKI aufmerksam gemacht, der auf psychodynamische Abläufe hingewiesen und Entwicklungsstufen des Bildes der Weiblichkeit beschrieben hat (MOLINSKI 1972).

Ich möchte im folgenden versuchen, die verschiedenen Ebenen zu betrachten, auf denen Frauen und Männer ihre prokreativen Funktionen erleben. Meines Erachtens lassen sich sieben Erlebnisebenen voneinander unterscheiden. Eine säuberliche Trennung der verschiedenen Ebenen ist hier jedoch nicht gemeint, sondern eher eine vielfache Mischung der Erlebnisweisen, die im Einzelfall durch die individuelle Lebensgeschichte entsteht. Das Erlebnis meiner eigenen Schwangerschaften und die Erfahrung mit acht Patientinnen, die während ihrer Analyse, Einzel- oder Gruppentherapie schwanger wurden, sowie einigen männlichen Patienten, die während der Behandlung Kinder bekamen oder schon hatten, haben zu meinen Überlegungen beigetragen.

Der kulturanthropologische Hintergrund

Als ich mich auf diese Thematik vorzubereiten begann, griff ich als erstes zu ERICH NEUMANNS (1974) Buch über «Die Große Mutter». Ich verhielt mich so, als sei diese Lektüre die

Basis schlechthin. Spontan und unreflektiert hatte ich das Gefühl, für die Generativität sei die Große Mutter zuständig. Nach dem Vater fragte ich nicht. *Noch* nicht. Ich glaube nicht, daß das allein mein Problem ist. Meiner Meinung nach ist es die urtümlichste Ebene im Erleben von Männern und Frauen, daß sich die Frage nach dem Vater nicht stellt.

Eine Fülle von anthropologischem Material (NEUMANN 1974; BRIFFAULT 1969; SHUTTLE und REDGROVE 1980) weist darauf hin, daß die Rolle des Mannes beim Zeugungsakt über lange Perioden der Menschheitsgeschichte unentdeckt blieb. Die Frau vervielfältigte sich selbst und erschuf auch noch das vollkommen andere, den Sohn, aus sich heraus. Es gehörte also zu den Grundlagen der archaischen Lebensauffassung, daß das Weibliche aus numinosen Gründen in sich Leben erschaffen kann. Daher seine Macht. Daher ist der historisch erste «Zauber» ein Fruchtbarkeitszauber, der von Frauen ausgeübt wurde, die als Priesterinnen, Zauberinnen, Prophetinnen und Schamaninnen die Macht innehatten. Da der Monatszyklus der Frau dem des Mondes so ähnelt, ist die Analogie zwischen beiden im religiösen Denken universell. Diese Zyklen sind nach BRIFFAULT das historisch erste Maß für die Zeit. Alle Religionen und Mythologien, in denen Mondbilder auftauchen, hatten ursprünglich etwas mit Frauen zu tun. Alle Mondkulte sind nach BRIFFAULT ursprünglich Menstruationskulte (zit. nach SHUTTLE und REDGROVE 1980).

Die Einstellungen zur Menstruation, die Umgangsweisen mit dieser Manifestation magischen Blutvergießens sind vielfältig. Sie reichen von den Imitationsriten, wie sie BRUNO BETTELHEIM (1975) in seinem Buch «Die symbolischen Wunden» beschrieben hat, die er als Ausdruck des männlichen Verlangens nach Aneignung weiblicher Weisheit und Macht versteht, bis zu einer absoluten Verteufelung menstruierender Frauen als unreine, minderwertige Wesen. In unserer Zeit ist die Haltung eher verleugnend: Solange die Menstruation ein unauffälliger, pflegeleichter, tamponierter Vorgang bleibt, wird kein Wort über sie verloren. Dazu gleichsam in

Parenthese: Als einen bedauerlichen Irrweg innerhalb eines Teils der Frauenbewegung sehe ich die Praktiken an, sich etwa mit Hilfe von Absaugmethoden eine möglichst unblutige Menstruation zu verschaffen und sich damit zunehmend mehr dem eigenen, weiblichen Körper zu entfremden. Eine sehr reiche, der Wiederaufwertung und Wiederaneignung der Menstruation dienende Arbeit ist in diesem Zusammenhang das Buch «Weise Wunde Menstruation» von PENELOPE SHUTTLE und PETER REDGROVE (1980).

Alle Fruchtbarkeitsriten sind ganz eng mit dem Zyklus der Frau verwoben. Je archaischer sie sind, desto mehr sind sie auch mit dem blutigen Opfer, dem Menschen- oder Tieropfer, später dem symbolischen Opfer verbunden und damit stets Riten, die Tod und Wiedergeburt inszenieren. Auf diesem Hintergrund bekommt im psychischen Erleben des frühen Menschen die Erde die Qualität des Mütterlichen. Sie wird zur Mutter Erde, die ihre Kinder gebiert und als Tote wieder zu sich nimmt. Man denke etwa an Bestattungskulte, in denen die Toten in Embryostellung in großen tönernen Urnen (= Gebärmutter) begraben wurden. Als Enthaltendes hat die Große Mutter auch die Qualität des Festhaltens und Zurücknehmens und ist somit stets eine Gottheit des Lebens und des Todes (NEUMANN 1974). Sie ist auf keinen Mann angewiesen zum Zwecke der Prokreation. Sie kann Leben geben und ebenso Leben nehmen, sie selbst *ist* das Leben und der Tod.

Stufen des Erlebens der Generativität

1. Stufe: der archaische Aspekt

Und eben dieses Bild, die Große Mutter, wird mobilisiert auf der – wie ich es nenne – *archaischen Stufe* des Erlebens beider Geschlechter, wenn sie sich psychisch, sei es real oder nur in der Phantasie, dem Bereich ihrer Generativität nähern. Das archetypische Bild der Großen Mutter berührt ganz stark den

Bereich des narzißtischen Selbsterlebens. Eine Patientin, die sich gerade mit dem Gedanken anzufreunden begann, eines Tages ein Kind haben zu wollen, dabei ihren Partner jedoch noch in keiner Weise mit einbezog, berichtete, wie es sie auf einer Tagung mit vielen hundert Teilnehmern plötzlich wie der Blitz durchfuhr, daß diese unzähligen Menschen alle, *ausnahmslos*, von Müttern geboren waren. Sie kam in eine ausgesprochene hypomanische Erregung und war einige Zeit sehr schwankend, ob sie ihr Größengefühl genießen oder ob sie schreiend davonlaufen sollte.

Die narzißtische Erregung im Bereich des Größenselbstes ist ja durchaus zweigesichtig. Größengefühle schlagen um in Gefühle von Nichtigkeit und Unwert und umgekehrt. Je stärker die Fixierung auf der Stufe des Größenselbstes ist, desto weniger mag eine Frau in der Lage sein, die Begegnung mit der Imago der Großen Mutter auszuhalten. Entweder wird sie selbst zur Großen Mutter und ist dann unter Umständen der narzißtischen Erregung, die durch diese Größenphantasie entsteht, so ausgeliefert, daß sie sehr rasch mehr oder weniger angemessene Abwehrmaßnahmen ergreifen muß. Oder sie wird in der Identifikation mit dem eigenen Kind selbst zum hilflosen Fötus im Inneren der übermächtigen Mutter, oder aber sie oszilliert im Erleben zwischen beiden Möglichkeiten.

So berichtete eine andere Patientin in einer Gruppensitzung über eine Fehlgeburt, die einige Wochen zurücklag. Sie klagte über die fühlbare Nähe von Leben und Tod, über ihre Schuldgefühle, das Kind gemordet zu haben. Gleichzeitig erlebte sie sich in Träumen hilflos im Inneren des Bauches ihrer Mutter, ebenso hilflos, wie sie sich dem Naturgeschehen der Fehlgeburt gegenüber gefühlt hatte.

«Großartig und teilnahmslos, in monumentaler Weise gleichgültig dem von ihr abhängigen Lebendigen gegenüber», beschreibt NEUMANN diese Facette des Großen Mütterlichen. Für mich ist diese Facette am ehesten versinnbildlicht im sogenannten archaischen Lächeln mancher Statuen der Antike, vor allem des präkolumbianischen Kulturkreises. Auch das rätselhafte Lächeln der Mona Lisa gehört für meine Begriffe hierher. Ich glaube, daß es auf dieser Stufe des Erlebens den Mann als Erzeuger oder als Gegenüber nicht gibt. Es gehört – in unserer Sprache – zu den narzißtischen, präobjektalen Erlebensweisen. Das Kind ist ein Teil der Mutter, die wiederum ein Teil ihrer Mutter ist, die wiederum ein Teil ihrer Mutter ist und so fort. Solange diese Regression in den archaischen Bereich eine Frau nicht allzusehr ängstigt, wenn sie es im Gegenteil als Bereicherung erleben kann, dann sollte man damit auch nicht pathologisierend umgehen, sondern es als eine existentielle weibliche Erfahrung des Eingebundenseins in den immerwährenden Prozeß des Werdens und Vergehens betrachten. So weit, so gut, für die Frauen. Aber die Männer? Wie sehen deren Gefühle auf dieser Stufe aus? Mir scheint, daß die Frau hier nur als die Vollkommen-in-sich-Abgeschlossene, Unerreichbare, Unbeeindruckbare konzeptualisiert werden kann, vor der man selbst ein Nichts ist und die dadurch Angst einflößen kann. Vielleicht ergreift das Gefühl, nichts ausrichten zu können, hilflos zu sein im Angesicht der unbeeindruckbaren Mutter, alle Männer, wenn diese archaische Stufe im Erleben von Generativität angesprochen wird.

2. Stufe: das Getragenwerden

Die nächste Ebene ist meines Erachtens immer noch eine präobjektale, in der jedoch stärker der Aspekt des *Getragenwerdens*, des Gehaltenwerdens eine Rolle spielt. Die in sich gekehrte, sich selbst und das Kind tragende, wiegende Schwangere, von der sich auch der Mann getragen fühlen kann und die er seinerseits auch hält und trägt, wobei er natürlich in der Identifikation mit dem Kind auch sich selbst trägt. Eine Frau berichtete, daß ihr Mann, als sie schwanger wurde, plötzlich eine Hängematte, die jahrelang unbenutzt im Keller gelegen hatte, für sie beide installierte. Hier scheint mir die Gegenseitigkeit sehr viel größer, als gäbe es eine Art wechselseitigen narzißtischen Austausches intra-uteriner Glückseligkeit. Ist auf Grund der eigenen Lebensgeschichte bei beiden Partnern das Vertrauen in das Gehaltenwerden, das Sich-überlassen-Können weitgehend ungestört, so ist das

Erleben auf dieser Stufe ein sehr inniges, friedliches. Bestehen jedoch ernsthafte Ängste, fallengelassen zu werden, so können natürlich auch hier Konflikte entstehen. So zeigt das Beispiel überbesorgter werdender Väter, die ihre Frauen ständig gängeln, damit nur ja dem Kind nichts passiert, sehr plastisch, wie sehr ihre frühen Ängste, fallengelassen zu werden, virulent geworden sind.

3. Stufe: der orale Aspekt

Erlebnisweisen aus dem gesamten Bereich der Oralität, sowohl dem versorgend-nährenden als auch dem kannibalistisch-verschlingenden, spielen hier bei Männern und Frauen eine Rolle. Ich will nur einige Beispiele nennen, um das zu illustrieren.

Eine Frau berichtet, daß sie die Empfängnis wie ein Gefüttertwordensein, den Samen des Mannes wie Muttermilch erlebt hätte und sich in den ersten Schwangerschaftswochen wie ein satter Säugling gefühlt hätte. Den Vater des Kindes erlebte sie also eher mütterlich.

Phantasien von oraler Konzeption sind ja bekannt und haben häufig auch Schwangerschaftserbrechen zur Folge. Bei dieser Frau war das anders. Bei ihr hatte keine Verschiebung nach oben stattgefunden, sondern sie erlebte ihr Genitale als aufnehmenden Mund. Das Wort Muttermund zeigt dies ebenfalls deutlich. Ein eindrückliches Beispiel zitiert Lewin (1946): Eine seiner Patientinnen erlebte die Kontraktionen der Austreibungsperiode wie ein Saugen und den Kopf des Kindes wie die Mutterbrust. Die Geburt ihres Kindes setzte sie dem Entzug der Mutterbrust gleich.

Eine Regression, zumindest partiell auf das orale Niveau ist sicher auch nötig, um sich auf das kommende Kind einzustellen und sich auf das Stillen vorzubereiten.

Die Fähigkeit, ein Kind stillen zu können, unendlich spendend zu sein, hat für manche Frauen ein ausgesprochenes Hochgefühl zur Folge, ist narzißtisch hoch besetzt. Andere wiederum, die sich nicht als «Milchkuh» mißbrauchen lassen wollen, scheinen die Begegnung mit der frühen Oralität zu scheuen. Daß darüber hinaus auch kulturelle Einstellungen zum Stillen eine wesentliche Rolle spielen, kann ich nicht weiter ausführen. Aber nicht nur der spendende oder oral versagende Aspekt wird für beide Geschlechter in Identifikation oder Projektion aktualisiert. Ebenso ist es mit dem verschlingenden. Der Heißhunger vieler Schwangerer ist ebenso bekannt wie die häufig auftretenden Ängste, vom Kind wie von einem Krebsgeschwür aufgefressen zu werden.

Das Gefühl, auf hinterhältige Weise vereinnahmt, geradezu verschlungen worden zu sein, hatte ein Patient, der zeitweise unter Ejaculatio praecox litt. In einer flüchtigen Beziehung, als er ein einziges Mal nur mit der Frau geschlafen hatte und keinen vorzeitigen Erguß hatte, sondern eine langandauernde Erektion, kam es zur Schwangerschaft. Er fühlte sich nun in all seinen Ängsten bestätigt: «Reicht man denen nur den kleinen Finger, dann fressen sie einem gleich den ganzen Arm ab.» Im Gegensatz zu manchem anderen, der sich vielleicht als besonders potent angesehen hätte, wenn es bei einem einmaligen Verkehr zur Schwangerschaft gekommen wäre, fühlte sich mein Patient ungeheuer hintergangen, zum Zwecke der Zerfleischung in die Falle gelockt. Ob nicht seine eigenen oral-sadistischen Tendenzen auch ein Grund unter anderen für seine Potenzproblematik waren, steht auf einem anderen Blatt.

Es scheint so zu sein, als ob auch auf dieser Ebene, ähnlich wie beim Gehaltenwerden, sehr stark die Frage des Vertrauens eine Rolle spielt. Zeugung ist Vertrauenssache, möchte man fast sagen: Kann ich mich in sie hineinbegeben, mich in ihr festsetzen, ohne gleich ganz gefressen, ganz vereinnahmt zu werden? Bei der Empfängnis spielt diese Frage sicher ebenso eine Rolle: Ist das Sperma eine giftige Speise, die mich von innen zersetzen wird, kann ich dem in mir wachsenden Kind vertrauen, oder wird es ein böser Teufel?

Solche projektiven Auseinandersetzungen mit dem werdenden Kind tauchen immer wieder auf, und zwar nicht nur im klinischen Beispiel. Über Jahrhunderte wurden Kinder als Inkarnation des Bösen gesehen. So peitschte man Säuglinge prophylaktisch aus, um ihnen das Böse auszutreiben (vgl. DE MAUSE 1977). Manche Kirchenväter, so AUGUSTIN, sahen im Kind das schlechthin Böse (vgl. E. BADINTER 1981).

4. Stufe: der anale Aspekt

Der vierte Aspekt ist der *anale* Erlebensmodus. Hier tauchen vor allem Fragen von Kontrolle versus Auslieferung, von Festhalten versus Ausstoßen auf sowie Phantasien von innerer Zerstörung, von Zerplatzen. Ein Kinderreim scheint mir dies besonders gut zu illustrieren: «In der Nacht, in der Nacht, wenn der Büstenhalter kracht und der Bauch explodiert, komm'n die Kinder rausmarschiert ...».

Eine Patientin mit einer anal überaus kontrollierenden Mutter, die förmlich in sie eingedrungen war, hatte lange Zeit – trotz intensivem, bewußtem Kinderwunsch – Schwierigkeiten, schwanger zu werden. Sie erlebte Empfängnis und Schwangerschaft unbewußt als mütterliches Eindringen in ihr Körperinneres, den Embryo als innere Kontrollinstanz über ihre gesamten Körpervorgänge, der sie hilflos ausgeliefert sein würde. Für einige Zeit konstellierte sie die Gruppe als eine solche intrusive Mutter, die ihr ein Kind zum Zwecke der totalen Kontrolle aufzwingen wollte. Dies erzeugte eine analoge Resonanz bei einem männlichen Gruppenmitglied. Er begründete seine schon lange bestehende Absicht, nie Kinder haben zu wollen, mit dem Gefühl, er wolle seinen kostbaren Samen nie an eine Frau hergeben, weil sie dann auf magische Weise Kontrolle über ihn gewinnen könne. In der Identifikation mit einem potentiellen Kind meinte er, er wolle von keiner Frau «verwurstet» werden.

5. Stufe: der phallische Aspekt

Die fünfte Möglichkeit, sich mit der Generativität auseinanderzusetzen, ist der *phallische* Aspekt. Eine Patientin, zu deren Größenphantasien es gehörte, einen Düsenjäger zu steuern und dabei im Cockpit stehend ein Kind zu gebären, hatte zunächst, als sie schwanger wurde, jeden Geschlechtsverkehr mit ihrem Mann verweigert. Als sie ihre unbewußte Phantasie, mit dem Kind im Bauch ein vollkommenes Zwitterwesen zu sein, ausgestattet mit weiblichem Genitale plus Phallus, bearbeitet hatte, war sie bereit, mit ihrem Mann zu verkehren, und konnte zum erstenmal in ihrem Leben Orgasmen erleben. Auch nach der Entbindung blieb sie orgasmusfähig.

Ein Mann berichtete über seine Ängste, die Frau bei der Zeugung, nicht bei einem Geschlechtverkehr mit Verhütungsmitteln, zu durchbohren. Sowohl die phallische Aggressivität, hier besser Destruktivität, als auch die Angst, kastriert zu werden, wenn er ein Kind zeugen würde, spielten hier also eine Rolle. «Die Frau schneidet einem den Schwanz ab, läßt ihn in sich zum Kind anschwellen.» Sicher kann diese phallische Thematik auch der Abwehr früherer Ängste dienen. Aber ich möchte hier ja nicht die Beispiele bis ins letzte hinein zu deuten versuchen, sondern lediglich einen Assoziationsraum umschreiben.

Hierher gehören – nur kurz umrissen – auch all die Phantasien vom Kind als Penisersatz. Endlich keinen beschämenden Hohlraum zu haben war das Gefühl einer Patientin, die schwanger geworden war und die immer wieder zitierte: «Was ist ein Loch? Ein Nichts mit Rand». Das Kind muß unbedingt ein Sohn sein, um der Mutter, gleichsam in der narzißtischen Erweiterung ihrer selbst, als Phallusträger zu dienen. Das Kind muß ein Sohn sein, denn nur der kann dem Vater seine phallische Potenz bestätigen. Gefühle von Impotenz bei phallisch fixierten Männern, wenn sie wahrnehmen, daß das Kind doch größer ist als ein Phallus in voller Erektion. Und so könnte man noch eine Reihe weiterer Beispiele anführen.

6. Stufe: der ödipale Aspekt

Eine weitere Erlebensweise ist die *ödipale*, die ich noch unterteilen möchte.

a) Der Wunsch nach dem Kind mobilisiert in fundamentaler Weise die ödipale Konstellation. Der Partner oder die Partnerin wird zum inzestuös geliebten Elternteil. Das Inzesttabu wird wieder wirksamer. Hier gilt es also, mit alten Schuldgefühlen und Ängsten neu umzugehen. Es ist ja auch nichts Ungewöhnliches, wie häufig die sexuellen Beziehungen eines Paares erlahmen, wenn sie selbst Eltern geworden sind.

b) Ein weiterer Punkt innerhalb der ödipalen Thematik, der mir sehr wichtig erscheint, ist die Mobilisierung der Urszenenphantasie beim Verkehr in der Schwangerschaft. Eigentlich handelt es sich hier gar nicht mehr um eine Phantasie, sondern die Urszene wird ja tatsächlich agiert. Ein Elternpaar schläft miteinander, das Kind ist dabei. Ist das Kind nun sozusagen der Dritte im Bunde, oder ist es ausgeschlossen? Mir scheint, daß es durchaus eine gewisse Verwirrung geben kann, an welcher Stelle der Urszenenkonstellation sich die einzelnen Akteure befinden.

Eine Frau beschreibt das so: «Schläft er denn nun mit mir oder mit dem Kind? Wer ist denn nun gemeint? Bin ich plötzlich die Ausgeschlossene, oder werden wir bei unserem Treiben vom Kind beobachtet?»

Wird hier das «beobachtende Kind» sozusagen zur Über-Ich-Instanz? Mir scheint, alle denkbaren Konstellationen sind hier möglich und erlebbar.

Ein Patient erzählt in einer Gruppensitzung fortwährend Witze, die auch um dieses Thema kreisen, von denen ich mir leider nur einen gemerkt habe: «Zwei Embryos unterhalten sich. Der eine mißlaunig zum anderen: ‹Heute Nacht habe ich wieder schlecht geschlafen. Da kam doch wieder dieser glatzköpfige Typ rein und hat mir ins Gesicht gespuckt.›»

c) Es gibt eine Variante der ödipalen Erlebensweisen im Zusammenhang mit der eigenen Generativität, die meiner Meinung nach sehr wenig beachtet wird. Die beiden Partner können zwar schon die elterliche Position einnehmen, sind also durch die Inzestproblematik nicht mehr allzusehr irritiert, aber sie projizieren auf das Kind ihre eigenen neidischen und ödipalen Anteile, wodurch das Kind zu einem Eindringling wird, der die elterliche Harmonie empfindlich stört. Proportional der Verarbeitung des eigenen Neides auf das vereinigte Elternpaar der Urszene wird dieser Aspekt zum Tragen kommen.

7. Stufe: der genitale Aspekt

Als letzte Ebene ist für mich die *genitale* wichtig. In gewisser Weise bündeln sich hier all die genannten Strebungen, sie sind enthalten und nicht rigide verbannt. Doch wie mir scheint, ist die besondere Qualität dieser Ebene die wechselseitige Bereitschaft, sich sehr tief ineinander zu verankern und das werdende Kind als etwas Gemeinsames zu erleben. Eine Frau beschrieb das folgendermaßen: So tief habe sie nie zuvor einen Mann in sich hineingelassen. Es sei ein ganz intensiver Wunsch von ihr gewesen, daß er sich in der tiefsten Tiefe ihres Inneren in ihr verwurzele und daß erst dann etwas aus ihr wachsen könne, das sie innerlich ganz erfülle. Ein Wunsch, bei dem Körperliches und Seelisches nicht zu trennen war.

Auch beim Mann gibt es einen entsprechenden Erlebnismodus, der mit der männlichen inneren, nicht ausschließlich phalluszentrierten Genitalität zusammenhängt. Etwas zutiefst aus seinem Inneren Kommendes in die Frau hineinzutun und damit in ihrem Inneren etwas Neues, Drittes zu bewirken. Aufgehoben zu sein im dreifachen Sinne des Wortes: Geborgen, nicht mehr existent, auf eine neue Stufe gehoben.

Wie sehr ein Kind etwas Gemeinsames ist, zeigen die sanften Arapesh (MEAD 1965) auf der oralen Stufe: Das Kind wächst nur, indem sie es gemeinsam nähren. Der wiederholte Geschlechtsverkehr läßt bei Vater und Mutter das innere Bild des Kindes erst wachsen, die Ausbildung der inneren Repräsentanz ist eine gemeinsame Vorbereitung auf das kommende Kind.

Die Reihe der Beispiele ließe sich noch lange fortsetzen. Aber ich glaube, daß deutlich geworden ist, was für ein dichtes Gewebe von inneren Bildern und damit Gefühlen die generative Dimension in uns hervorruft. Die Schwangerschaft einer Frau gibt beiden Partnern die Chance, mit Hilfe einer im Dienste der Progression stehenden Regression eine Neuorientierung an inneren Objekten und deren Neukonstellierung vorzunehmen.

Schlußbemerkung

Wir räumen unseren Kindern einen besonderen Platz ein. Folgt man den Schriften von ARIÈS (1976) und DE MAUSE (1977), dann hat sich die Einstellung zum Kind über die Jahrhunderte enorm gewandelt. Verglichen mit manchen Erziehungspraktiken vergangener Jahrhunderte, leben unsere Kinder im Paradies. BADINTER (1981) hat in ihrem Buch «Mutterliebe» nachgewiesen, wie sehr dieses Gefühl historisch und sozial bedingt und wie wenig es ein Instinkt zu sein scheint und wie sehr gerade die Psychoanalyse dazu beigetragen hat, die Mutterliebe als etwas Naturgegebenes anzusehen. Die Psychoanalyse hat damit einmal mehr ihren patriarchalischen Ursprung unter Beweis gestellt, indem sie ausschließlich den Frauen die Domäne der Mütterlichkeit zuwies. BADINTERS Buch über die Relativität von Mutterliebe und das von NEUMANN über «Die Große Mutter» standen für mich zunächst in einem unüberwindlichen Widerspruch, bis mir klarwurde, nicht die Mutterliebe ist ein Trieb, sondern die Fortpflanzung ist es. Der «Großen Mutter» ist Mutterliebe vollkommen gleichgültig. Wie wir unsere Generativität konzeptualisieren, ob wir unsere Kinder liebevoll behandeln oder nicht, ob wir im Matriarchat leben oder im Patriarchat: Hauptsache, das Leben geht weiter.

Schwangerschaftsabbruch

Von meinen bisherigen eher assoziativen, relativ unsystematischen Ausführungen läßt sich ohne Schwierigkeiten eine Brücke schlagen zur Problematik des Schwangerschaftsabbruchs. Es ist wohl überflüssig zu betonen, daß ein Schwangerschaftsabbruch im unbewußten Erleben geradezu Welten in Bewegung setzt. Um nicht falsch interpretiert zu werden, möchte ich hier ganz klar feststellen, daß ich absolut für die

183

Legalisierung des Schwangerschaftsabbruchs bin, was andererseits nicht bedeutet, daß ich den Schwangerschaftsabbruch als eine unproblematische Prozedur ansehe. Im Gegenteil. Ich meine jedoch, daß weder die mystifizierende, repressive Einstellung, ungeborenes Leben um jeden Preis zu schützen, noch die schnodderig coole, den Abbruch als medizinisch harmlosen Eingriff abtuende Haltung angemessen ist. Wahrscheinlich ist die bewußte und unbewußte emotionale Bedeutung eines jeden Schwangerschaftsabbruchs jeweils spezifisch. In jedem Fall handelt es sich jedoch um einen Eingriff mit tiefgehenden psychischen Konsequenzen.

Eine ehemalige Patientin von mir, die bereits ein fünfjähriges Kind hatte und die an einer Gruppentherapie teilgenommen hatte, suchte mich wieder auf, nachdem sie im Laufe eines Jahres drei Abtreibungen hatte vornehmen lassen. Während der Gruppentherapie war ich schwanger gewesen. Durch eine Indiskretion hatte die Gruppe schon sehr früh von meiner Schwangerschaft gewußt, und vor allem diese Patientin übernahm es auf Grund ihrer eigenen Problematik, ausgesprochen feindselige Träume in bezug auf mein kommendes Kind zu produzieren. Ich mußte wegen Röteln meine Schwangerschaft unterbrechen lassen, was eben diese Patientin, ausgestattet mit einem besonderen Spürsinn diesbezüglich, irgendwie sofort erfahren hatte. Ihr Triumph und ihre massiven Schuldgefühle waren einer Bearbeitung nicht zugänglich, sicher auch deswegen, weil es mich in der Situation überforderte. Als sie mich dann später wieder aufsuchte und ihre Verzweiflung über ihre eigentümliche Unfähigkeit, Schwangerschaften zu verhüten, ausdrückte, wußte sie wiederum über meine private Situation Bescheid. Sie wußte nämlich, daß ich seither noch kein Kind hatte, nahm aber zu Recht an, daß ich mir eines wünschte. Im Laufe des Gespräches schien sich mir ihre Verzweiflung in einen latenten Triumph zu wenden, wenn auch in einen ausgesprochen autodestruktiven. Sie konnte – im Gegensatz zu mir – so oft schwanger werden, wie sie wollte. In der unaufgelösten Übertragung erlebte sie mich als ihre Mutter, der sie endlich überlegen war. Die ungeheuren Schuldgefühle, die sie deswegen hatte, brachten sie dazu, ihre Schwangerschaften masochistisch zu zerstören. Der Triumph über die ödipale Rivalin war immer nur kurz und endete stets in einem blutigen Kotau vor der Mutter. Hinzu kam noch, daß sie als älteste von einer ganzen Reihe von Geschwistern in den eigenen Kindern stets auch die Geschwisterrivalen erlebte, die sie auf diese Weise mordete. Ich fühlte mich nicht in der Lage, mit der Patientin therapeutisch zu arbeiten, was ich ihr auch offen sagte. Ich konnte sie an eine Kollegin vermitteln. Wie ich hörte, hat sie von einem neuen Partner inzwischen ihr zweites Kind.

Ich glaube, daß bei jedem Schwangerschaftsabbruch ganz besonders die Problematik in der Beziehung der Frau zu ihrer Mutter aktiviert wird. Die Gebärmutter als psychosomatischer Sitz (Frank) der eigenen Mutter repräsentiert ja geradezu fleischlich die Mutter. Jede Zerstörung einer Schwangerschaft, und wenn die realen Umstände auch noch so sehr dafür sprechen, stellt einen Angriff auf das eigene Körperinnere, aber auch auf die eigene Mutter dar, wird auf der unbewußten Ebene als Mord am Kind, an der Mutter und an sich selbst erlebt.

Eine Patientin, die als Achtzehnjährige heimlich einen Schwangerschaftsabbruch hatte machen lassen, erkannte in einer späteren Behandlung, wie sehr dieser Abbruch mit der Beziehung zu ihrer Mutter verlötet war. Sie selbst war ein unerwünschtes Kind, das die Mutter fast abgetrieben hätte. Als die Patientin selbst schwanger wurde, mußte sie befürchten, wiederum von der strengen Mutter abgelehnt und des Hauses verwiesen zu werden. Sie agierte mit ihrem eigenen Kind im Sinne einer Wendung in die Aktivität das, was sie stets passiv bei ihrer Mutter erlebt hatte.

Daß ein Schwangerschaftsabbruch auch den Partner betrifft, versteht sich von selbst. Sicherlich hängt es von den realen Umständen ab sowie dem Ausmaß an Kränkbarkeit, wie der Partner einen Schwangerschaftsabbruch verarbeitet. Es scheint mir jedoch auffällig, daß viele Beziehungen durch einen Abbruch so empfindlich gestört werden, daß sie auseinandergehen. Eine unbewußte Ebene ist sicher das Gefühl: Sie hat mich nicht in sich hineinlassen wollen, sie lehnt mich ab, ich bin ihr nichts wert.

Ein Patient berichtet, wie er mit seiner Freundin in eine handgreifliche Auseinandersetzung geriet, als diese ihm eröffnete, daß sie einen Abbruch hatte vornehmen lassen. Er fühlte sich ungeheuer tief verletzt, mißachtet und gemordet, obwohl er ursprünglich zu einer Abtreibung geraten hatte. Als die Frau einige Zeit später wieder schwanger wurde und die beiden sich entschlossen, das Kind zu bekommen, bewachte der Patient seine Freundin extrem mißtrauisch, damit sie dem Kind auch nichts antue. Er fühlte sich als der eigentliche Uterus des Kindes. Inwieweit sein Gebärneid dabei eine Rolle spielte, sei dahingestellt. Mich erinnerte sein Verhalten jedenfalls sehr an die Schilderungen von ROHEIM über einige Stämme der australischen Aborigines, bei denen die Männer darüber wachen, daß während der dort sehr häufigen Dürre- und damit Hungerszeiten die schwangeren Frauen sich die Leibesfrucht nicht selbst herausholen, um sie zu verzehren.

Womit wir wieder am Anfang wären: bei der archaischen Mutter, die über Leben und Tod bestimmt, vor der man das Kind bewahren muß, weil sie keine Mutterliebe kennt. Auch beim Schwangerschaftsabbruch, auch bei der Fehlgeburt dürfte dieser Größenselbstaspekt mobilisiert werden, der dann auch die entsprechend archaischen Schuldgefühle nach sich zieht.

Schwangerschaftsphantasien

Von «Fruchtbarkeitslust» sprechen Angela Jagenow und Oskar Mittag (1984) in ihrer Arbeit «Weiblicher Kinderwunsch und Sexualität». Davon daß der ganzheitliche Charakter der weiblichen Sexualität vor dem Hintergrund des Bewußtseins von der eigenen Fruchtbarkeit eine spezifische Ausweitung finde. Für die Frau sei mit dem Koitus der mögliche Beginn eines Prozesses verbunden, der über Schwangerschaft und Geburt bis zum Stillen reiche. Fruchtbarkeit gewinne so auch eine Bedeutung im sexuellen Erleben. Letztlich werde sich also keine Frau der Auseinandersetzung mit der Frage entziehen können, ob sie die in ihr angelegte Möglichkeit zur Fruchtbarkeit ausleben möchte oder nicht. Auch wenn die Sexualität heute aus dem Zwang zur Fruchtbarkeit befreit sei, bleibe ihre Verbindung mit Fruchtbarkeit im Erleben von Frauen bestehen.

Geradezu als Beleg für diese Ausführungen möchte ich die ungewöhnliche Erfahrung einer Frau berichten: Rita war zu der Geburtstagsfeier einer Freundin geladen, bei welcher Gelegenheit den Gästen ein Haschisch-Tee gereicht wurde. Nach einiger Zeit stellte sich heraus, daß die Dosis sehr viel höher als beabsichtigt war. Was der Anregung und Verzauberung des Festes dienen sollte, wirkte wie eine Bombe. Allmählich zogen sich die Teilnehmer der Runde zurück, um jeder auf seine Art mit der Heftigkeit der inneren Erlebnisse umzugehen. Nur Rita und ein Mann, den sie vor diesem Abend noch nie gesehen hatte, blieben zurück, nebeneinander auf dem Sofa sitzend. Um sich gegenseitig die Angst zu nehmen, hielten sie sich an den Händen. Dies bewirkte eine große Nähe und ließ die Angst vergehen. Nur durch die Berührung der Hände – und dies blieb über Stunden der einzige körperliche Kontakt zwischen beiden – erlebte Rita, wie ein starker

Energiestrom zu pulsieren begann und wie aus der beruhigenden und zärtlichen Nähe ein elementares erotisches Ereignis wurde. Wellen höchster sinnlicher Erregung und Lust gingen durch sie hindurch, gleichzeitig spürte sie, wie ihre Gebärmutter zum Leben erwachte, sich weitete und wuchs, sich in unendlich lustvollen Kontraktionen zusammenzog und etwas aus sich herauszupressen begann, das sich für Rita, die schon geboren hatte, wie ein Kind anfühlte. Die körperliche Anstrengung, die sie dabei erlebte, war die einer Niederkunft, doch ohne jeden Schmerz und voller Beseligung. Sexuelle Lust, Schwangerschaft und Geburt waren eins, untrennbar miteinander verbunden in einer zeitlosen Ewigkeit. Die Energie ebbte ab, als sie das Kind aus sich herausgepreßt hatte. Die beiden saßen nun zitternd und frierend als greises Paar in einem offenen Sportflugzeug, das über den Nordpol flog. Sie versuchten sich aneinander zu wärmen, was den Strom zwischen ihnen erneut anfluten ließ, um Rita und den Mann wieder in die Sphäre des geradezu mystisch erlebten Geschlechtsaktes zu führen. Insgesamt geschah dies dreimal. Wie Rita später meinte, weil sie drei Kinder geboren habe. Sie fühlte sich danach körperlich sehr erschöpft und schlief viele Stunden. Vielleicht würde ein im Tantra Erfahrener sagen, sie habe einen Abglanz von Maithuna erlebt.

Daß so manche Pille das Ei springen läßt oder dies gerade verhindert, auch mal die Periode verschiebt, weil gerade eine Woche Lanzarote auf dem Programm steht, daß mit dem Gelbkörper und anderen Hormonen wie mit Tennisbällen jongliert wird, wenn es mit der Konzeption hapert, gehört zu den alltäglichen Nebensächlichkeiten einer technologisch hochentwickelten Medizin. Ebenso selbstverständlich ist es, daß wir durch Fotos aus dem Mutterleib wissen, wie der Fötus in seinen verschiedenen Entwicklungsphasen aus- und dreinschaut und daß er am Daumen lutscht. Seine Herztöne lassen sich auf Tonband aufnehmen, und das Polaroid vom Ultraschall läßt zumindest rohrschachtestähnliche Mutmaßungen über die Gestalt des kommenden Kindes zu. Das Geschlecht ist auch bekannt, denn das verrät ganz nebenbei die Amniozentese, die Aufschluß über eventuelle schwerere Schäden des Kindes gibt.

Selbst das Baby aus der Retorte ist keine richtige Sensation mehr. Da ist es für die Schulmedizin schon eher sensationell, daß vor nicht allzu langer Zeit die Eltern einer extrauterin gezeugten Tochter – die Frau war von einem Ärztegremium als empfängnisunfähig diagnostiziert worden – völlig überraschend noch einmal Eltern eines gesunden Zwillingspaares wurden, doch diesmal auf natürlichem Wege.

Daß «unfruchtbare» Frauen nach der Adoption eines Kindes plötzlich schwanger werden, ist ein gar nicht so rares Phänomen, ebensowenig, daß manche Paare trotz bewußtem Kinderwunsch kinderlos bleiben und erst in der Verbindung mit anderen Partnern Kindern zeugen.

Schwangerwerden und Schwangersein ist also doch kein durch eine hochtechnisierte Medizin total erfaßter und auf physiologische Abläufe reduzierter Vorgang, aber es ist noch immer ein Bereich, dessen emotionale Verarbeitung durch vielfältige Ideologiebildungen, die ja auch oder gerade Gefühle vorschreiben, erschwert wird.

Da gibt es einmal die eher dümmliche Vorstellung, die durchaus auch von Frauen geteilt wird, die Schwangere sei nur mit Samthandschuhen anzufassen, die ihr immer wieder zugeschriebenen Empfindlichkeiten und verdrehten Gelüste seien nachsichtig zu tolerieren, ihren Stimmungsschwankungen sei ein oberlehrerhaftes Verstehen entgegenzusetzen und ihr gesteigerter Widerwille sexuellen Aktivitäten gegenüber sei förmlich zu begrüßen, da die Umstände nicht das Interesse am Mann, sondern die Hinwendung zum Kinde unter ihrem Herzen erforderten. Mutterschaftsideologien, die zumeist mit Sexualfeindlichkeit einhergehen, sind Erfindungen des Patriarchats (vgl. u.a. CHRISTINA V. BRAUN 1984). Sie dienen der Entsexualisierung der Frau, die, auf ausschließliche, dienende Mütterlichkeit zurückgestutzt, dominiert werden kann.

Andererseits läuft der neue Mutterkult, der die Erfahrung

von Schwangerschaft, Geburt und Stillen als Kern einer neuen Weiblichkeit begreift, Gefahr, die Schwangere gleich mit der Erdmutter persönlich gleichzusetzen und die Prokreativität der Frau als Urgrund ihrer Stärke und Macht auf neuinnerliche Weise zu feiern. Ich muß gestehen, daß mir diese zweite Sicht zwar sympathischer ist, daß ich so manchen Aspekt sicher auch teile. Aber inzwischen geistert mir eine etwas zu große Anzahl von Hexen und weisen Frauen durch die Gegend, die alle am mythischen Quell sitzen und über das Wasser des Lebens gebieten.

Mich stört bei der patriarchalen wie neo-matriarchalen Einstellung die Eindimensionalität dieser Ideologien, d. h. die Vermeidung von Polaritäten und damit die Unfähigkeit, Gegensätzliches, Widersprüchliches auch nur im Ansatz zu integrieren. Denn warum soll eine schwangere Frau sich nicht passager der Größenphantasie hingeben, das Kind in ihr sei aus ihr selbst entstanden, ohne Zutun eines Mannes, und in einer anderen Stimmungslage das Gefühl haben, vollkommen hilflos dem in ihr wachsenden Wesen ausgeliefert zu sein und dringend den Schutz in der Beziehung zum Vater nötig zu haben. Warum soll eine schwangere Frau nicht über ihre erhöhte sexuelle Ansprechbarkeit frohlocken und andererseits mit Erschrecken die Veränderungen an ihrem Körper beobachten. Warum soll sie nicht mit Begeisterung den wachsenden Bauch, die immer praller werdenden Brüste, den neuen Körpergeruch an sich wahrnehmen und gleichzeitig vor Erschöpfung heulen. Warum soll sie nicht davon träumen, das schönste Kind der Welt in sich zu haben, und durch ein behindertes Kind auf der Straße in Panik geraten.

Mir erscheint es also wichtig, die Gefühle von Macht und Ohnmacht, von freudiger Erwartung und Angst als einen ständig wirkenden emotionalen Prozeß der Verarbeitung von Schwangersein und Mutterwerden zu verstehen; den Widerspruch der Gefühle zu erfassen und ihn gelten zu lassen. Dabei wird natürlich bei jeder Frau jeweils die eine oder die andere Seite überwiegen, in Abhängigkeit von ihrer Lebensgeschichte, ihrer aktuellen Beziehung zum Vater des Kindes, ihrer sozialen Situation, der ideologischen Unterfütterung ihrer Lebensumstände.

Psychoanalytische Autoren haben sich bemüht, die psychodynamischen Abläufe, die Schwangerschaft hervorruft, systematisch zu durchleuchten (vgl. CHERTOK u. a. 1969; JESSNER u. a. 1970; MOLINSKI 1972) und auf die sinnvolle psychische Regression in dieser Lebensphase hinzuweisen (KESTENBERG 1977). Ich habe in einer Arbeit über «Das emotionale Erleben von Generativität» (1984) versucht, die verschiedenen Ebenen dieses Erlebens von der archaisch-präobjektalen bis zur genitalen zu beschreiben. Eines scheint mir sicher: Schwangerschaft ist eine neunmonatige Reise ins Unbewußte – für alle Beteiligten.

Schwangersein, aber auch die Vorstellungen von Frauen, Männern und Kindern zu dem gesamten Komplex rufen innere Bilder hervor, die zeigen, von welch großer emotionaler Bedeutsamkeit dieses Geschehen für uns ist.

Der Weg über diese Phantasien also erscheint mir der geeignetste Einstieg zu sein in einen Bereich, mit dem wir uns alle auseinandersetzen oder auseinandergesetzt haben, ob wir es wollen oder nicht, ob wir es bewußt zulassen können oder nicht.

In einer therapeutischen Gruppe berichtet ein Mann über seine große Angst vor Schlangen. Noch heute, als Erwachsener, blicke er, wenn er sich unbehaglich fühle, vor dem Schlafengehen unters Bett, ob da auch ja keine eklige und gefährliche Schlange liege. Dann wendet er sich an mich – ich war damals im siebten Monat schwanger – und sagt: «Übrigens, was ich noch zu Ihrer Schlangerschaft sagen wollte ...» Wir alle sind über diesen Versprecher begeistert. Denn damit wird plötzlich sehr viel klarer, was für die Gruppe zum damaligen Zeitpunkt die Schwangerschaft ihrer Therapeutin unbewußt bedeutete. Die schwangere Mutter verschlingt ihre Kinder wie die gefräßige Python ein Schwein. Genüßlich liegt sie da mit ihrem riesigen Bauch und verdaut in aller Seelenruhe. Ihre unbewegliche Zufriedenheit und unberechenbare Schlingfreudigkeit sind das besonders Beängstigende. Einer solchen Mutter möchte man nicht ausgeliefert sein.

Ebenfalls in den Bereich der Phantasie von der oralen Konzeption gehört der Text, den eine junge Frau zu einer Zeit geschrieben hat, als sie sich über ihren geheimen Kinderwunsch nicht im klaren war. Er ist in die Oralität verschoben ebenso wie die Auseinandersetzung mit der Mutter (Carlotta):

«Wenn ich jetzt einen klaren Kopf behalte, ist noch nichts verloren. Ich darf Carlotta nicht mehr trauen, soviel ist sicher. Zum Glück hat sie sich mit ihrer scheinheiligen Fragerei verraten: wie die Würstchen geschmeckt hätten. Und da sollte ich nicht Verdacht schöpfen. Wenn sie mit mir spricht, gibt sie ihrer Stimme einen liebevollen Klang, lächelt, zupft besorgt an meinen Kleidern, rückt mir das Mützchen zurecht. Oh, wieviel Liebe sie in das Mützchen hineingehäkelt hat, will sie mich glauben machen. Und bei dem liebevollen Klaps, den sie mir gibt, bevor sie mich losschickt, weiß ich jetzt, was das zu bedeuten hat. Sie läßt mich nur allein gehen, um hinter mir herzuspionieren. Ich bin nicht mehr so dumm, auf ihre Schliche hereinzufallen. Von nun an bin ich auf der Hut. Aber wieviel weiß Carlotta schon? Nichts, wenn ich die Angelegenheit kühl betrachte. Bisher hat sie nichts weiter beobachtet, als daß ich an zwei Tagen kurz vor dem Mittagessen eine Riesenbockwurst verspeiste, mein Mittagessen dennoch mit Heißhunger verzehrte und alle sich über meinen Appetit freuten. Seltsam war nur, daß Carlotta am Mittagstisch schwieg und mich erst unter vier Augen fragte, wie die Würstchen geschmeckt hätten. Wieviel weiß Carlotta von meinem geheimen Leben an den Imbißbuden? Was ahnt sie von meinem Traum, ein Mastschwein zu werden?

Ich darf mich von Carlotta nicht in Fallen locken lassen. Überrumpeln wollte sie mich, als wir allein waren. Gestehen sollte ich. Mich ihr anvertrauen. Alles will sie von mir wissen. Ich werde sie mit ihren eigenen Mitteln schlagen. Scheinheilig werde ich ihr begegnen. Täuschen werde ich sie, hinters Licht führen, indem ich vor ihren Augen Schokolade esse, sie unbefangen bitte, mir ein Fischbrötchen oder gebrannte Mandeln mitzubringen. Auch einmal ganz von selbst von Bratwurst und Pommes frites erzählen. Ablenken werde ich sie mit kleinen Portionen. Carlotta wird es nicht gelingen, die Erfüllung meines Traumes zu vereiteln, eine dicke, fette Sau zu werden, in die man hineinkriechen kann, die unbeweglich in der Ecke liegt und nur noch kaut, sich mit Zähnen und Zunge in die weichen Speisen hineinwühlt, schlürft und schleckt. Ich weiß, Carlotta hat andere Pläne mit mir. Carlotta ist so stolz auf meine dünnen Beinchen. Herzeigen soll ich meine dünnen Beinchen, sie bestaunen lassen, allerorten einen Steptanz aufführen. Carlotta ist selber fett und mißgönnt mir diese weiche wabbelige Wonne. Und so muß ich all meinen Verstand zusammennehmen und scharfsinnig darauf hinarbeiten, ebenso fett und noch viel viel fetter zu werden. Reglos und fett werde ich in der Ecke liegen, und sie werden mich alle bewundern in meiner Pracht und Fülle. Ahnt Carlotta all das? Fühlt auch sie diese Wonnen, fürchtet sie meine kommende Macht?

Ich sitze andächtig da und fresse. Ich wälze kleine Bröckchen im Mund, spüre den Druck gegen den Gaumen, das Gewicht auf der Zunge, die wie ein Schwamm den köstlichen Geschmack aufsaugt. Einen Krümel Glück nach dem anderen speichele ich ein und lasse ihn den Schlund hinunterglitschen. Mein Mund ist eine paradiesische Höhle, warm, weich, rot. Erst wenn ich in meinen Mund hineingewachsen sein werde, bin ich am Leben. Es gibt Ungeborene, die an ihrem eigenen Zwilling im Maul ersticken. Der Tod im Rachen. Es geht um Leben oder Nicht-Leben. Das große Loch stopfen, hineinschlingen, herunterwürgen. Carlotta, die fette Sau, ich will sie für immer in mir haben und für immer frei von ihr sein. Dann wird mein Mund mich umschließen, ich in meinem Munde hausen.»

Der französische Dichter SAINT-JOHN PERSE beschreibt auf hymnische Weise diese Faszination des Fettes, der auch die junge Frau erlegen ist, in seiner «Anrufung zum Preise einer

Königin». Er spricht von der «vollkommen fetten Königin», der «hohen Herberge der Fette», in deren Bauchfalten «alle Sicherheit ihres Reiches» wohne, zu deren Herzen jedoch niemand den Zugang kenne, die in ihrer Pracht und Fülle unnahbar bleibe. Er mobilisiert damit das Bild der archaischen Mutter, wie es auch durch Schwangerschaft im Fremd- und Selbsterleben bei Männern und Frauen ausgelöst werden kann.

Triumph der Fülle: Ein besonderes Glücksgefühl erfüllte Mona immer wieder, wenn sie sich in ihren hochschwangeren Körper hineinfühlte, sich selbst gleichsam von innen her wahrnahm. Sie saß dann ganz still, spürte nur noch ihren Bauch, wie er auf ihren Schenkeln ruhte, diese Kugel, die sich in gleichmäßigem Rhythmus ausdehnte und wieder zusammenzog. In Licht getaucht, weißleibig-weißbäuchig kam sie sich vor, herrlich prangend in ihrer schimmernden Fülle. Sie gehörte dann nur sich selbst, war nicht ansprechbar, hatte jedes Bewußtsein für Zeit verloren, war aufgehoben in dem Gefühl beglückender Grenzenlosigkeit. Dieser Zustand stellte sich nur her über die Konzentration nach innen. Die Wahrnehmung von außen bewirkte bei ihr eher das Gegenteil. Wenn sie sich im Spiegel betrachtete oder ihrem Bild zufällig in einer Schaufensterscheibe begegnete, war sie jedesmal geradezu verblüfft, so unförmig und plump zu wirken. Die Außenansicht von Schwangerschaft war für sie etwas völlig anderes als die Innenansicht. Von außen war sie sich fremd durch ihre Fülle, von innen her war sie identisch mit der Fülle, war sie nie so sehr sie selbst gewesen.

Triumph der Angst: Monika fühlt sich schon seit längerem unwohl, diffus ängstlich. Seit einigen Tagen beeinträchtigt sie überdies ein starkes Hautjucken, für das es keine organische Erklärung gibt. Doch plötzlich bekommen ihre Ängste eine klare Gestalt: Mit dem Kind hat sie die Krätze bekommen, räudig fühlt sie sich, von Milben zerfressen. Ihre Träume werden bedrohlich. Das Kind in ihr höhlt sie aus. Ein Monster, das nicht eher ruhen wird, als bis es sich durch ihre Haut gefressen hat. Sie trägt die Zerstörung in sich. Mit dieser

Menschheitsplage will sie nicht mehr schwanger sein. Keine Nacht vergeht ohne Alptraum. Einmal hat das Ungeheuer viele Köpfe und blickt sie mit tellergroßen Augen an, dann wieder ist es kopflos, doch riesengroß, es sprengt ihren Bauch und weidet sie aus. Ein teufelsgesichtiger Zwerg nimmt einen Exorzismus mit ihr vor, doch ist ihr die Besessenheit nicht auszutreiben, und so wird sie zum Scheiterhaufen geführt. Sie brennt. Der Asche entsteigt ein neues Ungeheuer, das jetzt ihre Züge trägt und dem Leichenteile kleiner Kinder zugeworfen werden.

Wie tief sitzt ein Kind: Daß ihr Mann sich so tief wie nur möglich in ihr verwurzeln möge, diese Vorstellung, bei der Körperliches und Seelisches für sie nicht zu trennen war, hatte bei Renate den Wunsch nach einem Kind immer stärker werden lassen. Als sie schwanger geworden war, stellte sie sich oft die Frage, bis in welche Tiefe ihr Mann in sie hineingekommen war und wo sich das Kind eingenistet hatte. Die körperliche Realität war klar. Die Veränderung ihrer Gebärmutter war spürbar, mit den Fingerspitzen konnte sie den Muttermund berühren, der Sitz des Kindes ließ sich in Zentimetern beschreiben. Vom Gefühl her war es jedoch so, als hätte sie ihrem Mann einen unendlich tiefen Brunnenschacht geöffnet, ihn in einen Bereich eingelassen, der vorher verschlossen gewesen war und plötzlich für sie beide offenstand. Dort hatten sie sich ineinander aufgelöst. Sie schenke ihm das Kind, das er ihr gemacht habe, er schenke ihr das Kind, das sie ihm gemacht habe. Das Kind ein Wir, fremd vertraut.

Auch Doris hat ähnliche Bilder benutzt, um ihr Schwangerwerden zu beschreiben. Aber ihre Gefühle sind viel widersprüchlicher. Hat sich der Mann in ihr verankert oder gefährlich verkrallt? Wenn sie in sich hineinhorcht, wird ihr schwindelig. Ganz tief in ihr, abgrundtief, rührt sich, verändert sich etwas. Hat sie sich selbst zu wenig geschützt, ist der Mann nicht doch zu weit in sie hineingefahren, hat dort etwas Unheimliches bewirkt, das nicht mehr rückgängig zu machen ist? Sitzt jetzt ein ungewollter Eindringling in ihr, oder ist es wirklich das Kind, das sie sich so sehnlich gewünscht hat? Sie mag mit ihrem Mann nicht mehr schlafen. Dadurch könne sie wenigstens sicher sein, daß der Abgrund nicht wieder aufgerissen würde. Dann wäre es ihr Kind ganz allein, und es schwände die Erinnerung daran, in welcher Tiefe es entstanden sei.

Selbdritt, kugelig: Renate hat lange Zeit keinen Kontakt zu ihrer Mutter gehabt. Seit sie schwanger ist, telefoniert sie häufiger mit ihr und ist verblüfft über die Versöhnlichkeit, die zwischen ihnen herrscht. Eine Nähe ist entstanden, die sie vorher nicht für möglich gehalten hätte. Immer wieder beschäftigt sie die Vorstellung, daß die Mutter sie ebenso in sich gespürt haben muß, wie sie jetzt ihr Kind in sich fühlt. Sie genießt diese neue Ebene der Vertrautheit. Sie träumt: Ich gehe schwanger mit meiner Mutter. Ich habe sie in meinem Bauch. Und ich selbst befinde mich im Bauch meines Kindes, das meine Mutter ist. Meine Mutter in mir, ich in der Mutter, das Kind eine Kugel um uns. Es gibt keinen Anfang, kein Ende. Die Welt ist ein kugeliger Bauch.

Tagtraum: Ich liege auf dem Bett. Der Bauch wölbt sich wie ein Berg. Das Kind strampelt, purzelt, dreht sich wie ein Kreisel. Die Bewegungen werden ruhiger. Ganz still ist es jetzt. Ich rutsche in den Berg hinein. Eine Landschaft öffnet sich, dehnt sich aus im Rhythmus meines Herzschlages. Hügel, Wiesen, Felder stülpen sich aus. Ich gehe auf weichem, nachgiebigem Boden. Ich gehe und gehe und immer weiter, fange an, mich zu drehen, tanze durch die Luft. Ein heftiger Ruck schleudert mich heraus. Ich liege wieder auf dem Bett, das Kind strampelt, stößt, und der Bauch wölbt sich wie ein Berg.

In dieser Arbeit wollte ich versuchen, Schwangerschaftsphantasien durch sich selbst sprechen zu lassen, also auf dem eher primärprozeßhaften Wege, ohne psychoanalytischen Kommentar, einen Zugang zum Thema zu finden. Es hat sich auf diesem Wege, wie ich hoffe, gezeigt, daß Schwangerschaft unser Unbewußtes in Bewegung setzt. Für die einen wird es eine gemächliche Zugfahrt geben, für die anderen eine Floßfahrt auf dem Amazonas. Allen jedoch sei eine gute Reise gewünscht.

Literaturverzeichnis

Ariès, Ph.: Geschichte der Kindheit. München 1976

Badinter, E.: Die Mutterliebe. Geschichte eines Gefühls vom 17. Jahrhundert bis heute. München 1981

Balint, M.: Die Urform der Liebe und die Technik der Psychoanalyse. Stuttgart 1966

Balint, M.: Therapeutische Aspekte der Regression. Die Theorie der Grundstörung. Stuttgart 1970

Barnett, M. C.: Vaginal awareness in the infancy and childhood of girls. J. Amer. Psa. Ass. 14: 129 (1966)

Beauvoir, S. de: Interview. Der Spiegel, Nr. 15, 1976

Benedek, Th.: Parenthood as a Developmental Phase: A Contribution to the Libido Theory. J. Amer. Psa. Ass. 7: 389 (1959)

Benedek, Th.: Discussion of Mary Jane Sherfey: «The Evolution and Nature of Female Sexuality in Relation to Psychoanalytic Theory». J. Amer. Psa. Ass. 16: 424 (1968)

Benedek, Th.: The psychology of pregnancy. In: E. J. Anthony und Th. Benedek (Hg.), Parenthood. Boston 1970

Bettelheim, B.: Die symbolischen Wunden. Pubertätsriten und der Neid des Mannes. München 1975

Bloch, E.: Das Prinzip Hoffnung. Frankfurt 1959

Blum, H.: Female Psychology – Contemporary Psychoanalytic Views. New York 1977

Bonaparte, M.: Female Sexuality. New York 1953

Borneman, E.: Das Patriarchat. Ursprung und Zukunft unseres Gesellschaftssystems. Frankfurt 1975

Boszormenyi-Nagy, I.: Mann und Frau. Verdienstkonten in den Geschlechtsrollen. Familiendynamik 2: 1–10 (1977)

Braun, Chr. v.: Nicht ich. Über Schrift und Hysterie. Unveröff. Manuskript

Briffault, R.: The Mothers. London, New York 1969

Carnap, G. von: Onanie oder die Sehnsucht nach dem Partner. Psychologie heute, Nr. 11, 1976, S. 36

Chasseguet-Smirgel, J.: Die weiblichen Schuldgefühle. In: J. Chasseguet-Smirgel (Hg.): Psychoanalyse der weiblichen Sexualität. Frankfurt 1974

Chasseguet-Smirgel, J.: Freud and female sexuality: The consideration of some blind spots in the exploration of the dark continent. Int. J. Psychoanal. 57: 275 (1976)

Chertok, L., M. Bonnaud, M. Borelli, J. L. Donnet und C. Revault d'Allone: Motherhood and Personality. Philadelphia 1969

Deutsch, H.: Der feminine Masochismus und seine Beziehung zur Frigidität. In: Internationale Zeitschrift für Psychoanalyse, 1930, S. 16

Deutsch, H.: Die Psychologie des Weibes in den Funktionen der Fortpflanzung. Zitiert nach Chasseguet-Smirgel, 1974

Deutsch, H.: Psychologie der Frau. Bern 1954

Deutsch, H.: Symposion über Frigidität. Zit. nach J. Chasseguet-Smirgel: Psychoanalyse der weiblichen Sexualität, Frankfurt 1974

David, Ch.: Zu einer männlichen Mythologie über die Weiblichkeit. In: J. Chasseguet-Smirgel (Hg.): Psychoanalyse der weiblichen Sexualität. Frankfurt 1974

Dicks, H. V.: Marital Tensions, New York 1963, 1967

Dowling, C.: Der Cinderella-Komplex. Die heimliche Angst der Frauen vor der Unabhängigkeit. Frankfurt 1982

Eidelberg, L.: Encyclopedia of Psychoanalysis. New York 1968

Eissler, K. R.: On certain-problems of female sexual development. Psychoanal. Quart. 8: 191 (1939)

Eidelberg, L.: Encyclopedia of Psychoanalysis, New York 1968

Engels, F.: Der Ursprung der Familie, des Privateigentums und des Staates. Berlin 1964

Erikson, E. H.: Identität und Lebenszyklus. Frankfurt 1966

Etzioni, A.: Die aktive Gesellschaft. Eine Theorie gesamtgesellschaftlicher und politischer Systeme. Wiesbaden 1975

Firestone, S.: Frauenbefreiung und sexuelle Revolution. Frankfurt 1975

Fliegel, Z. O.: Freuds Theorie der psychosexuellen Entwicklung der Frau. Psyche 29: 813 (1975)

Fliess, R.: Erogeneity and Libido. New York 1956

Frank, K.: Über einige Aspekte der weiblichen Sexualität. Vortragsmanuskript, 1977

Frauenzentrum München (Hg.): Frauenjahrbuch. München 1976

Freud, S.: Drei Abhandlungen zur Sexualtheorie. GW, Band V, 1905

Freud, S.: Der Untergang des Ödipuskomplexes. GW, Band XIII, 1924

Freud, S.: Einige psychische Folgen des anatomischen Geschlechtsunterschiedes. GW, Band XIV, 1925

Freud, S.: Über die weibliche Sexualität. GW, Band XIV, 1931

Freud, S.: Die Weiblichkeit. In: Neue Folge der Vorlesungen zur Einführung in die Psychoanalyse. GW, Band XIV, 1933

Galenson, E., und H. Roiphe: Some suggested revisions concerning early female development. In: H. Blum (Hg.): Female Psychology. New York 1977

Glaser, H.: Sigmund Freuds Zwanzigstes Jahrhundert. Seelenbilder einer Epoche. München/Wien 1976

Glenn, J., und E. H. Kaplan: Types of orgasm in women: A critical review and redefinition. J. Am. Psa. Ass. 16: 549 (1968)

Greenacre, P.: Special problems of early female sexual development. In: Trauma, Growth and Personality. New York 1952

Grunberger, B.: Vom Narzißmus zum Objekt. Frankfurt 1976

Heiman, M.: Sleep orgasm in women. In: H. Blum (Hg.): Female Psychology. New York 1977

Horney, K.: Flucht aus der Weiblichkeit. Int. Z. Psa. 19: 360 (1926)

Horney, K.: Die Angst vor der Frau. Int. Z. Psa. 18: 5 (1932)

Horney, K.: Die Verleugnung der Vagina. Int. Z. Psa. 19: 322 (1933)

Horney, K.: Die Psychologie der Frau. München 1977

Jagenow, A., und O. Mittag: Weiblicher Kinderwunsch und Sexualität. In: Psychosozial 21, Reinbek 1984

Jansen-Jurreit, M.: Sexismus. Über die Abtreibung der Frauenfrage. München/Wien 1976

Jessner, L., et. al.: The development of parental attitudes during pregnancy. In: E. Anthony und Th. Benedek (Hg.): Parenthood. Boston 1970

Jones, E.: Die phallische Phase. Int. Z. Psa. 19: 322 (1933)

Jones, E.: Über die Frühstadien der weiblichen Sexualentwicklung. Int. Z. Psa. 21: 331 (1935)

Kestenberg, J.: Vicissitudes of female sexuality. J. Amer. Psa. Ass. 16: 453 (1956)

Kestenberg, J.: Outside and inside, male and female. J. Amer. Psa. Ass. 16: 457 (1968)

Kestenberg, J.: Regression and reintegration in pregnancy. In: H. Blum (Hg.): Female Psychology. New York 1977

Klein, M.: Envy and Gratitude. A Study of Unconscious Sources. New York 1957

Klein, M.: Die Psychoanalyse des Kindes. Int. Psa. Verlag, Wien 1932; München 1972

Kohut, H.: Narzißmus. Eine Theorie der psychoanalytischen Behandlung narzißtischer Persönlichkeitsstörungen. Frankfurt 1973

Kris, E.: Psychoanalytic Explorations in Art. New York 1952

Lampl de Groot, J.: Zur Entwicklungsgeschichte des Ödipuskomplexes der Frau. Int. Z. Psa. 13: 269 (1927)

Lampl de Groot, J.: Problem of femininity. Psa. Quart. 1953

Lewin, B.: Sleep, the mouth and the dream screen. Selected Papers, N. Y. und Psa. Quart. 87–100 (1973)

McDougall, J.: Über die weibliche Homosexualität. In: J. Chasseguet-Smirgel (Hg.): Psychoanalyse der weiblichen Sexualität. Frankfurt 1974

Mahler, Margaret S., F. Pine und A. Bergmann: Die psychische Geburt des Menschen. Symbiose und Individuation. Frankfurt 1978

Marcus, Maria: Die furchtbare Wahrheit. Frauen und Masochismus. Reinbek 1982

Masters, W. H., und V. E. Johnson: Die sexuelle Reaktion. Reinbek 1970

Mause, L. de: Hört ihr die Kinder weinen. Eine psychogenetische Geschichte der Kindheit. Frankfurt 1977

Mead, M.: Leben in der Südsee. München 1965

Mendel, G.: Generationskrise. Frankfurt 1972

Mitchell, J.: Psychoanalyse und Feminismus. Freud, Reich, Laing und die Frauenbewegung. Frankfurt 1976

Mitscherlich, Mel., und S. Gomez y Hamacher: Weibliche Sexualität und Psychoanalyse, unveröffentlichtes Manuskript

Moeller, M. L.: Selbsthilfegruppen. Selbstbehandlung und Selbsterkenntnis in eigenverantwortlichen Kleingruppen. Reinbek 1978

Moeller, M. L.: Anders helfen. Selbsthilfegruppen und Fachleute arbeiten zusammen. Stuttgart 1981

Moeller, M. L.: Zur primären Wirklichkeit in künstlerischen Comics. Ein psychoanalytischer Beitrag. In: Vom Geist der Superhelden. Comic Strips. Zur Theorie der Bildergeschichte. Berlin 1970

Moeller, M. L.: Zwei Personen – eine Sekte. Kursbuch 55, Berlin 1979

Molinski, H.: Die unbewußte Angst vor dem Kind. München 1972

Money, J., und A. A. Ehrhardt: Man and Women, Boy and Girl. Baltimore/London 1972

Moore, B. E.: Psychoanalytic reflections on the implications of recent physiological studies of female orgasm. J. Am. Psa. Ass. 16: 569 (1968)

Moore, B. E.: Freud and female Sexuality. A current view. Int. J. Psycho-Anal. 57: 287 (1976)

Moore, B. E.: Psychic representation and female orgasm. In: H. Blum (Hg.): Female Psychology. New York 1977

Müller, J.: Ein Beitrag zur Frage der Libidoentwicklung des Mädchens in der genitalen Phase. Int. Z. Psa. 17: 256 (1931)

Neumann, E.: Die Große Mutter. Eine Phänomenologie der weiblichen Gestaltungen des Unterbewußten. Olten/Freiburg 1974

Rado, S.: The psychic effects of intoxication. Int. J. Psycho-Anal. 7: 396 (1926)

Reik, T.: Ritual. New York 1946

Reinke-Köberer, E.: Zur Diskussion über die psychosexuelle Entwicklung der Frau. Psyche 32: 695 (1978)

Richter, H.-E.: Lernziel Solidarität. Reinbek 1974

Róheim, G.: Nach dem Tode des Urvaters. Imago 1923

Sarlin, C. N.: Feminine identity. J. Amer. Psa. Ass. 11: 790 (1963)

Schneider, P.: Die Sache mit der ‹Männlichkeit›. Gibt es eine Emanzipation der Männer? Kursbuch 35: 103 (1974)

Schülein, J. A.: Das Gesellschaftsbild der Freudschen Theorie. Frankfurt 1975

Schütt, E.: Die Mutter-Tochter-Beziehung aus der Sicht der Psychoanalyse. Vortragsmanuskript, 1980

Schwarzer, A.: Der kleine Unterschied und seine großen Folgen. Frauen über sich, Beginn einer Befreiung. Frankfurt 1975

Seaman, B.: Free and Female. Greenwich 1972

Shorter, E.: Die Geburt der modernen Familie. Reinbek 1977

Shuttle, P., und P. Redgrove: Die weise Wunde Menstruation. Frankfurt 1980

Sigusch, V.: Das gemeine Lied der Liebe. In: Konkret Sexualität (Sonderheft) 1979

Spitz, R. A.: Vom Säugling zum Kleinkind. Naturgeschichte der Mutter-Kind-Beziehung im ersten Lebensjahr. Stuttgart 1967

Staewen-Haas, R.: Identifizierung und weibliche Kastrationsangst. Psyche 24: 23 (1970)

Stefan, V.: Häutungen. München 1975

Stierlin, H.: Von der Psychoanalyse zur Familientherapie. Theorie/Klinik. Stuttgart 1975

Stoller, R. J.: Primary femininity. In: H. Blum (Hg.): Female Psychology. New York 1977

Taylor, G. R.: Kulturgeschichte der Sexualität. Frankfurt 1977

Torok, M.: Die Bedeutung des «Penisneides» bei der Frau. In: J. Chasseguat-Smirgel (Hg.): Psychoanalyse der weiblichen Sexualität. Frankfurt 1974

Willi, J.: Die Zweierbeziehung. Reinbek 1975

Willi, J.: Therapie der Zweierbeziehung. Reinbek 1978

Windhoff-Héritier, A.: Sind Frauen so, wie Freud sie sah? Reinbek 1976

Winnicott, D. W.: Primäre Mütterlichkeit (1956). In: Von der Kinderheilkunde zur Psychoanalyse. München 1976

Wyss, L.: Mutters Geburtstag. Frauenfeld 1978

Quellennachweis

Emanzipation macht Angst zuerst erschienen in *Kursbuch* 47, Berlin 1977

Utopie der Treue zuerst erschienen in *Kursbuch* 52, Berlin 1978

Im Strudel der Regression zuerst erschienen in *Kursbuch* 61, Berlin 1980

Der Einfluß der frühen Mutter-Tochter-Beziehung auf die Entwicklung der weiblichen Sexualität zuerst erschienen in *Materialien zur Psychoanalyse und analytisch orientierten Psychotherapie* Band IX (1983), Heft 1, Göttingen und Zürich 1983

Um den Preis des Lebens zuerst erschienen in Sexualität Konkret, Hamburg 1981

«Wenn der Bauch explodiert, komm'n die Kinder rausmarschiert». Über den Einfluß der Lebensgeschichte auf die Geburt zuerst erschienen in Marion Schreiber (Hg.): *Die schöne Geburt. Protest gegen die Technik im Kreißsaal*, Reinbek 1981

Sexualstörungen – Ausdruck einer Beziehungskrise zuerst erschienen in *Praxis der Psychotherapie und Psychosomatik* (1982) 27: 17–24

Das emotionale Erleben von Generativität um den Teil über Schwangerschaftsabbruch ergänzter Artikel in *Praxis der Psychotherapie und Psychosomatik* (1984) 29: 1–9

Schwangerschaftsphantasien zuerst erschienen in *Kursbuch* 76, Berlin 1984

Register